TON ENFANT,
IL CRIE
LA VÉRITÉ

OUVRAGES DU MÊME AUTEUR

Éditions Saint-Paul :

LE CHANT ROYAL

1. Ton Nom de braise.
2. Baume est ton Nom.
3. O Gloire filiale ! (à paraître).

Paul VI - Un regard prophétique

1. Un amour qui se donne.
2. L'éternelle Pentecôte.

Les saints de l'an 2000.
Au fond de l'enfer, le ciel ouvert ?
Des bords du Gange aux rives du Jourdain (en collaboration).
Les enfants de Jérusalem partis dès l'aube.

Desclée De Brouwer :

Le Corps de Dieu
où flambe l'Esprit.

Le Sang de l'Agneau
où guérit l'univers.

Les Noces de Dieu
où le pauvre est roi.

L'étreinte de feu.
L'icône de la Trinité de Roublev.

Le Pâtre blessé.

La Messe des martyrs
ou la liturgie de l'amour (à paraître).

Pneumathèque :

Les blessures que guérit l'amour.
Thérèse de Lisieux et son ministère de compassion.

Éditions du Cerf :

ÉCOUTE LES TÉMOINS (Florilège patristique).

1. Au Cœur de Dieu accorde ton cœur.
2. Pour aimer, lutte et pardonne.
3. Pour louer, lève-toi et marche ! (à paraître).

Sigier-Cerf :

Dieu a douze ans.

Le Sarment/Fayard :

Troas (à paraître).

Ta jeunesse : lumière ! (à paraître).

DANIEL ANGE

TON ENFANT, IL CRIE LA VÉRITÉ

Illustrations de
PATRICE DRUEL

FAYARD

La totalité des droits d'auteur de cet ouvrage est versée en faveur des Enfants Réfugiés. Vous pouvez vous associer à cette action en vous adressant à :

Enfants du Mékong
28, rue de Biberach
26000 Valence

ou à :

Association Enfants Réfugiés du Monde
90, boulevard Magenta
75010 Paris

« Pour ce qui est de l'Imprimatur, il n'y a certainement pas à « censurer » l'Esprit-Saint et la spontanéité de ce qui est vécu sous son impulsion. »

Jean Hermil,
Évêque de Viviers.

Le 18 février 1982.

Ayant vu les enfants
criant dans le Temple :
« Hosanna au fils de David ! »
Les grands prêtres et les scribes
furent indignés :
« Tu entends ce qu'ils disent, ceux-là ? »
Jésus leur dit :
« Oui !
N'avez-vous jamais lu que :
Par la bouche des tout-petits
et des nourrissons
tu t'es ménagé une louange ?
Je vous le dis,
si eux se taisent
les pierres crieront ! »

MATTHIEU 21, 15 — LUC 19, 40

PRÉFACE

Cher Daniel Ange,

Vous avez une beaucoup plus grande expérience des enfants que moi, et un charisme pour les rencontrer au niveau des choses de Dieu. Saint Paul dit que seul l'Esprit de Dieu scrute la profondeur de Dieu, mais quand Jésus a voulu manifester la dignité du chrétien et inculquer l'horreur du scandale, il a pris un petit enfant et dit « leurs anges, aux cieux, voient sans cesse la face de mon Père, qui est aux cieux » (Mt 18, 10). Il existe une connivence entre les enfants et le mystère de Dieu. Parce qu'ils n'ont pas les concepts élaborés par les adultes, parce qu'ils sont dépendants pour tout, qu'ils le savent, parce qu'ils n'ont pas nos soucis, ils sont ouverts à la poésie et au mystère de Dieu. Il y a un âge théologique lié à la faculté de s'émerveiller, que notre travail de théologien pourrait assécher comme une usine qui pompe les sources cachées d'un sol. Cela, je le crois, et pourtant vous savez bien qu'il faudrait me mettre à la question longtemps pour me faire dire du mal de la théologie !

Séminariste à Paris, de 1921 à 1924, je faisais du patronage dans la paroisse sur le territoire de laquelle la vie m'a ramené. J'ai demandé à des enfants : « Qu'est-ce que c'est qu'un saint ? » J'ai encore le papier sur lequel j'ai noté des réponses. En voici une : « Quelqu'un qui a du cœur pour Dieu ». Je me rappelle aussi — c'était en Allemagne — cette petite fille de six ans qui demandait à sa mère « Ist der grosse Gott auch der liebe Gott ? Le grand Dieu est-il aussi le bon Dieu ? ». Les gnostiques auxquels répondait Saint Irénée n'avaient pas compris cela. Combien de parents pourraient rapporter des traits semblables !

Pour nous, j'entends aussi nous autres, théologiens, ce n'est pas du folklore. Ce n'est pas simplement un bain de fraîcheur, comme celui que Karl Barth se donnait chaque matin avec un disque de Mozart. C'est une occasion de recevoir une parole de Dieu. C'est au moins une délicate et puissante invitation à soupçonner un au-delà de nos idées et de nos précisions. « Ote tes souliers ! La terre que tu foules est une terre sainte ! » Merci donc, Cher Daniel Ange, de nous y introduire pieds nus, mais l'âme en fête. Leurs anges voient sans cesse la Face de notre Père qui est aux cieux.

FR. YVES CONGAR.

Prélude

CES LÈVRES QU'OUVRE LA SAGESSE

I. Ces maîtres silencieux

Récemment, de passage à *Munich*, j'ai eu la grâce de connaître *Raphaël*, petit allemand de 6 ans, qu'une malformation congénitale condamne à une mort prochaine. Chaque soir, il fait de longues prédications à un auditoire invisible. Il a un don extraordinaire de la parole. Il faudrait que, chaque soir, sa mère l'enregistre.

Célébrant une messe à *Dachau*, dans une chapelle de l'agonie, je l'ai assis sur l'autel, et lui ai demandé de faire l'homélie aux pèlerins de différentes nations. La Parole le saisissait tout entier. Ses yeux en brûlaient, comme d'une étrange fièvre. Les mouvements de ses bras — qu'il peut encore bouger — dessinaient comme des flammes. Nous en étions tous bouleversés.

Et refluait en moi le message si percutant, entendu un soir, dans la basilique de Paray-le-Monial :

> « Il y a beaucoup d'enfants qui voudraient parler, qui voudraient dire ce qu'ils sentent, parce qu'ils sentent beaucoup de choses. Ils ont vraiment Dieu très proche d'eux. Ils sentent Dieu. Ils parlent avec Dieu. Ils ont besoin qu'on les écoute. Ils ont besoin qu'on leur laisse la parole. Ils ont beaucoup de choses à dire, beaucoup à nous apprendre. Écoutez-les.
>
> Ils disent des merveilles. Ils sont si proches de Dieu. Ils sont à côté de lui. Ils touchent son cœur. *On leur a trop souvent mis la main devant la bouche.* Ils sont écrasés, ils n'osent pas. Ils sont faibles dans ce monde. Mais il faut leur donner confiance. Leur dire de venir à l'autel, de venir prier le Seigneur. Eux du moins, ils sont innocents. Ils ont un cœur pur. Alors, ils peuvent parler. Ils disent les choses qu'ils sentent. Ils ne le disent pas à moitié, ni en faisant des détours. Non, ils le disent directement avec leurs mots. Et par leur bouche, Dieu parle.
>
> Oui, ils sont pleins de grâce. Ils sont souvent beaucoup plus sages que les adultes. Ils savent souvent beaucoup plus qu'eux. C'est eux les maîtres du monde. Si tous on pouvait être des enfants, de vrais enfants ! Des enfants qui ne seraient pas touchés par ce monde : ce monde que fait l'homme ! L'homme détruit trop souvent. *Si on laissait Dieu faire ce monde !* Écoutez les enfants. Ils ont besoin de votre écoute, et de votre amour aussi. *C'est vous qui pouvez les sauver.* Eux, ils sont faibles. Ils ne peuvent rien faire. Ils ont besoin de vous. Ne les opprimez pas ! »

C'est Jean-Emmanuel qui parle de l'abondance du cœur devant un millier de personnes. Il a douze ans. Il dit ce que beaucoup d'enfants n'osent pas dire, ne peuvent pas dire.

Dans ce livre, la parole sera donc laissée aux enfants. Adressée aux adultes qui rêvent d'un cœur d'enfant. Dédiée à Dieu, qui est un enfant.

Ces paroles de source

Il a raison, Jean-Emmanuel. Les enfants ont des mots étonnants. Ils en sont comme traversés. Des mots qui viennent d'au-delà d'eux-mêmes. De là où ils sont le plus eux-mêmes. L'enfant laisse Dieu être lui-même, parce qu'il reste lui-même. Il coïncide avec son origine : avec Celui qui *est* depuis le commencement.

Pour dire des choses simples, simples comme l'Amour, Dieu se cherche des cœurs simples, qui peuvent encore aimer. Pour faire couler une parole virginale, Dieu se cherche des êtres de source. Pour transmettre un message pur, il se cherche des lèvres pures. Des lèvres qui n'altèrent pas sa Parole, qui ne trahissent pas sa pensée. Il ouvre celles de l'enfant. Rien de calculé ne vient vicier ce qu'il nous dit du Seigneur. Il ne complique pas. Il ne cherche pas d'effet. Il dit ce qui lui vient, et c'est tout. Il n'y mêle pas du sien. Il n'en rajoute pas. Il n'en profite pas. Il ne s'en fait pas. Il délivre le message confié. Sans le savoir. Sans même le vouloir[1].

Et la Parole *traverse tout, grâce à sa pureté* (Sg 7, 24) : celle de la Parole et celle de l'enfant. Elle fait tomber nos défenses : on n'a pas peur d'un enfant. Elle nous atteint en nos profondeurs : on ne se méfie pas d'un enfant. L'enfant est le sentier qu'empruntent les pas de Dieu. Pour nous parler sans nous faire trembler. Nous aimer sans nous violer.

Je parlais à un groupe d'enfants. Dominique s'endort. Brusquement il se réveille et, sans même savoir de quoi je parle, me lance à brûle pourpoint : « *Est-ce que tu aimes planter des fleurs ?* »

Plus elle vient du petit, plus la Parole nous parle.

Plus cette parole est courte, et plus est lourd son poids de grâce. Sa densité est à la mesure de sa brièveté. Elle vaut tous les discours, toutes les homélies. Ce livre n'est fait que de flashes : autant d'éclairs fulgurants. Un enfant dit un mot, aussitôt le monde s'illumine. Ces flèches de feu viennent du Feu. Ces traits de lumière viennent de la Lumière[2].

Nous laisserons-nous traverser ? Fulgurer ? Brûler ?

1. Thérèse, cette enfant de Jésus, savait bien qu'elle n'avait pas à se glorifier d'un mot spirituel capable d'édifier ses sœurs : « Cela appartient à l'Esprit ! »
2. « Un simple mot d'enfant a plus de lumière qu'un tas de fausses subtilités » (Charles Journet). Ce qui ne veut pas dire que *tous* les mots cités dans ce livre aient une telle qualité. Exprès, j'en ai glissé et de banals et d'humoristiques.

« C'est ça, papa ! »

En parcourant ce recueil, on est saisi par la capacité d'un enfant à comprendre les mystères de Dieu. Elle est bien plus grande que nous ne l'imaginons. Nous sommes toujours tentés de la minimiser, de la réduire à ce que nous-mêmes sommes capables de connaître et de comprendre. Or un enfant sait *encore* ce que *déjà* nous avons oublié ou perdu. Son intelligence n'est pas encore dispersée sur une multitude d'objets qui finissent par émousser sa pointe[3]. Pas encore surgavée d'une multitude de connaissances annexes, elle va droit à l'essentiel.

Tout petit, il est traversé par de *grandes intuitions métaphysiques*. A deux-trois ans, il se pose déjà les questions fondamentales de la vie et de la mort[4]. A partir de choses parfois très simples : Thérèse en voyant la confiture de sa tartine perdre si vite la vivacité de ses couleurs, réalise soudain la précarité des choses. La première question que me pose François, trois ans, paralysé, dans une famille de Québec : « *C'est quand, que tu vas mourir ?* » C'était son bonjour !

Ce qu'ils nous disent, c'est parfois de l'éternité en barre. A nous de la dévaluer, ou de l'investir.

L'enfant a un sens inné de Dieu. Il sait des choses qui, jamais ne lui ont été dites. Il dit des choses jamais entendues. Ce livre fourmille d'exemples. Où puise-t-il donc ces vérités anciennes et nouvelles ? Vieilles comme le monde et qui, sur ses lèvres, prennent une saveur de source, une fraîcheur de printemps ?

Et cela, indépendamment du milieu familial ou même du baptême. Tout à l'heure on laissera résonner ce cri extraordinaire : « C'est ça, papa ! » Le mot distraitement lâché par le père rejoignait et révélait du même coup la vérité la plus profonde que l'enfant portait en lui.

Il faut déjà avoir 14 ans et être contaminé par l'agnosticisme moderne pour qu'au mot *Dieu*, on s'entende rétorquer : « C'est quoi, *ça* ? »

Ce temps qui porte toute la vie

> « L'enfant voit tout, retient tout, entend tout, il enregistre tout, sans discernement, en vrac. Il a au fond de lui-même un film illimité et infini, qui se constitue dès sa vie intra-utérine, de toutes les impressions qu'il peut recevoir à travers sa mère. L'enfant ne pourra jamais s'en détacher.

3. Une des mille manières de pervertir l'intelligence enfantine est de la débrancher du réel, de l'habituer à « tourner à vide », comme on le fait par exemple dans les maths à base 3 : spéculation sans doute utile pour exercer l'intelligence à l'abstraction, mais qui, ingurgitée par les enfants encore au primaire, peut avoir des conséquences désastreuses.
4. J'ai parlé du sens de la mort chez les enfants, dans : *Les enfants de Jérusalem.* Je n'y reviens pas ici. Un jeune et brillant philosophe de Cracovie, rencontré dans les montagnes des Tatras, me disait que, pour lui, l'âge métaphysique par excellence se situait autour de 5-7 ans.

Les deux premières années comptent pour 20 ans de vie totale. Le temps des enfants est infiniment plus riche que le nôtre, il est beaucoup plus créateur, il s'y passe infiniment plus de choses, et les deux premières années, où l'enfant a enregistré plus ou moins passivement une foule indénombrable d'impressions, portent toute la vie. »[5]

Julien Green demandait un jour au grand astronome André George : « Je vous pose là des questions d'enfant, peut-être ? » Il répondit : « Les questions d'enfant sont fondamentales. *Tout part de questions d'enfant.* » Et de témoigner :

« J'ai le sentiment que tout me vient de l'enfance. Les choses capitales que j'ai reçues, mes grandes impressions, me viennent de l'enfance. du point de vue religieux certainement aussi : cette expérience que j'ai eue à cinq ans en regardant le ciel et que je ne comprenais pas... Je crois que beaucoup d'enfants ont ainsi des intuitions mystiques dont ils ne saisissent ni l'importance ni le sens. Il y a quelque chose en eux qui subsiste d'un autre monde. Peu à peu l'éducation leur fera oublier les premières choses qu'ils ont sues. »[6]

Et Pierre-Emmanuel, à son tour d'avouer :

« Je me souviens de la révélation que j'eus, *entre six et dix ans,* sur les bancs de la communale, de la formidable histoire de l'homme, telle que la figuraient les tableaux muraux représentant Philippe Auguste à Bouvines, une villa gallo-romaine, Notre-Dame de Paris ou le serment du Jeu de Paume. Quelque chose en moi se mettait en marche qui jamais depuis ne s'est arrêté : une idée de l'homme, une confiance innée dans la finalité de son être, dans sa puissance d'auto-dépassement, même s'il ne discerne pas en lui-même cette cime, ce ciel, que reflètent pourtant ses œuvres. »[7]

Oui, Dieu et l'enfant ne sont-ils pas fait pour vivre ensemble ? Que l'homme ne sépare pas ce que Dieu a uni ! Dans ce « vivre ensemble », Dieu est Dieu. L'enfant est l'enfant. A l'autre chacun communie.

Mais Dieu n'est jamais à court d'enfance. Il aura toujours de son côté un enfant assez pur pour laisser la Parole le traverser, assez transparent pour s'effacer devant la Lumière, assez humble et audacieux pour être ambassadeur de son Cœur.

Du fond de son cloître de Cîteaux, *Jean Bourgoint,* l'intime de Jean Cocteau, devenu l'humble *frère Pascal,* l'avait admirablement saisi. Lui qui devait enfin trouver son enfance neuve, dans une léproserie du Nord-Cameroun :

5. Maurice Zundel, Retraite à Ghazir, août 1959.
6. FCE (France Catholique Ecclesia), 10 décembre 1982.
7. FCE, 24 octobre 1982.

« *Les enfants ont l'intuition du bonheur.* Non pas la notion, l'intuition. Et ils sont les seuls à l'avoir précisément parce qu'on perd cette intuition dès qu'elle tend à devenir idée précise : c'est-à-dire avec l'enfance.

Ce pressentiment de bonheur qu'ont les enfants, c'est d'abord comme une conscience qu'ils ont de posséder le secret de la vie (sans pouvoir encore le déchiffrer) et c'est d'ailleurs ce qui fait qu'aucun ne croit à la possibilité pour lui de vieillir ni de mourir — possession donc de beaucoup plus qu'une promesse, ou une certitude ou même un gage de bonheur ; c'est plutôt comme *la clef* qu'il a en main dès à présent d'une chose plus précieuse que tout, bien que future. Et, secondement, cette intuition, qui ne discerne pourtant pas encore son objet, l'enfant la ressent comme ce qu'il y a en lui *de plus intime* et de plus intensément personnel. Elle lui est donc comme un trésor qu'il est sûr de ne jamais se laisser ravir car il devine qu'il sera menacé en grandissant, — mais il lui semble qu'il ne dépend que de lui de ne pas le perdre et il méprise les grandes personnes et de n'avoir pas su garder le leur, et de s'être résignées à sa perte. Au fond c'est toujours à cause de cette intuition que leur comportement lui paraît si déraisonnable et qu'il en juge si sévèrement. Et c'est lui qui a raison. »[8]

Est-ce pour cela qu'au terme de sa vie un *André Gide* laissera enfin fleurir cette prière de fraîcheur :

« Seigneur, je viens à vous comme un enfant. Comme l'enfant que vous voulez que je devienne, comme l'enfant que devient celui qui s'abandonne à vous. Je résigne tout ce qui faisait mon orgueil et qui, près de vous, ferait ma honte. J'écoute et vous soumets mon cœur. »

Où donc trouver les mots ?

Le problème de l'enfant, c'est qu'il n'arrive pas à s'exprimer. Il n'a pas encore le langage théologique ou philosophique qui soit adéquat à l'intuition métaphysique ou à ses expériences spirituelles. Il ne trouvera pas les mots. D'ailleurs, c'est tellement au-delà des mots ! Si déjà les spirituels de tous les temps se plaignent amèrement de la misère du langage, que pourrait dire un enfant ?

Parfois, il a recours au geste. Tel ce petit *Massimo* cité par Sofia Cavaletti, qui à tous les cours de catéchèse, ne cesse d'imiter le geste du prêtre mélangeant l'eau dans le vin. Il lui faudra toute une année pour enfin trouver le mot qui rende compte de ce qu'il vit (voir ch. XV, p. 236). Il n'a que 6 ans, et déjà il vit ce qu'un prêtre met des années parfois à réaliser. Mais cela lui aurait été donné deux ans plus tôt, il n'aurait même pas pu trouver les mots qui ont trahi son secret d'amour.

L'incapacité de se dire entraîne notre difficulté à les comprendre, et celle-ci les handicape davantage encore. A cela s'ajoute la peur de ne pas

8. *Le retour de l'enfant terrible*, Correspondance, p. 171, DDB.

être compris ou du moins de ne pas être pris au sérieux. Ce qui, de fait, arrive si souvent.

Quand enfin, il se risque à nous laisser entrevoir quelque chose de ce qu'il sait, vit ou souffre, nous faisons bien semblant de l'écouter — et encore ! Mais la plupart du temps nous n'y prêtons guère attention. Ou pire : nous laissons échapper un petit sourire narquois, si ce n'est une parole méprisante. L'enfant en est blessé, parfois pour toujours. Combien d'adultes m'ont confié avoir été profondément meurtris par une confidence non reçue, ou vite trahie, lorsqu'ils étaient petits. Quarante ans plus tard, ils en restaient marqués !

Lorsque nous surprenons sur les lèvres d'un enfant une parole — parfois une brève exclamation — qui dénote chez lui un certain sens métaphysique ou théologique, ce n'est souvent que le sommet d'un iceberg : ce monde intérieur, qu'il mettra toute une vie à explorer. Et dont Dieu seul est familier.

« A cette soirée, n'y allez pas ! »

C'est le conseil, presque l'ordre, donné par le *jeune* Taïssir Tatios à ses parents. Il sentait que cette soirée était mauvaise pour eux.

Un enfant a déjà — pardon ! encore — un *sens moral affiné.* Il sait ce qui est bien et mal. Il le sent. Sa conscience n'est pas encore faussée. Même s'il essaye de tricher avec elle, elle est là, comme une voix douce qu'il n'arrive pas à étouffer complètement.

Combien d'entre nous peuvent se souvenir de tel événement de leur enfance où ils ont intérieurement réprouvé une action mauvaise de leurs parents. Combien alors ont eu envie de leur crier : « Non, papa, maman, ne fais pas cela ! Non, c'est mal ! » Et ne l'osent pas. Combien s'y sont risqués et se sont fait vertement tancer pour leur manque de respect. Alors que c'était précisément l'expression du respect le plus amoureux qui soit : celui qui consiste à vouloir le meilleur pour ceux qu'on aime. Et le meilleur, n'est-ce pas toujours la lumière ?

Tristesse immense que celle de ne pas recevoir la remarque d'un enfant, qui déjà lui coûte tellement. « Oui, tu as raison mon petit. Merci de m'avoir aidé ! »

Mais voilà : nous sommes enfermés dans un système où l'adulte sait tout, fait tout, connaît tout. Et l'enfant doit donc tout apprendre puisqu'il ne sait rien, ne peut rien, ne connaît rien[9]. Et voilà la relation complètement faussée : à sens unique.

9. « Le petit enfant reçoit en lui, comme par *osmose*, les manières d'agir et de sentir de ses proches... Les débuts de la vie religieuse et morale coïncident avec l'éveil même de la vie. » *Directoire général catéchétique*, Rome Pâques, 1971.

Au niveau de l'amour, la réciprocité va de soi : on se laisse aimer par les enfants. Pourquoi alors faut-il qu'au niveau de l'intelligence, on ne se laisse pas aussi enseigner par eux ?[10]

Ne bâillonnons pas nos enfants. Demandons-leur conseil, et pardon. Ils sont capables de conseiller[11], autant que de consoler. D'éclairer autant que d'aimer. Le vieux Rabelais le savait :

> « Un enfant n'est pas un vase qu'on remplit,
> c'est un feu qu'on allume. »

Des adultes dans l'Esprit

Ce sens inné de Dieu, pourquoi s'en étonner ? Il est dans l'ordre de la création. Tout enfant porte au plus secret de son être une empreinte divine. De par son existence même. L'icône vivante de Dieu, au cœur du cœur, a beau être salie, mutilée parfois, elle est toujours là. Le voile qui la recouvre n'est pas si épais qu'il ne laisse deviner le Visage.

D'où, entre Dieu et l'enfant, une mystérieuse connaturalité. Oserais-je dire de *complicité du cœur* ?

A plus forte raison quand l'enfant est baptisé. Alors c'est la vie même de Dieu qui coule dans ses veines. Il est lancé dans le mouvement même de l'Amour où s'étreignent le Père et le Fils.

Qu'il le sache ou non, que nous le sachions ou non, cela ne change rien à la réalité. C'est ainsi. Et nous n'y pouvons rien.

Mais de le savoir, cela change tout à la vie, et pour la vie.

Un enfant porte en germe tout ce qu'il sera plus tard, à la manière dont une semence porte déjà et les fleurs et les fruits. Une Thérèse de Lisieux le reconnaissait quelques mois avant sa mort :

> « A trois ans il me semble que je jugeais les choses comme maintenant... A quatre ans, j'étais, il me semble, dans les mêmes dispositions où je me trouve maintenant, ayant déjà un grand empire sur mes actions. »[12]

En 1895, elle écrit : « Dans le cœur d'un tout-petit, l'Esprit est déjà à l'œuvre. Si mon cœur n'avait pas été élevé vers Dieu dès son éveil, que serais-je devenue ? »[13] Et l'année suivante, à un de ses frères spirituels : « Notre Seigneur, voulant pour lui seul mon premier regard, daigna demander mon cœur dès le berceau, si je puis m'exprimer ainsi. »[14]

10. Rabbi Meir pleure ses deux enfants qui viennent de mourir : « Mes enfants, mes enfants, mes maîtres, mes maîtres ! Mes enfants par leur conduite, mes maîtres, par la lumière que projetait sur mon visage leur savoir ! » Midrasch Mischlé, cité par Berman, *Contes du Talmud*, p. 89.

11. La Règle de saint Benoît précise qu'avant de décider quoi que ce soit, le Père Abbé et les Anciens doivent commencer par interroger les jeunes.

12. Manuscrits A 4 et 11.

13. A 40.

14. Lettre 201.

Qu'on ne dise pas : c'est Thérèse, une sainte ! Elle nous répondrait du tac au tac : « Parmi vos enfants, Dieu se prépare une multitude de Thérèse ! »

Qu'on ne dise pas : c'est au siècle dernier ! Le nôtre étant davantage païen, l'Esprit y est davantage au travail. A nous de le laisser agir en nos petits.

Un enfant est un adulte dans l'Esprit. Il est limité psychologiquement et physiologiquement, mais non pas spirituellement. Et pour cause : au baptême il a reçu l'Esprit-Saint en personne.

> « Ils sont devenus aussi profondément que nous, enfants de Dieu à plein. Et si leur vie affective, ou intellectuelle n'est pas développée, leur vie spirituelle existe depuis toujours et pour toujours, puisque c'est la *part éternelle d'eux-mêmes.* Sauf si notre inconséquence d'adultes, d'éducateurs et de prêtres, c'est-à-dire de rabbis, de maîtres et de pères, ne pous permet pas de les laisser rencontrer le Christ. Et si, comme les disciples, nous les privions de cette rencontre effective du Christ dans les sacrements. »[15]

Un enfant montre parfois une maturité spirituelle que n'a pas un adulte qui peut rester un enfant incomplet. C'est l'âge du cœur qui compte[16].

C'est trop lourd à porter !

Un enfant est un être tout en questions. Son drame en Occident ? Trouver si rarement quelqu'un de disponible à répondre aux plus essentielles de ses questions. La vie actuelle est à ce point trépidante que bien des parents (travaillant tous les deux) n'ont plus le temps de l' écouter longuement... les seuls moment possibles étant — souvent — impitoyablement grignotés par la télé ! Ou bien on élude ses questions, on les remet à plus tard. Et l'enfant devine qu'elles nous ennuient, nous agacent, ou nous font peur. Il risque alors de les refouler à jamais. Des années durant, il va les porter seul, tout seul, ces questions immenses, aussi grandes que son cœur. Comme d'un poids de mort, il risque d'en être un jour écrasé. Il ne peut même plus se confier à ceux qui, comme personne, savent écouter.

Les conditions actuelles de vie acculent à « parquer » dans des centres de gériatrie, les personnes âgées. Tant de celles-ci se meurent de ne plus voir d'enfants auprès d'elles. Comment rester vivant sans ce contact avec la vie ?[17]

15. Pascal Pingault. Communauté du Pain de Vie.
16. Trois âges sont peut-être plus favorables aux expériences spirituelles de l'enfant : 2-3 ans, 6-7 ans, et enfin 11-12 ans. Sofia Cavaletti a écrit un livre admirable, hélas pas encore traduit et publié, où elle partage son expérience de 25 ans de catéchèse dans différents centres qu'elle a fondés en Italie, en Afrique, et en Amérique du Nord. Elle se limite aux expériences mystiques avant l'âge de 6 ans. J'ai pu en lire le manuscrit anglais, et c'est bouleversant.
17. D'après une récente enquête, 25 % des suicides sont le fait de personnes âgées.

Drame des générations débranchées ! D'un côté la solitude de tant d'enfants qui n'ont plus de grands-parents capables de les écouter inlassablement et de leur raconter des tas d'histoires — et l'enfant a besoin d'histoires. De l'autre, celle des personnes âgées reléguées dans des mouroirs où aucun enfant ne vient jamais les visiter. D'un coup deux blessures : l'enfant frustré de la présence de ceux qui ont tant à lui donner. Et les vieillards, de ces enfants dont la fraîcheur les aide à faire de leur dernière étape, une chose douce et belle. Drame d'une sagesse qui n'est plus transmise, d'une tendresse qui n'est plus communiquée. Spontanément chez l'enfant, l'amour le porte vers ceux qui sont seuls. Et spontanément, le plus abandonné se porte vers l'enfant. Deux fragilités faites pour se rejoindre. Complicité et connivence de deux pauvretés. Des deux côtés, un *potentiel d'amour inexploité* ! Alors que l'un appelle l'autre.

Bénis soient-ils ceux qui pallient cette tragique ségrégation en conduisant leurs enfants auprès des vieillards[18].

Bénies soient-elles ces familles où l'on renonce à la tentaculaire télé pour se regarder, s'écouter, se dire, se recevoir, s'aimer. Où, malgré de lourdes journées, on consacre aux enfants un temps précieux, parce que gratuit, le soir où l'on est enfin ensemble.

Qui t'a appris ces choses ?

> « Outre les visions qui se produisent la nuit, des enfants qui sont avec nous se trouvent pendant le jour *remplis de l'Esprit* à cause de l'innocence de leur âge : ils voient en extase, entendent et disent ce dont le Seigneur daigne nous *avertir* et nous *instruire.* »[19]

C'est l'évêque de Carthage qui écrit à ses frères emprisonnés. Ce qui était vrai au Ve siècle, ne le serait-il pas au XXe ?

Je n'ai pas honte de l'avouer : les enfants m'en ont plus appris sur Dieu que tous mes cours de théologie, que tous mes livres de spiritualité. Par ce qu'ils sont, bien sûr, mais aussi par ce qu'ils disent.

Catéchisme pour théologiens, ce n'est pas uniquement de l'humour. Trop de théologiens en bureau se mettent à échafauder thèse sur thèse, sur le dos des pauvres incapables de les suivre. Trop de gens d'Eglise parlent un langage abstrait, que les pauvres ne peuvent comprendre[20]. Trop de chrétiens se laissent aller « à tout vent de doctrine », c'est-à-dire à la dérive.

18. Aux USA il existe une association qui permet à des couples n'ayant plus leurs parents, d'adopter des personnes âgées comme « grands-parents » pour leurs enfants.
19. Cyprien de Carthage, Ép. 16. IV, 1.
20. Ce mot de gitans : « Nous, nous allons aux conventions pentecôtistes. Vos prêtres, on ne comprend pas ce qu'ils disent ! »

Alors, voilà les enfants du peuple de Dieu qui se lèvent. Ils nous ramènent à l'essentiel, au primordial. Avec leur bon sens baptismal, et cette *intuition des choses divines* donnée par l'Esprit. Pour dire des vérités de diamant, ils reçoivent des mots de diamant. Ciselés avec la précision de la lumière, comme le ferait un rayon laser. Et de ce rayon-là, nous savons le nom : l'Esprit.

Ils nous disent des vérités trop souvent oubliées, occultées, tronquées. La Vérité, ils la clament et l'acclament. Dans leur langage à eux. A nous de l'apprendre. De le comprendre[21].

Je ne veux pas sous-estimer les théologiens. Loin de là ! Dieu sait si je suis passionné de théologie. Et Dieu sait s'il a donné à l'Église d'aujourd'hui de très grands théologiens. Mais précisément, ce qui me frappe, c'est que ces théologiens ont — comme par hasard... — des âmes d'enfants. Et pour cause ! Plus ils grandissent en connaissance intellectuelle, plus ils cheminent en enfance spirituelle. Ce sont de grands spirituels, et de petits enfants. Rien n'est beau comme un théologien humble. Et l'Esprit se plaît à nous en donner.

Deux d'entre eux m'ont particulièrement marqué : Charles Journet et Yves Congar. Le premier, jusqu'à sa mort, a tenu à faire chaque semaine l'aller-retour Fribourg-Genève, pour dialoguer avec des enfants[22]. Et le second, durant les années où il faisait la catéchèse, ne manquait pas de noter soigneusement leurs expressions sur Dieu. Il m'a avoué en avoir été souvent émerveillé.

Et que dire de Paul VI ! Un des plus grands maîtres de notre temps, parce que témoin hors pair de l'Esprit. Comme il savait se rendre accessible aux enfants ! Devant chacun il voulait être « en présence d'un cœur qui vous attend dans la solitude et qui, peut-être, porte un monde. »

« Bienheureux serons-nous si nous nous mettons au rang des petits » disait-il. Et de parler de « l'échelle théologique des sages et des mystiques, sentier accessible aux petits et aux humbles. »[23] Telle était sa théologie, « celle que comprennent les théologiens humbles. »[24]

Oserais-je avancer que lorsqu'une thèse théologique ne peut passer la rampe de leur compréhension, et qu'on n'est pas capable de la transmettre dans leur langage, c'est qu'il faut rectifier le tir, jusqu'à ce qu'elle passe ce cap-là ?

Toujours est-il qu'un théologien qui sait prendre du temps pour

21. Un évêque de Rome, visitant le Centre de catéchèse de Sofia Cavaletti, fut bouleversé par les commentaires de Bon Berger fait par les petits de 4-6 ans : « Jamais plus je ne pourrai lire ce texte de la même manière. »

22. « La théologie est en dessous de la prière. Un petit enfant peut prier merveilleusement. » (*Comme une flèche de feu*, p. 46).

23. Noël 1975.

24. 28 août 1974.

écouter les enfants me met d'emblée en confiance. Il finit par saisir que Dieu est très très simple. Plus simple à l'infini que tout enfant... « car... peut-être en savons-nous trop ? Théologie et humanisme sont les registres de sagesse incomparables qui forment le berceau dans lequel repose l'Enfant-Jésus. »[25]

L'enfant, on commence par le porter, pour qu'il voie les choses de notre hauteur. Puis, vient le temps où il peut marcher. Alors, c'est nous qui devons nous abaisser à sa hauteur, pour voir les choses telles qu'il les voit, lui...

Entre les saints et les petits, une parenté ?

Étrange complicité. Ils se sentent bien ensemble. Et pour cause : les saints ne sont-ils pas des enfants ? Durant ses grands voyages à l'étranger, le cardinal Mindszenty faisait toujours inscrire dans son horaire, aussi chargé soit-il, un dîner où il serait seul avec des enfants. Ensuite seulement, il recevait les grandes personnes.

Et combien se souviennent du bon Père Monier, qui à 75 ans, s'ingéniait encore à fréquenter des enfants ? Il évoquait le doux Seraphim de Sarov qui, tel dimanche après-midi, se cachait dans les hautes herbes aux regards des adultes, pour s'amuser avec les enfants. « Pour de vrai, il est enfant comme nous ! » disait la petite Lisa. Et Nadège Aksakov avouera : « Jamais je n'ai vu un tel regard d'enfant. Ainsi sourit un nouveau-né quand il joue dans son sommeil avec les Anges. »

Pendant 26 ans, ce fut la joie de Jean-Marie Vianney, son contemporain, d'enseigner chaque jour les enfants d'Ars. Les pèlerins venaient subrepticement l'écouter par la fenêtre de l'orphelinat.

Saint-Augustin déjà écoutait très attentivement les chansons des enfants, les refrains naïfs et joyeux accompagnant leurs jeux. Même les austères Pères du désert en savaient quelque chose[26]. Et je ne parle pas

25. Paul VI. Noël 1975.

26. « J'ai participé dans une abbaye belge, à un colloque sur la prière. Or, le premier jour, en pénétrant dans l'église du monastère, mon attention a été attirée par l'avis suivant : « Si des bébés se mettent à crier durant l'office, leurs mamans sont invitées à les emmener en dehors de l'église. » Cet avis choqua profondément un moine de Chèvetogne, le père Théodore qui, chargé d'une conférence au cours du colloque, attaque fermement la petite affiche : « En Orient, on aurait plutôt inscrit, sur la porte par laquelle les moines entrent dans l'église : « Si des bébés se mettent à crier durant l'office, les Frères sont invités à cesser de chanter et à se taire, en vue d'écouter les enfants. » Cette réaction correspond bien à ce que pensaient, dès le IVe siècle, les meilleurs des Pères des déserts d'Égypte. Des frères voulaient quitter l'endroit où ils se trouvaient, en vue d'aller habiter dans un plus profond désert, parce qu'ils étaient, disaient-ils, incommodés par le gazouillis des bébés, qui venait jusqu'à eux. Le vieillard austère, mais aussi très sage qu'était Poemen, leur répondit de manière charmante : « Pourquoi voulez-vous fuir la voix des Anges ? » (L. Leloir, Attitude des Pères du désert vis-à-vis des jeunes, *L'enfant dans les civilisations orientales*, Louvain, 1980.)

En Orient, après le baptême, le prêtre fait le tour de l'église avec *l'enfant* dans les bras, en lui faisant vénérer les icônes et récite les prières d'entrée de l'enfant « nouvellement illuminé ».

ici, bien sûr, des Don Bosco de tous les temps dont la grâce a été d'user leur vie à aimer les petits.

Cette irrésistible attraction exercée par les enfants sur les saints, trahit-elle leur secret : ce cœur d'enfant sans lequel nul ne peut voir Dieu, tel qu'il est ? Et pour cause : Dieu a un visage d'enfant.

Est-ce pour cela que, si tôt, les maîtres spirituels ont orchestré sur tous les tons, la Parole du Maître sur la condition *sine qua non* d'entrée au Royaume : l'accueillir comme un enfant ? Et pour cause : le Royaume, c'est lui. Et lui, c'est un enfant. Pour se révéler il n'a pas trouvé d'autre moyen : nous aborder en petit enfant. Et déjà à Bethléem ou Nazareth, cet Enfant ne peut-il nous dire : « Qui me voit, voit le Père » ? Qui voit un enfant, voit son Seigneur.

II. Les droits élémentaires de l'enfant

A la lumière

Le droit le plus fondamental d'un enfant c'est Dieu. Il pourra se passer de tout, ou à peu près, dans la vie, sauf de Dieu. Des choses essentielles, il en a besoin pour vivre. Dieu, il en a besoin pour *être*.

De toutes manières, l'enfant respire Dieu. Il est immergé en lui. Pas plus qu'au soleil, il ne peut s'y dérober sous peine de cesser d'exister. Drame d'être *absent à cette Présence* : s'il n'y branche pas lampe et radiateur, le courant d'amour et de vie aura beau le traverser, il restera à grelotter dans le noir.

D'où son droit d'être rendu à la Présence, pour que sa vie en devienne ensoleillée.

Tant qu'il n'aura pas rejoint sa source première d'énergie, pourra-t-il être vraiment lui-même ? « *Qui suis-je ?* » risque de devenir l'obsédante, la lancinante question de sa vie. La plus stérilisante de toutes. De toutes, la plus déprimante.

Tant que Dieu sera refoulé au tréfonds de son inconscient, il sera spirituellement névrosé.

L'enfant est fait pour rien d'autre qu'aimer. Comme Dieu. Et s'il a un besoin aussi fou c'est moins qu'il manque d'amour qu'il n'en a un trop plein. Il cherche désespérément *quelqu'un qui soit au niveau de sa capacité d'aimer*. Qui peut l'être vraiment, sinon Celui-là même qui lui a donné son cœur, Dieu ?

Finalement tous les amours qu'il va connaître — celui qu'il porte à ses parents, à ses amis, à son épouse, à ses enfants — il en découvrira peu à peu les failles, si ce n'est la brutale absence.

Alors, je pose la question : frustrer son *cœur* du seul Amour qui jamais ne passera, jamais ne décevra, jamais ne faiblira, n'est-ce pas le vouer à une irrémédiable carence affective ? Et alors, c'est criminel.

Frustrer son *âme* de cette Présence qui, seule, pourra être partout retrouvée, n'est-ce pas le condamner à une solitude dont personne peut-être ne l'arrachera ? Et alors, c'est criminel.

Frustrer son *intelligence* de cette Vérité sans laquelle elle ne peut s'épanouir dans la lumière, n'est-ce pas le condamner à une sorte de handicap intellectuel, dont il portera longtemps la marque ? Et alors, c'est criminel.

Il ne sera sans doute pas désespéré, mais désaxé : Dieu, n'est-il pas l'axe de toute existence humaine ? Ne fabriquons pas les défoncés de demain !

Mais j'inverse : c'est le droit le plus élémentaire de Dieu d'être connu — pardon ! reconnu — de chacun de ses enfants. Oui, Dieu a droit à la tendresse de ses petits. Et qui sommes-nous pour l'en frustrer ?

Pouvoir rencontrer le Seigneur et l'aimer, suppose savoir le reconnaître. L'accès à la Présence implique et entraîne l'accès à la connaissance.

L'enfant a droit à la vérité, à tout de la vérité. Ne serait-ce que pour le développement même de son intelligence et l'équilibre de son être[27].

Cet éveil à la Présence doit commencer le plus tôt possible. Sofia Cavaletti souligne — et Dieu sait si elle parle d'expérience — qu'une catéchèse qui ne commence qu'à 6-7 ans risque de défigurer le visage de Dieu aux yeux de l'enfant. Car à cet âge, l'enfant s'éveille à une approche *morale*, et déjà *intellectuelle*, de Dieu, alors que pour le plus petit, elle est

27. Lors de ma tournée au Canada, en octobre 1981, la presse de Montréal rendait compte de la thèse du professeur Serge Larivée, de l'école de psycho-éducation de l'université de Montréal, dénonçant la catéchèse aux enfants comme nuisible au développement de leur intelligence, comme retardant son accès à une pensée critique. Argument : l'intelligence se développe quand il y a des problèmes à résoudre. Or, une vérité incontestable suppose une réponse toute faite. Donc l'intelligence ne peut entrer en activité, et l'accès à une pensée critique qui lui permettra de résoudre bien des conflits en est d'autant retardée. A cela, il faut répondre : 1. L'existence de Dieu pose bien plus de problèmes qu'elle n'en résout. (Par exemple le problème du mal qui se dissout si l'univers n'est que hasard, mais prend une acuité terrible face à l'Amour de Dieu). 2. L'enfant se pose en tout cas, des tas de questions d'ordre religieux qui, demeurant sans réponse, finissent par créer des blocages autant affectifs qu'intellectuels. 3. La catéchèse n'est pas une somme de connaissances intellectuelles assénées à coups de dogmes, mais le cheminement vers une rencontre personnelle qui, plus que tout esprit critique, l'aidera à résoudre autant ses conflits intérieurs que les problèmes concrets de l'existence. 4. Un enfant a besoin de certitudes absolues, pour vivre dans le minimum requis de sécurité intérieure.

d'ordre *mystique* et donc *contemplative*. Le risque est alors d'une saisie cérébrale de Dieu qui ne soit pas *affectivement intégrée*. Dieu étant réduit à n'être guère plus qu'un sujet académique, ou un moralisateur arbitraire.

La petite enfance n'est pas le temps pour un effort moral, mais celui d'une *croissance tranquille et contemplative*. Laisser l'enfant être saisi, émerveillé par un mystère. Lui donner le temps d'en jouir. Ne pas l'en détourner en mettant l'accent sur la réponse humaine. Après 6 ans, le temps viendra. Mais ne pas anticiper le temps. Sinon, on risque de *compromettre sa future formation morale*, qui ne sera plus basée uniquement sur l'amour.

> « Il faut que le catéchisme soit une nourriture forte. On ne sait jamais s'il n'y a pas un futur Charles Péguy sur les bancs du catéchisme, assis avec les enfants de la « laïque ». Telle petite fille sera peut-être sainte Thérèse de l'Enfant-Jésus, docteur de l'Église. »[28]

Oui, ne pas hésiter à donner à l'enfant une nourriture solide. Bien équilibrée[29]. Ne pas mésestimer ses capacités de compréhension. Ne pas employer des enfantillages[30]. Ne pas avoir peur des précisions d'ordre théologique. « Rester à une vague religiosité, en refusant le contenu précis du christianisme, c'est vouloir parler, sans employer un langage parlé[31]. » S'insérer dans les urgences de la vie qui caractérisent chaque âge.[32]

Les amis, le livre et l'icône.

Une chose importante : la rencontre de l'enfant avec ces personnes vivantes que sont *les saints*. En faire ses propres amis. Élargir sa famille jusqu'au ciel. De telles amitiés peuvent traverser la vie, et peupler de présences aimantes les pires moments de solitude. Cela aussi, l'enfant y a droit. Il n'a pas besoin de symboles, mais de saints ! Ce sont les vrais contemporains de l'enfant.

J'ai le cœur fendu lorsque je vois des enfants de 12 ans, dans des établissements catholiques, qui n'ont même jamais entendu parler d'un

28. Étienne Gilson, *La philosophie et la théologie*, p. 75.
29. « La catéchèse commence par une présentation assez simple de la structure intégrale du message » (*Directoire général catéchétique*. Rome, Pâques 1971).
30. Un enfant de 5 ans prie spontanément en disant : « Très-Haut ». Attention à trop de « petits Jésus » à l'eau de rose.
31. S. Cavaletti.
32. « L'enfant de 8 ans a des possibilités contemplatives, une capacité de prière qu'il est merveilleux d'éveiller. A 10 ans, il cherche un abri, il aime rester chez lui : il peut découvrir Dieu Père. A 11 ans, c'est grandir qui importe, sous tous rapports, physiques et spirituels : il peut découvrir l'Alliance. A 13 ans, son problème c'est : quel visage vais-je avoir ? c'est le moment où l'on peut parler de l'Église et cultiver une insertion communautaire » (Une religieuse à René Laurentin. FCE, 18 février 1983).

François d'Assise ou d'une Thérèse de l'Enfant Jésus[33]. C'est proprement incroyable, et pourtant je l'ai constaté à plusieurs reprises. Certains parcours catéchétiques auraient mieux fait, dès l'âge de 8 ans, d'esquisser quelques visages de saints plutôt que de donner des recettes de pâtisserie ou des santons d'almanach ! Serait-il moins important d'avoir un ami au ciel que de savoir préparer des truffes au chocolat ?

Pas de plus belles illustrations de l'Évangile que les vies de saints. Rien ne provoque autant l'enfant à aimer son Seigneur. La contagion de ce bonheur est telle, que certains États la redoutent. Le gouvernement hongrois permet l'instruction religieuse, à une condition *sine qua non* : qu'on n'y *parle jamais de saints* ! Et pour cause !

Et cela vaut aussi des *Anges*. Combien d'enfants catéchisés depuis des années m'ont demandé : « C'est quoi ça ? » Alors qu'à chaque messe, ils les entendent mentionner, même s'ils ne se savent pas en leur présence. Si quelqu'un est capable de saisir ce qu'est un ange, c'est bien un enfant. Entre eux aussi, quelles étonnantes affinités ! On entendra tout à l'heure des petits agnostiques nous en parler.

Les enfants nous diront ici tout ce que signifie pour eux la Parole de Dieu. Chose trop oubliée : la nécessité de l'apprendre par cœur, pour vraiment l'intérioriser. La faire descendre dans le cœur, pour qu'elle s'y love à jamais dans l'amour.

Grâce aux admirables travaux de Marcel Jousse, on a pu retrouver les méthodes de mémorisation qui furent celles de Jésus lui-même, ainsi que le style oral rythmique et mnémotechnique de l'Évangile. Une vraie joie pour les enfants de s'y mettre.[34]

A l'ère de l'informatique, pour éviter une *atrophie de la mémoire* qui serait une *mutilation de l'homme,* il devient urgent de développer, d'épanouir la mémoire, *à l'intérieur* de la Parole de Dieu. Qui sait si un jour — comme dans tant d'autres pays — la Bible ne nous sera pas arrachée des mains ? Bienheureux serons-nous alors d'en savoir des tranches entières par cœur. Dans certaines prisons et camps on se refile, comme le plus précieux des trésors, chaque verset dont on a pu se souvenir.

Ils nous diront aussi leur amour *des icônes*. « Les yeux des enfants en ont besoin. Et les icônes, elles, ont besoin du regard des enfants. Pour

33. Dans tel parcours catéchétique, on aurait mieux fait de les présenter comme nouveaux amis des 8-10 ans, plutôt qu'un certain Maurice Carême, souvent cité, avec curriculum vitae et photo à l'appui !

34. Pie XI déjà disait au Père Jousse : « C'est toute une révolution, mais c'est le bon sens même. Dans 50 ans, toute la tradition vivante de l'Église s'appuiera sur vos travaux. » Et nous sommes déjà entrés dans ce cinquantenaire ! Voir les ouvrages de ses disciples : Gabrielle Baron et Émile Moreau, à la Fondation Marcel Jousse », 23, rue des Martyrs 75009 Paris.
On ne dira jamais assez l'importance du *mime*. Pour des exemples pratiques, voir : Yves Louyot, *Enceints de Dieu* (Belgamaire 3, rue Mansuy Gauvin, 54000 Nancy). « Mimer, c'est être sans défense devant la vie qui s'installe, meut et agite tout le corps pour y engendrer la pensée ».

émettre leur maximum de beauté, elles attendent d'être appelées par ce qui vit encore de lumière originelle dans les yeux d'un enfant. Et celle-ci, déjà trop brumeuse, attend d'une icône comme un lever du jour. Oui, enfant et icônes — accord de lumière — c'est fait l'un pour l'autre. »[35]

Le meilleur de la grande théologie de l'Église peut passer auprès d'un enfant, à travers lignes et couleurs d'une icône, dont le sens est dogmatique. C'est un instrument inégalable de catéchèse, qui vaut tous les montages audio-visuels.

Parmi bien des expériences, je n'oublierai jamais ce dimanche de la Trinité dans une grande paroisse de Bruxelles. J'ai simplement fait monter à l'autel les enfants, leur montrant pour la première fois l'icône de Roublov. Questions et réponses fusèrent, certaines étonnantes, à la stupéfaction de l'assemblée. Par le biais d'une vieille icône russe, toute une paroisse catéchisée par ses propres enfants[36] ! Cela valait toutes les homélies du monde !

« *Jésus et moi... on est serrés !* »

Car l'essentiel de toute catéchèse n'est-ce pas de conduire l'enfant à une rencontre personnelle, vivante avec son Seigneur ?[37] Celle-ci, bien sûr ne peut qu'être préparée.[38] Tout catéchète est comme Jean : Précurseur. Mais à la condition d'être lui-même ami de l'Époux. Comment révéler Jésus comme un amour, si tu ne rayonnes pas du bonheur de l'aimer ? Comment pouvoir dire un jour : « L'Agneau, c'est lui ! » si ton regard ne reflète rien de sa lumière ?

Tant qu'un enfant n'aura pas fait cette rencontre, tout ce qu'on pourra lui dire risque de se limiter à des connaissances venant de

35. Voir *L'Étreinte de feu*, p. 40.
36. Pourquoi les catholiques n'ont-ils pas l'équivalent de l'admirable catéchisme orthodoxe de langue française : *Dieu est vivant* (Cerf 1979) ? Vraie splendeur où l'enfant est littéralement séduit, tant par la beauté des icônes et des tropaires que par le climat liturgique et festif qui s'en dégage. Bien de nos catéchètes gagneraient à s'en inspirer.
37. « Quand, en début d'année, je demande aux enfants de mon groupe la raison de leur présence à la réunion de catéchèse, leur réponse est quasiment unanime : « Nous voulons mieux connaître Jésus. » Quel départ merveilleux ! Mais quand, au fil des heures, je me vois obligée de leur proposer des thèmes tels que la télé ou l'argent de poche, où donc se trouve Jésus ? Les enfants ont beaucoup à nous apprendre, hissons-nous donc à leur niveau » (Geneviève, 20 ans).
38. Il existe d'excellentes initiatives : *A nous la Parole* (Le Sarment/Droguet-Ardant). *Fais-nous voir ton visage,* catéchisme pour 7-8 ans, mis au point par la Fraternité monastique d'Aix-en-Provence. L'enseignement se fait à partir des icônes et des chants, et baigne dans un climat liturgique. Ceux de *Noëlle Le Duc* et de son équipe de N-D de Vie, petits chefs-d'œuvre de sens pédagogique et spirituel, de goût et de finesse. (Pourquoi faut-il que certains services diocésains les aient éliminés ? Raison donnée : leur éditeur est trop étiqueté ! Qui dénoncera les ravages de cette manie française de classer choses et gens avec d'ineffaçables auto-collants ?).

l'extérieur. Une fois cette rencontre vécue, c'est lui-même qui a envie de tout savoir de Dieu. Il en veut !

Pour favoriser cette rencontre, la catéchèse devrait se dérouler dans un climat de prière. Elle ne devrait jamais se faire dans un contexte rappelant le système scolaire, salles de classe, examens, etc., sous peine de réduire la « religion » à n'être qu'une matière scolaire parmi d'autres. Désastreuse ambiguïté !

Si la catéchèse est imbibée de prière, alors elle sera comme un traitement prophylactique[39], l'intelligence recevant alors les anticorps nécessaires pour lutter contre des microbes, dont tôt ou tard elle subira la contamination, mais non l'infection. Combien de chrétiens ont pu *résister à l'épreuve* des erreurs ambiantes, à cause de ce « sens de la vérité », acquis et reçu au long des années de formation catéchétique ? Ce ne sont pas les chrétiens sous régime oppressif qui me contrediront.

Un des signes que la révélation des mystères de Dieu atteint ce point où l'enfant vit une connivence avec Dieu, c'est l'espèce *d'exultation* débordante qui tout à coup le saisit, quand une parole vient exprimer l'intuition de son cœur, comme si une corde profonde s'était mise à vibrer. A d'autres moments, ce sera le calme profond où cette parole le plonge.

Le climat de joie et de paix d'un temps de catéchèse est le meilleur signe que « le courant passe ».[40] Il s'exprime dans le chant de louange.

A la prière

Le droit de tout enfant à la prière ! Pour rencontrer cette Tendresse dont il est déjà le porteur, et pour en devenir le confident. Pour rejoindre Celui qui l'attend et qu'il attend.[41]

La prière ! En priver un enfant, c'est priver son âme d'oxygène, c'est l'asphyxier[42]. Il est fait pour. Pour un enfant rien n'est simple comme la

39. S. Cavaletti a été frappée par le pouvoir de guérison intérieure d'une parabole, comme celle du bon Berger. Toute sa catéchèse s'est faite à partir d'elle.

40. Les Centres de S. Cavaletti sont caractérisés par cette joie. On en surprend qui avancent l'horloge pour pouvoir y arriver plus tôt et qui, le soir, ne veulent plus en repartir. — « Ceux qui viennent chez nous, explique Janine Brien, catéchiste à Maurepas, ont entendu parler du catéchisme par des copains de l'école ; ils ont demandé ce que c'était ; les autres leur ont dit : « Viens voir ! » Dans certains cas, ils n'avaient jamais entendu prononcer le nom de Jésus ; ils ont été attirés par une certaine joie du groupe » (*La Croix*, septembre 1982).

41. « Ne pas faire prier les enfants, est une grave injustice pour le monde entier » (Curé d'Ars).

42. Cet universitaire du Québec : « Ma mère m'a *tué* le jour où elle a refusé — ou peut-être oublié — quand j'étais enfant, de me montrer à prier sur ses genoux. Mes professeurs de catéchèse m'ont *étouffé* quand ils m'ont appris la morale, la sexologie, la justice sociale sans me faire découvrir Jésus. Et vous vous surprenez que je fasse des spasmes... Mais *je n'ai plus d'oxygène !* » (Cité par Christian Beaulieu, dans : *Ma blessure est tendresse*, p. 20).

prière, pour peu qu'on l'ouvre à ce bonheur. Quel enfant ne peut au moins dire bonjour et bonsoir à Dieu ? Seule la prière peut lui donner de n'être jamais seul, ou bien rarement. Jamais déprimé, ou bien rarement.

Les instants de prière le ramènent sur le chemin de son cœur. Ils lui donnent une confiance que rien ne pourra jamais lui donner : cette sécurité minimale dont il a desoin pour vivre.

La prière l'apaise. Elle l'unifie. Dans un monde de plus en plus survolté, il a un besoin criant de ces plages de calme. Sinon, il risque tôt ou tard le recours aux « psy » de toutes espèces.

Un enfant habitué à prier, habitant la prière, on le sent tout de suite. Une douceur, une paix, une beauté émanent de lui. S'il grandit dans un climat de prière, une étonnante maturité spirituelle se manifeste. Il devient capable de poser des actes insoupçonnés de générosité, capable de se donner, de se sacrifier. Des trésors de grâce se dévoilent en lui. Qui, sinon, demeurent inexploités.

Et que dire d'une famille où l'on prie ensemble ! Rien ne scelle autant une communion familiale. Prier ensemble, c'est vivre en transparence. Comment regarder Dieu ensemble, si quelque chose empêche de se regarder l'un l'autre ? Chaque soir, la prière est l'occasion bénie où un pardon peut être donné, reçu. Quel moyen plus simple d'éviter que les inévitables égratignures de la journée ne s'infectent, et ne finissent par devenir plaies purulentes ?

C'est aux parents,[43] en premier, à demander le pardon de leurs petits. Cela se fait si rarement ! Si on savait que de tensions peuvent ainsi être désamorcées, que de mini-conflits peuvent ainsi se résorber ?

Je défie des foyers qui prient, ensemble et en vérité, de jamais se briser. Ce n'est pas possible. J'ai connu des ménages, au bord du naufrage, qui in extremis ont renoncé au divorce : ils s'étaient mis, ou remis, à prier avec leurs enfants. La prière fait ce qu'aucune psychothérapie ne sera jamais capable de faire : rendre sa fraîcheur printanière à un amour fané.

Désinfecter et cicatriser des blessures.

Et puis, comment grandir dans notre monde sans être blessé, parfois terriblement ? Par la famille, l'école, tant d'événements de la vie, qui peuvent si facilement meurtrir, sinon traumatiser, cet être au maximum de vulnérabilité qu'est un enfant ? Personne n'est aussi blessé par tout ce qui ne répond pas à son besoin de sécurité et de tendresse[44]. De quels déchirements un cœur d'enfant n'a-t-il pas été déjà traversé ? Peut-être les plus profonds de sa vie ! Peut-être en est-il stigmatisé à jamais ?

43. Comme d'ailleurs à tous ceux qui sont chargés de leur éducation.

44. Nicole, 9 ans, se jette sous un vélo. A l'hôpital sa maman lui demande pourquoi. Réponse : « Tu te serais penchée sur moi et tu m'aurais donné un baiser. »

« La parole de Dieu atteint le cœur là où il est blessé par l'échec, l'inévitable mort et la colère de l'impuissance... L'enfant auquel nous parlons du salut a déjà rencontré autour de lui la finitude humaine et, en lui, la difficulté d'ouvrir ses petites mains, la peine à s'arracher à l'âpreté liée à la précarité de la vie. Jamais le don de la vie, de la nourriture, de la sécurité, ne lui sera si sensible qu'au moment où il est totalement dépendant des adultes, et jamais, peut-être, il n'éprouvera si directement la difficulté de rendre grâce dans la confiance qu'au moment où tout partage lui est difficile, où, depuis sa naissance, les poings fermés, il n'a cessé de protéger sa vie fragile par toutes ses forces d'âpreté ; ses larmes, lorsqu'il échoue, lorsqu'il est jaloux, lorsqu'il a peur, nous semblent faciles à consoler, et c'est vrai pour une part, mais *l'expérience métaphysique de la précarité humaine et de son âpreté,* l'expérience de la peur viscérale, il ne la rencontrera peut-être plus jamais aussi fortement avant de vivre sa mort. Cet enfant « heureux », auquel nous sommes appelés à proposer l'Évangile, a déjà fait *l'expérience essentielle du mal* et de l'impossibilité pour l'homme, s'il est laissé à ses propres forces, d'entrer dans la confiance et le don. »[45]

Alors, comment osons-nous ne pas l'ouvrir à un Sauveur qui, seul, peut arracher au mal et vaincre la mort ?[46]

C'est alors que devrait intervenir cette prière dite de *guérison intérieure,* si simple, si belle, que l'Église est en train de retrouver.

Un soir durant une session du Renouveau à Paray-le-Monial, Myriam 12 ans, vient me confier sa croix : son papa brutalement disparu voici deux mois. Elle n'arrive pas à s'en remettre et demande qu'on prie pour elle. Le lendemain, elle me retrouve, rayonnante : « Oh ! tu sais, maintenant je suis sûre que papa est avec Jésus, et c'est merveilleux ! » Quelques heures plus tard, c'est au tour d'Emmanuel, même âge, de venir demander qu'on prie sur lui. Lui aussi a perdu son papa voici deux mois. Nous allons dans la petite abside dédiée à Thérèse de l'Enfant-Jésus. Et voici que passe Myriam. Elle nous rejoint. Elle prie sur Emmanuel. Je n'oublierai jamais ces deux visages d'enfants tournés ensemble vers le Visage du Père, et recevant de lui une tendresse transfigurant leur double blessure.

Oui, chaque fois qu'un enfant a été blessé, en son affectivité, son esprit, sa mémoire ; chaque fois qu'il est perturbé, fortement tenté, en proie à une invincible tristesse ou inquiétude, il faudrait que les parents, frères et sœurs, prient sur lui. Pour que le Seigneur vienne lui-même l'apaiser, le consoler, cicatriser cette plaie ouverte en son cœur[47]. Qui dira

45. Marie-Jeanne Coloni, *Catéchèse de l'Eucharistie.* Conférence donnée au Congrès eucharistique de Lourdes (D.C. 9 août 1981).

46. Voyant pour la première fois une croix, Olivier 2 ans 1/2, (milieu familial indifférent) : « C'est quoi ça, un avion ? »

47. Au Québec, j'ai vu des retraites de couples où les enfants font des dessins pour leurs parents, pendant que ceux-ci prient pour que leurs enfants aient à leur égard les sentiments qu'eux-mêmes auraient aimé avoir vis-à-vis de leurs parents. En Inde, tout visiteur fait d'abord attention à l'enfant.

la splendeur et les fruits de ces prières dans les familles où elles font partie intégrante de la vie familiale ? Bien des témoignages pourraient ici être donnés[48].

« Dès le ventre maternel, je t'ai connu... »

Révéler Dieu à un enfant, l'éveiller à la prière, cela devrait commencer dès le temps de la gestation. Des études scientifiques récentes sur la psychologie prénatale ont admirablement mis en relief ce que bien des mères avaient depuis toujours pressenti : dès le sein maternel l'enfant est conscient et donc sensible à une multitude d'influences. « Il peut déjà déchiffrer les pensées et les sentiments de sa mère, déjà lui donner des réponses affectives. Au 6e ou au 7e mois il est capable d'effectuer des distinctions d'une subtilité très remarquable dans les attitudes et les sentiments de sa mère et de commencer à agir en fonction de ceux-ci. Les pensées et les sentiments de la mère constituent alors le matériau à partir duquel il forme sa personnalité. »[49]

On ne dira jamais assez l'importance décisive du rôle de la mère, et de son entourage, dans l'évolution utérale d'un homme. Une mère peut apaiser, réconforter son petit en priant déjà avec lui, en chantant avec cette inégalable douceur que donne la prière à la voix humaine[50]. (Et l'on sait combien l'enfant est déjà ultra-sensible aux sons)[51]. Mais surtout le seul fait pour la mère de vivre en communion habituelle avec Dieu donne à l'enfant qu'elle porte, un irremplaçable climat d'amour et donc de sécurité, qui favorise sa croissance prénatale, et prépare ainsi une petite enfance pas trop perturbée.

Une véritable relation intra-utérine entre la mère et l'enfant est donc possible durant les trois derniers mois de la grossesse, et « surtout les deux derniers durant lesquels l'enfant a atteint un degré de maturité physique et intellectuelle suffisants pour émettre et recevoir des messages déjà très complexes. » Pourquoi s'étonner que certains enfants se mettent

48. Récemment, j'ai dû m'occuper de plusieurs enfants traumatisés par la mort du père ou de la mère, le suicide d'un ami, des parents abusivement captatifs, une atmosphère familiale étouffante ou tendue. Complètement bloqués, étouffés, ils ne s'exprimaient presque plus. Et tentaient déjà, eux aussi, de s'ôter la vie ! À 10-12 ans ! Mais à la vie je les ai vus lentement renaître, au cours de passages dans des communautés fraternelles ou des camps de prière. Des seuils décisifs étaient chaque fois franchis, aux moments forts où les frères priaient plus intensément sur eux, pour la guérison spécifique de telle blessure précise. Parfois une simple confession a suffi. Suite au sacrement de réconciliation — le plus humain des sacrements — j'ai été témoin de vraies résurrections.

49. Voir Thomas Verny et John Kelly, *La vie secrète de l'enfant avant la naissance* (Grasset 1982).

50. Je connais une maman dont l'enfant qu'elle portait se mettait effectivement à bouger, comme à danser, dès qu'autour d'elle quelqu'un se mettait à louer ou dès qu'elle approchait de l'Eucharistie.

51. Le son qu'il perçoit le plus constamment est le battement du cœur de sa mère. Si le cœur bat d'amour pour Dieu, l'enfant n'en saisira-t-il pas quelque chose ? Le premier organe perceptible et visible de l'embryon, dès la 3e semaine, n'est-ce pas le cœur, — un cœur encore « ouvert » — sorte de gros canal dont le battement des parois propulse le sang ?

à tressaillir sans aucun motif apparent, quand la mère vient communier, ou s'approche d'un tabernacle ?

Ces jours qu'éclaire la prière.

Pourquoi priver l'enfant d'un *cadre* qui le porte à la prière, aussi simple et discret soit-il ? Ce peut être simplement un coin de prière dans sa chambre, sinon dans le living : une croix, quelques icônes éclairées et fleuries. Si la maison est grande, une pièce y devient chapelle.

Lui offrir de véritables liturgies familiales. Ces liturgies si familières au peuple juif, et dont les chrétiens ne se font plus guère d'idée. C'est une urgence. En temps de persécution violente, il ne restera peut-être rien d'autre pour leur transmettre la foi. On le sait d'expérience, dans les pays de l'Est.

Urgence aussi de retrouver la *bénédiction du repas.* Brève halte de prière autour de la table. S'il revient d'abord au père de bénir, pourquoi les enfants ne le pourraient-ils pas aussi, à tour de rôle ? Toute l'atmosphère du repas peut en être changée. Je connais une famille où l'on ne se dispute plus à table, alors qu'avant c'était devenu intenable.

Célébrer surtout de belles liturgies du soir. Allumer les bougies en chantant le *Joyeuse lumière,* brûler l'encens, offrir des fleurs, lire la Parole à la lueur de la flamme[52]. Se prosterner front à terre, élever les bras, ouvrir les mains : tant et tant de gestes simples et beaux, qui parlent au cœur de l'enfant et qu'il comprend mieux que nous-mêmes.

La soirée se termine en se donnant la *bénédiction de Dieu,* les uns aux autres. Bien sûr, la bénédiction des parents a une grâce toute particulière, mais les enfants aussi peuvent bénir leurs parents.

En général, d'ailleurs, les petits enfants peuvent parfaitement bénir les adultes : leur dessiner une croix sur le front ou imposer quelques instants les mains, en silence ou accompagné d'une prière. L'austère Pierre de Bérulle n'hésitait pas, tout cardinal qu'il était, à se faire bénir par eux.

Et quand ils dorment, pourquoi les parents n'iraient-ils pas encore doucement leur imposer les mains, en une dernière et silencieuse prière ?

Le soir venu, Dieu a besoin, pour se reposer, de la prière d'un enfant. Il a droit à son émerveillement, à sa louange, à son adoration, à sa joie même de prier. Parmi les petits il se cherche des intercesseurs. Il se cherche des adorateurs. Combien en trouve-t-il ?

Quand un enfant prie, oui, Dieu en est épris.

52. Conseils de saint Jérôme pour l'éducation de la petite fille de son amie Paula : « Quand elle apercevra son grand-père, qu'elle saute dans ses bras, se suspende à son cou et lui chante sans cesse, malgré lui : « Alleluya ! » Qu'on lui apprenne à se lever de nuit pour faire oraison et réciter les psaumes, à chanter des hymnes dès le matin, à se tenir sur le front du combat à la troisième, à la sixième et à la neuvième heure, *telle une amazone du Christ.* Enfin, en allumant sa petite lampe en offrant le sacrifice du soir. »

Surprendre l'Esprit en flagrant délit de prière.

Dans les différentes communautés de vie, de fondation récente, où célibataires consacrés et couples vivent ensemble, il y a toujours un temps pévu où les enfants se retrouvent ensemble pour prier, pendant que les adultes célèbrent la grande liturgie du soir.

A la communauté du Pain de Vie, le samedi matin est un temps fort de prière pour les enfants. Elle dure trois bons quarts d'heure. En aube, cierge à la main, ils passent l'un après l'autre devant la statue de Marie, chacun disant à haute voix sa prière. On termine avec une longue bénédiction sur chacun. Même des parents de la ville y amènent leurs enfants.

Bon nombre de mots ici présentés sont nés au cours de tels moments de prière. Il était juste d'en signaler le terreau fertile.

Quand il est en prière, il arrive qu'on surprenne sur le vif l'Esprit à l'œuvre dans leur cœur. Rien n'est bouleversant comme un enfant saisi par la prière de l'Esprit ! Quand la petite Claudia reste une heure et demie d'affilée, immobile, à répéter simplement : « Tu es mon berger ! » et qu'elle n'a que 3 ans 1/2, de qui donc vient sa ferveur et sa paix ?

Dans ce domaine de la relation personnelle avec le Seigneur, de grâce ! n'allons pas nous immiscer ! Demeurons ces humbles « amis de l'Époux », dont la joie est d'être témoins d'une rencontre et qui, délicatement, s'effacent devant elle.

Pente naturelle de son âme, la prière du tout-petit est presque exclusivement de louange, d'action de grâce. Surtout ne pas la perturber par des formules de demande. Il découvrira plus tard la demande, en l'intégrant à la louange. Ce que fait toute liturgie, et presque tout psaume. Un petit baptisé est naturellement accordé à la liturgie. C'est un être « doxologique » — chantre de la Gloire. Ce qu'il nous faudra tous redevenir, tôt ou tard.

Puisse toute catéchèse se vivre dans une telle lumière ![53]

A la beauté

La grande liturgie ! Comme elle est goûtée par les enfants ! L'enfant est

53. D'une catéchiste : « Quand on termine la prière par le *Notre Père* en se donnant la main en cercle, on a pris l'habitude de ne pas fermer le « rond » pour ne pas tourner le dos à Jésus au tarbernacle. De chaque côté, un enfant tend la main pour la donner à Jésus. C'est lui qui ferme le rond. Cette place est très enviée. » Il est sidérant que ce soient parfois des prêtres qui s'opposent au désir et des catéchistes et surtout des enfants de prier ensemble, sous prétexte de « cheminer » ! — « Quand un prêtre ne peut comprendre qu'ils exigent à chaque rencontre des temps de prière de 10 à 15 minutes, que faisons-nous du Christ ? » m'écrit l'une d'elles.

fait pour la beauté Il est sensible à la beauté, à la dignité d'une célébration. De grâce ! ne lui refilons pas des messes bâclées, rabougries, sous prétexte d'adaptation à son âge. Tout à l'heure, il nous dira lui-même ses exigences[54].

Lourdes, Congrès Eucharistique. Une messe à la basilique Saint-Pie-X. Olivier, 12 ans, est à côté de moi. Trop petit, il ne voit que des dos et encore des dos. De temps en temps je le soulève pour qu'il jette au moins un rapide coup d'œil sur ce qui se passe à l'autel. J'avais honte de voir, alors que pour suivre la liturgie il en avait tellement plus besoin que moi !

Porter nos enfants à bout de bras s'il le faut, pour leur permettre de contempler avec nous le mystère !

Donner leur rôle aux enfants, même dans les célébrations avec adultes. Les Canons d'Hippolyte de Rome (IIIe siècle), prévoyaient déjà : « Quand le diacre allume la lampe du Lucernaire, *les enfants* chantent des psaumes spirituels et des louanges. Et tout le peuple répond : *Alleluyah*, sur le même ton, d'une même voix. » Les Anges eux-mêmes ne comptent-ils pas sur la louange des enfants pour achever la leur[55] ?

L'enfant a besoin de rites. Autant que de rythmes. Très tôt l'ouvrir au déroulement de l'année liturgique. Le faire vivre au rythme des saisons et des fêtes liturgiques. Passionnante initiation aux différents mystères. Innombrables sont les gestes significatifs que les différentes traditions populaires nous ont laissés, et qui trouvent leur place dans la liturgie en famille[56]. Pourquoi donc les mépriser ?

Pourquoi priver si souvent les enfants du bonheur de « servir » la messe ? Aux premiers siècles, quand un enfant avait un charisme de lecture, il était institué « lecteur »[57]. De même, les « acolytes », chargés de porter la communion aux malades, avaient généralement 12-14 ans. Saint Tarcicius, tué en accomplissant ce ministère en était[58].

54. Voir ch. XV, pp. 237
55. « Où trouverons-nous ces enfants et ces nourissons dont les chants doivent parachever la louange du Seigneur ? Ne croyez pas que notre Dieu ait son compte de louange avant que paraissent ceux qui chanteront en présence des Anges » (saint Bernard. *Sup. Cant.* 68, 5).
56. Comme par exemple dans les pays nordiques, pour préparer Noël, les couronnes de sapins dont on allume une nouvelle bougie chaque dimanche, ou les maisons de carton dont chaque soir une fenêtre s'ouvre sur une image de la 1re Alliance.
57. Cela rejoint la tradition juive pour qui 13 ans est la plaque tournante dans la vie d'un jeune. Il accède alors à la pleine responsabilité de ses actes, et passe de l'état d'enfance à celui d'adulte dans le peuple de Dieu, dont il assume alors tous les commandements. (Ses vœux sont considérés comme pleinement valides). La *Bar'Mitsva* est donc fixée à 13 ans pour les garçons, à 12 pour les filles (celle-ci depuis le XIXe seulement). Le Shabbat suivant, il fait pour la première fois, la lecture publique dans la synagogue, et parfois dirige une partie de l'Office.
58. Je pense à cette paroisse du pays basque où le curé initie avec tant d'amour les jeunes garçons à ce service du sanctuaire, qu'il veut beau pour Dieu. Voir *Les Noces de Dieu* p. 47 ss.

Ces malades en attente des enfants.

Urgence d'éveiller les enfants à la *prière sur les malades.* Ceux-ci y ont droit. Lorsqu'un membre de la famille ou un ami est à l'hôpital, les y conduire dès que possible. Ne pas en rester aux seules conversations d'usage, parfois si banales, mais que l'enfant propose un moment de prière, aussi court soit-il. Qu'il pose ses mains sur les épaules, la poitrine, la tête ou les mains du malade, comme Jésus le demande à tout baptisé, et qu'il prie. On sera étonné, émerveillé, des grâces alors accordées, des guérisons médicales souvent accélérées, parfois même des guérisons données. Quand il voit la confiance d'un enfant, c'est dur pour Dieu de résister... Il arrive que le personnel hospitalier lui-même en soit touché.

Je n'oublierai jamais ces messes dominicales où, après la communion, c'est aux enfants que fut confiée la prière de la communauté paroissiale pour ses handicapés et ses malades, regroupés devant l'autel. Telle paroisse rurale en a été littéralement renouvelée[59].

> « Début février, nous avions eu la douleur de suivre un accident grave (fracture du crâne, coma, hémorragie méningée massive) survenu à l'un de nos enfants, Kader, un petit musulman. L'enfant frôla la mort, puis les médecins étaient quasi certains de séquelles graves définitives. Tous les autres enfants se succédèrent alors en notre chapelle, pendant plusieurs jours, devant le Saint-Sacrement (adoration, Messes, nombreuses prières spontanées) et quelle que soit leur religion : catholiques, protestants, musulmans, israélites. A cette prière s'ajouta celle des moines de Lérins, et de tous les frères.
>
> Et c'est au moment même d'une Messe qui rassemblait tous les enfants pour cette intention, Messe préparée et animée par les enfants eux-mêmes, que Kader sortit du coma... !
>
> Aujourd'hui, Kader est parmi nous, la joie profonde au visage, sans séquelle aucune, sans même un mal de tête !
>
> Les médecins ne comprennent pas. Les enfants, eux, ont compris... Durant ces jours, l'un de nous a trouvé, dans un coin du parc, un papier griffonné par un enfant :
>
> « Seigneur Jésus, guérissez Kader dans votre charité, qu'il ne nous quitte pas, mais si vous en jugez autrement, faites-le pour son bien. Ainsi soit-il. Amen. »[60]

A la Présence

Si l'enfant ne peut vivre heureux en dehors d'une intimité avec son Seigneur, alors il a droit aux *sacrements.* Car nulle part ailleurs, la Rencontre ne peut être vécue avec autant de certitude et de réalisme.

Le chapitre sur l'Eucharistie est peut-être celui qui m'a le plus saisi de ce livre. On y pressent à quel point l'enfant peut être très tôt sensible

59. Voir *Le Sang de l'Agneau,* pp. 37 ss, et *Les Noces de Dieu,* p. 267 ss.
60. Témoignage du Centre Asthmazur, Grasse.

au mystère de la Présence. Chez quelques-uns, un désir de le recevoir se déclenche avec une grande impétuosité. On entendra tout à l'heure les cris et les larmes de plusieurs d'entre eux. Et si c'était le désir même de l'Esprit en leur cœur ?

Ils ne peuvent pas encore expliquer ce qu'ils sentent, expliciter ce qu'ils croient. Mais ils savent parfaitement bien qu'ils peuvent, là, s'unir à ce Jésus qu'ils aiment. Ils ne sont pas capables de comprendre, mais ils sont capables d'accueillir Jésus. Pas capables d'expliquer, mais d'exprimer un amour. L'intelligence suivra. Quand on tombe amoureux, est-ce qu'on comprend tout ce qui va arriver ? Et il sera bien assez tôt pour leur faire comprendre le comment de la Rencontre ! La Rencontre aura déjà eu lieu.

De quel droit, alors, les tenir à l'écart du Sacrement où Jésus lui-même les attend ? Ils comprendront plus tard, mais après avoir vécu la Réalité. Certains enfants ont eu la vie transformée, du tout au tout, depuis leur première communion. On n'a pas le droit de la remettre indéfiniment à plus tard, sous prétexte qu'ils n'ont pas suffisamment « cheminé ». Un critère important de discernement est moins le degré de connaissances intellectuelles acquises dans une formation catéchétique, que le climat de prière et de foi de sa famille.

Dans l'Église Orientale, les bébés reçoivent le Corps du Christ en même temps que le baptême[61]. C'est un droit baptismal.

Indépendamment du moment de leur première communion — pour les y préparer ou pour en prolonger la grâce — il faut les conduire au Saint Sacrement. Ce contact avec la Présence même de leur Dieu est vital. Le Seigneur est là qui les attend. De quel droit refuser à Dieu et à l'enfant, ce bonheur d'un moment ensemble ?

« *Les petits enfants défaillent sur les places de la cité. Ils disent : « Où y a-t-il du pain ?* » (Na 3, 10. Lm 2, 12). Qui ne les conduit pas à l'Eucharistie les condamne à une mort lente. Par inanition.

Au pardon

Cela vaut pour le *sacrement du Pardon.* On tend aujourd'hui à le reculer indéfiniment, sinon à l'évacuer systématiquement. Sous le prétexte fallacieux qu'il ne faut pas culpabiliser l'enfant. Or, c'est précisément le contraire qui arrive. Tant qu'il ne comprend pas que le péché c'est tout ce qui l'empêche d'aimer et d'être aimé, et donc d'être heureux, il se tourmentera pour un tas de « fautes » qui ne sont pas des péchés, il se culpabilisera.

Mais si, chaque fois qu'il a refusé le bonheur de faire sa vie avec

61. Dans le rite maronite, le prêtre pose quelques instants le ciboire sur la tête de l'enfant qui ne peut encore communier et que ses parents emmènent avec eux à la sainte Table.

Dieu, il peut se jeter à nouveau dans les bras de son Père, quel soulagement, quelle consolation, quel bonheur !

Comment l'enfant n'aurait-il pas très tôt un sens aigu du péché, lui qui a déjà une expérience, souvent tragique, du mal et de la mort ? Aujourd'hui sans doute plus que jamais.

Les pages sur le pardon montreront avec quelle précocité et quelle justesse théologique ils en comprennent le sens. Non, ce n'est pas vrai qu'ils ne commettent que des bêtises. Ils commettent des péchés, et ils le savent parfaitement bien, eux qui sont encore droits avec eux-mêmes. Les « déculpabiliser », c'est les anesthésier. Les ouvrir au Pardon, c'est les libérer. Personne comme un enfant ne sait ceci : on ne peut vivre tant qu'un reproche se devine dans les yeux de ceux qu'on aime. C'est intenable. On rêve alors d'être tué. C'est une mort.

> « Certains enfants ne se confessent jamais personnellement, même avant leur première communion ou leur profession de foi. Ils participent juste à une cérémonie pénitentielle collective... Mais l'enfant a une pudeur instinctive plus grande peut-être encore que celle de l'adulte ! Il ne pourra jamais exprimer ce qui le blesse, ce qui le tracasse, ce qui le torture peut-être !... L'enfant aussi a besoin d'un *accompagnement spirituel suivi* et cela dès son plus jeune âge. Un saint Jean Bosco ou un curé d'Ars le savaient bien !
>
> Les enfants de notre communauté vont à une préparation à la confession dès 2 ans. Le prêtre qui les accompagne les éveille aux mystères de Dieu, et ils demandent très vite, vers 3 ans, à aller juste après, se confesser personnellement, et pleurent si on ne veut pas. De même qu'avant la première communion, ils ont demandé *tous* à voir le prêtre personnellement...
>
> Nous avons besoin que nos prêtres donnent le Christ et nous sommes obligés de quémander le Christ dans les sacrements pour les pauvres et les petits, car beaucoup agissent comme des pères qui attendent tellement longtemps pour donner ce qui leur est seulement prêté et ce dont ils sont seulement intendants. Alors, on met des mois et des années avant de donner : on refuse, on prépare, *on laisse mourir de faim et de soif des enfants et des pauvres* ; et je demande aux prêtres, un éveil beaucoup moins légaliste, beaucoup plus intérieur qui permette cet accueil par les pauvres et les petits de Jésus-Christ qui se livre...
>
> Le prêtre qui confesse nos enfants, est extrêmement bouleversé de la réalité de leurs confessions et affirme qu'ils ont effectivement conscience du bien et du mal et de la lutte spirituelle entre les ténèbres et la lumière[62] ! »

Entendrons-nous cet appel d'un père de famille, que bien d'autres que je connais pourraient aussi bien lancer ?

62. Pascal Pingault.

Ces petits qui déjà portent les armes.

Si le petit enfant a un tel besoin des sacrements, c'est que très tôt Jésus peut l'associer à son propre combat spirituel.

Adultes dans l'Esprit, Dieu les traite déjà comme tels. Leurs petites luttes contre leurs défauts s'impliquent dans le grand conflit entre lumière et ténèbres qui déchire le monde. Je laisse encore la parole à Pascal. Plus grave, plus urgente que nous ne le pensons, la question qu'il nous pose à partir de son expérience de berger de communauté :

> « Nos enfants sont plongés dans ce mystère du combat spirituel. Ils y sont mêlés d'une double manière simplement par le combat de la prière et autrement par le domaine de l'offrande de leurs souffrances à Jésus. Jésus les sent tellement pleins, tellement fils, qu'il les fait participer à sa mission, dans le cheminement de la nuit et de la lumière en eux. Il faut donc qu'on leur donne les armes du combat spirituel, et ces armes sont les armes de l'Eucharistie et de la prière de confession. Et nous sommes dans un monde où sont lâchés les esprits impurs, où sont lâchés les démons, et plus encore que dans les siècles passés il faut que nous donnions à nos enfants des armes solides, fortes. Et les sacrements sont des armes que le Christ va affiner, aiguiser en nous de manière de plus en plus forte...
>
> C'est la fin des temps, c'est le lâchage des mauvais esprits et nos enfants qui sont les choisis, les élus du Seigneur, risquent tout, parce que le diable hait l'innocence. Cette innocence qui est leur seule défense, mais aussi leur plus grande vulnérabilité. Il se permet des combats dans le cœur de nos enfants dont on ne connaît pas, on ne veut pas connaître l'amplitude parce que ça nous met en face de nos responsabilités et de notre propre combat ; et nous avons peur d'exercer notre autorité de baptisés contre le pouvoir des ténèbres.
>
> Si nos enfants étaient libres, c'est-à-dire armés de Jésus-Christ dans l'Eucharistie, réconciliés, donc revêtus de toutes les armures de la foi pour lutter efficacement contre le démon, eh bien ! nous pourrions vivre des victoires dans le peuple de Dieu contre la puissance des ténèbres, extraordinaires. C'est la force de l'habitation de Jésus en eux qui fait que leur prière est exaucée. »

Écoutons l'histoire de Nathanaël, 4 ans : Une otite aiguë le fait crier toute la journée. Il se tortille de douleur. Mais refuse catégoriquement qu'on prie pour sa guérison : il veut offrir sa souffrance pour Philippe, un alcoolique de passage à la communauté, et qu'il a « senti » en pleine détresse, bien que personne ne lui en ait parlé. Le soir venu : « Oui, on peut me descendre dans la chapelle pour me guérir. » Il en remonte tout pacifié : « J'ai encore mal, Jésus ne m'a pas encore guéri. » Tout à coup, après deux heures de silence : « Jésus me guérit *maintenant.* » L'oreille était percée, le pus en coulait, sans aucune paracentèse généralement nécessaire. Du combat spirituel où Dieu avait engagé Nathanaël, Philippe était sorti vainqueur[63]. Des choses pareilles sont vécues par plus d'enfants qu'on ne le pense.

Aux appels de l'Esprit.

L'enfant est fait pour recevoir les dons de l'Esprit. La morale ne peut lui suffire. En tant que baptisé, il doit s'ouvrir à ces dons par lesquels l'Esprit le met au service de ses frères, et que l'on nomme *charismes.* Il faut savoir les discerner, les éveiller. Aider l'enfant à les utiliser. Ne pas les stériliser. Ne pas en priver la communauté. Ils sont sans nombre.

Parmi bien d'autres il faut signaler — parce que souvent peu détectés : l'intercession forte en vue de la guérison du corps ou de l'âme, la prophétie, les visions intérieures ou songes, l'évangélisation. A propos de ce dernier charisme, je suis le témoin étonné de l'audace d'enfants qui déjà à 7-8 ans osent témoigner de manière courageuse de leur foi, dans leur propre classe. Quitte à essuyer moqueries et sarcasmes. Ce sont des petites troupes d'enfants que je vois annoncer Jésus en chantant dans les trains, en priant sur le trottoir, en jouant la vie de François d'Assise dans prisons et hôpitaux psychiatriques. Il en est ainsi en Indonésie, comme déjà aux Indes du temps de François-Xavier[64].

Pour d'autres, ce pourra être la grâce ponctuelle de donner une fois ou l'autre, un enseignement spirituel théologique, comme je l'ai déjà signalé. Saint *François-Régis,* l'apôtre du Massif Central, n'hésitait pas à faire parler des 10-12 ans, devant des auditoires de plusieurs milliers de personnes.

Et une *vocation,* c'est très précisément un charisme !

Pour offrir le bonheur d'un appel, Dieu sait s'y prendre de bonne heure. Les saints le savent, et sont remplis de respect pour ce mystère[65].

63. Une autre fois Nathanaël est angoissé jusqu'aux pleurs à côté d'un homme très attaqué, dont rien ne signalait la détresse intérieure : « Très très fréquemment nos enfants savent par le Saint-Esprit que Jésus est en train de se battre par amour pour un pauvre qui est chez nous, et ils prient pour lui. »
Odette, 7 ans, est sur son lit d'hôpital. Un soir, au milieu d'une crise affreuse d'étouffement, la sœur se dispose à lui faire une piqûre, elle murmure avec calme : — Non, laissez-moi souffrir, je demande une grâce (V.F. n° 112).

64. « Quant aux enfants, ils montrent beaucoup d'amour et d'attrait pour savoir les prières et les enseigner. Les enfants enseignent à leurs pères et mères, à tous les gens de la maison et aux voisins, ce qu'ils ont appris à l'école. Ils détestent fort les idolâtries au point de se battre souvent avec les païens, de blâmer leurs pères et mères quand ceux-ci se livrent à l'idolâtrie. Quand ils me signalent des cérémonies idolâtriques accomplies hors du village, je réunis tous les enfants du lieu... Ils saisissent les idoles et les pulvérisent comme cendre... C'est un honneur pour ces enfants. Je chargeai les enfants qui savaient les prières d'aller aux cases des malades, de réunir tous les habitants de la maison avec les voisins, de réciter ensemble plusieurs fois le *Credo,* et de dire au malade : « Crois et tu seras guéri... » Ainsi, grâce à la foi des habitants de la maison et des voisins, grâce à leur propre foi, Dieu accordait beaucoup de faveurs aux malades, leur donnant la santé spirituelle et corporelle. Dieu usait d'une grande miséricorde à l'égard des malades, puisqu'il les appelait au moyen de leurs maladies, et pour ainsi dire les tirait de force à la foi » (*François-Xavier,* Cochin le 15 janvier 1544).

Mais là encore, combien se sentent seuls. Personne à qui confier une telle émotion, avec qui partager un tel trésor. Là encore, on ne le prend pas au sérieux. On ne le traite pas en enfant de Dieu. On le sous-estime et on le mésestime. Au moment où Dieu tient tellement compte de lui que déjà il compte sur lui. Et seul il sait le nombre de vocations avortées, faute d'accueil dans l'amour. C'est le massacre des prêtres de demain.[66]

Comment ne pas faire nôtre, ce cri de Louis-Marie de Montfort : « Au feu ! Au feu ! A l'aide de nos enfants qu'on égorge ! »

Au gouvernement du monde

La prière des petits ! Nul n'en soupçonne l'impact sur le cœur de Dieu[67] ! Elle est d'une incalculable portée ! Si déjà nous, aussi blindés que nous soyons, somme incapables de résister au regard suppliant d'un enfant, combien plus ce Dieu qui, comme personne, sait ce qu'est être père.

« Une civilisation sans la prière des petits enfants est comme une année sans printemps. »[68] Et si la nôtre semble hivernale à ce point, n'en serait-ce pas la cause ?

Ouvrir les enfants à la prière relève des grandes urgences actuelles. Certains événements politiques sont suspendus à leur prière. Dieu en tient compte, lui qui compte sur eux comme personne. Le fait que de moins en moins d'enfants prient dans le monde, atteint les proportions d'une vraie catastrophe internationale. Et je relance ici l'appel au déclenchement d'un vaste plan ORSEC de la prière, à l'échelle du monde, dont les enfants prendraient la direction.

Je n'oublierai pas ce 26 juin 1983 où je devais parler à quelque 10 000 chrétiens avec leurs prêtres et leurs évêques dans l'immense salle des Congrès d'Ottawa. Ne sachant pas bien ce que le Seigneur avait envie de leur dire, je lançai un appel pour que quelques enfants viennent d'abord prier sur moi. Ce fut une ruée, dévalant les escaliers depuis les plus hauts gradins, comme un torrent de montagne. Une fois regroupés sur le podium, je leur demandai une parole pour l'assemblée. Jérémie,6 ans, me décocha : « Dis-leur : Rassemblez tous les peuples de la terre ! On est tous frères de Dieu ! »

65. Peu avant sa mort, la saint Père Jérôme d'Égyne (très vénéré en Grèce, mort en 1966) se baisse brusquement devant un enfant de 7 ans : « Gheronda, pourquoi as-tu baisé la main du petit garçon ? — Parce que quand il sera grand, il deviendra prêtre du Seigneur. »

66. Je citerai un certain nombre de témoignages de jeunes vocations dans : *Troas, Monde d'orphelins, peuple de témoins !* D'après une récente enquête, la grande majorité des prêtres et consacré(es) avouent avoir ressenti leur premier appel entre 8 et 12 ans.

67. Je viens d'en avoir une saisissante illustration : entrant par hasard dans un camping, un homme m'y demande le sacrement de réconciliation (sa première confession depuis plus de trente ans !) Quelques minutes plus tard j'en avais l'explication : un groupe d'enfants, sentant que cet homme n'était pas clair, venaient d'interrompre leur pique-nique pour demander qu'avant de repartir, il se réconcilie avec Dieu. A peine leur prière achevée, le prêtre arrivait !

68. Cardinal Danneels, *Lettre de Pâques,* 1982.

III. Ces cris que rien n'étouffera !

Oui, des enfants qui prient pour les enfants qui crient. Des enfants qui s'offrent pour les enfants qui souffrent. Des enfants qui aiment pour les enfants qui ne sont pas aimés. Des enfants qui sauvent. Qui rachètent.

Car le mal dans le monde, c'est l'enfant qui en est la première victime. Toujours et partout. La haine, l'avarice, l'égoïsme, l'impureté, la violence, qui écope ? L'enfant. Toujours et partout. Qui paye ? L'enfant. Toujours et partout.

L'enfant ! N'est-ce pas la dernière passerelle que nous pouvons lancer entre personnes qui s'évitent et s'ignorent ? Combien de fois la barrière de l'anonymat a-t-elle été renversée grâce à un sourire, un simple mot, un petit geste, envers l'enfant de quelqu'un qui, par ailleurs, m'est complètement étranger ? Que de relations entre voisins sont nées de celles spontanément établies par nos enfants. N'est-il pas le seul — et encore ! — à pouvoir traverser nos frontières ? assez petit pour se glisser entre nos barbelés ?

L'enfant ! N'est-ce pas le dernier reflet du ciel dans un monde d'enfer ? Combien de fois un être agressif a-t-il retrouvé la simple envie de vivre, dans le regard d'un enfant ? N'est-il pas le seul à pouvoir désarmer le plus blindé des gangsters ?

L'enfant ! N'est-ce pas tout ce qui nous reste du Paradis ? Combien de fois un être perdu n'en a-t-il pas retrouvé les traces, en se laissant étreindre par les bras d'un enfant ?

Et c'est cet enfant que l'on veut abîmer, matraquer, broyer, souiller, éliminer. On a peur de lui. On a peur de la vie. Peur du printemps. Peur de la danse. Peur de son rire. Peur de ses yeux. Peur de l'amour.

Ces enfants que nous allons entendre vont nous baigner dans un climat de tendresse. Ils ont eu le bonheur d'être éveillés à leur Bonheur. D'avoir quelqu'un dans leur famille, leur entourage pour recueillir ce qu'ils disaient sur Dieu.

Leurs paroles — autant de pierres — vont nous construire un espace de paix et de silence : une chapelle. Que ses murs n'empêchent pas les rumeurs de la rue de nous atteindre. Que portes et fenêtres en restent ouvertes !

Avant de laisser les enfants nous murmurer ce que l'Esprit leur souffle au cœur, laissons-nous transpercer par les cris que l'homme arrache à leur chair.

Cris de ces millions de leurs petits compagnons exploités, commercialisés, pervertis, mutilés, abandonnés, rejetés, torturés, tués. Sous toutes les latitudes, sur toutes les longitudes.

Cri de sang trop aigu pour notre ouïe, mais dont le Cœur de Dieu est traversé.

Oui, encore et encore, les petits enfants — les nôtres — *sont écrasés à tous les carrefours. Ils défaillent comme des blessés sur le sein de leur mère* (Na 3,10 — Lm 2,12).

De leurs yeux brillants de fièvre, tremblant de peur, ou éteints par une vie qui se retire, ne te détourne pas pudiquement. Ces yeux qui te lancent : Pourquoi ? Pourquoi ?

Appelle-les à comparaître, non à l'ONU dont les belles déclarations n'ont rien changé à leur situation, mais au Sommet des sommets. A cette Table Ronde où les Trois vont bientôt en faire les juges de leurs bourreaux, les princes de notre monde. Des juges aux pardons sans fin. Des princes aux largesses royales, divines.

> « N'est-ce pas toi qui aujourd'hui, au *Pérou,* es amputé volontairement, puis envoyé dans les rues pour mendier ? On t'achète dans les hôpitaux. Handicapé, tu deviens un rapport.
>
> N'est-ce pas toi qui aujourd'hui, en *Colombie,* vis dans les égouts ou travailles dans les mines de charbon ? Tu as cinq ou six ans et l'on te fait « jouer à l'enfant-taupe » à 300 mètres sous terre, dans de minuscules galeries. Si un éboulement se produit, on ne peut te sauver et ta vie s'achève là. Des adultes creuseront à nouveau plus loin et d'autres de tes compagnons connaîtront la même histoire.
>
> N'est-ce pas toi qui aujourd'hui, en *Inde,* avant l'aurore es déjà au travail pour 12, 13, 14 heures, dans une fabrique d'allumettes, à respirer le soufre que tu fixes sur les petits bâtonnets ? Ta vie ne va guère au-delà de dix ans. Tes poumons sont brûlés.
>
> N'est-ce pas toi qui aujourd'hui, en *Thaïlande,* fais l'objet d'un commerce ? Dans des locaux infâmes, parfois grillagés, on te vend pour quelques « baths ». On t'achète pour te faire travailler dans des entreprises où tu vis 24 heures sur 24. Mais, pire encore ! Si l'on peut dire qu'il y a une échelle de grandeur dans l'horreur, n'est-ce pas toi que l'on met sur le marché de la prostitution pour satisfaire les désirs de touristes occidentaux ? Plus tu es jeune, plus tu as de la valeur [69].
>
> N'est-ce pas toi, garçonnet ou fillette, de quatre et cinq ans, à qui l'on fait tourner des scènes pour l'industrie pornographique ? Petit acteur dont le corps est broyé, ton cœur cessera de battre vers sept ou huit ans.
>
> N'est-ce pas toi qui aujourd'hui, après l'horreur du *Cambodge,* vis derrière des barbelés dans des camps de réfugiés, attendant le bon vouloir des administrations et organisations internationales humanitaires pour décider de ton avenir, ou qui, en *Mer de Chine,* es arraisonné, dépouillé, violé par des pirates ?
>
> N'est-ce pas toi qui aujourd'hui es tombé sous les bombes au *Liban,* ou qui erres dans les ruines fumantes à la recherche de ta famille et de tes compagnons de jeux ?

69. En 1979, on estimait à 2 millions les enfants victimes de l'exploitation sexuelle. En Amérique du Nord, des entreprises florissantes louent sur carte garçons ou fillettes : « *Rent a boy ! Rent a girl !* » Dans certaines écoles du Canada, des classes de 5-6 ans subissent des initiations sexuelles collectives. En France, où l'on vient de supprimer la loi sur les « atteintes à la pudeur » des mineurs, en l'espace d'un an les viols d'enfants ont augmenté à une vitesse vertigineuse.

N'est-ce pas toi qui aujourd'hui, à *Paris,* vis entre des murs ruisselants tapissés de salpêtre, dans douze mètres carrés, avec tes parents et tes huit frères et sœurs ?

N'est-ce pas toi qui, en *Argentine,* es enlevé, emprisonné, torturé ? qui, au *Salvador,* au *Guatemala,* vois sous tes yeux ton père, ta mère assassinés quand ce n'est pas toi que l'on martyrise dans le sang pour te faire parler, avant de t'achever ? »...[70]

Un instant, veux-tu les entendre ?

Ovillo, 13 ans : « Les soldats m'ont placé une petite boîte à conserve sur la tête et s'en servaient comme cible ; à tour de rôle, ils tiraient dedans ». Ovillo peut à peine articuler les mots, une peur indescriptible transparaît dans ses yeux profonds.

Alejandra, 8 ans : « Je suis passée par des chemins où il n'y avait que des corps de femmes et d'enfants, c'était horrible ».

Ester, 12 ans : « Pendant huit jours entiers, nous avons marché, perdus, dormant dans la montagne tous nus ; les soldats ont tout détruit, tout brûlé, ils ont tué devant nous ma tante et sa fille. J'ai vu comment ils ont fait ; et comment ils ont massacré aussi le petit bébé de quatre mois, alors nous, nous nous sommes sauvés ».

Rafaela, 11 ans : « Moi, les soldats voulaient me violer, ils le font avec beaucoup de filles. Par chance, mon oncle a pu me sortir de la prison où ils m'avaient jetée. Dans cette prison, j'ai vu des choses terribles, comment on torturait des hommes ».

Feliciano, 7 ans, en berçant sa petite sœur : « Je suis le responsable de la famille ; ils ont tué mon papa et emmené mon grand frère. Nous, nous nous sommes sauvés ».

Reina, 8 ans : « Les militaires sont arrivés à la maison, ils ont pris maman, ils l'ont battue ; ils lui ont demandé où étaient les guerilleros, puis ils lui ont mis une corde au cou et l'ont pendue. J'ai vu tout cela du coin où j'étais. Après ils ont voulu m'attraper moi aussi, mais j'ai réussi à m'enfuir.

Francisco, un enfant qui a perdu la raison à cause de la dénutrition et de la faim, sans parler, montre au journaliste ses poignets martyrisés à cause des liens avec lesquels on l'a maintenu attaché, sans boire ni manger, trois jours durant.

Et enfin, ce cri d'un enfant de notre Liban bien-aimé, toujours déchiré :

« Seigneur, fais que les enfants ne poussent pas comme des herbes sauvages, isolés, qu'il n'y ait plus de maisons brûlées comme des arbres sans feuilles et au-dessus de nos têtes, que ce soient des fleurs. Dans les rues, que les gens ne portent plus de fusils mais des cadeaux et qu'il n'y ait plus la misère et le désespoir, mais la joie et la gaieté.

Seigneur, quand une auto passe et que j'entends sa sirène, si c'est un malade, qu'il guérisse vite, qu'on dise que ce n'est pas grave et qu'il

70. *Jésus-Caritas,* Noël 1982.

retourne à la maison tout joyeux, tout content et qu'il reprenne sa vie avec sa famille et ses amis...

Seigneur, aie pitié de nous et sauve le Liban. Punis les méchants si tu veux, mais pas sévèrement car ils ne savent pas ce qu'ils font. Merci Seigneur pour tout ce que tu as fait mais il manque l'amour. Les oiseaux et les fleurs l'ont, mais les hommes ne l'ont pas.[71]»

La vérité criée par les enfants, la voilà ! Sa vérité criée à l'homme. A tout homme en qui se tapit toujours un Hérode. Par ces enfants que la violence rend solidaires de leurs petits frères de Bethléem, ces premiers témoins, ces premiers amis de Dieu devenu enfant de leur cité. Pour leur ouvrir la sienne. Celle où toute larme est essuyée, tout cri étouffé, toute peur effacée. Celle dont ils sont les promoteurs et qui déjà est leur demeure.

IV. Brève présentation de l'ouvrage

C'est en constatant combien de beaux mots d'enfants finissaient par se perdre ou se défigurer, à force d'être colportés de bouche à oreille que, depuis six ans, je me suis mis à les récolter. Exactement cela : moissonner ce que Dieu a semé en eux. En faire des gerbes. Les offrir à qui voudra bien en faire du pain. Un pain nourrissant pour ce temps de famine. Et Dieu sait que l'on meurt de faim !

Des centaines m'ont ainsi été confiés par des parents, amis, catéchètes et communautés diverses. Fort de leurs propres affirmations, je puis certifier qu'aucun mot n'a été ni tronqué, ni truqué. Ils me viennent presque tous de témoins de première main (dont je garde d'ailleurs les coordonnées). D'autres ont été empruntés à quelques auteurs, dont l'honnêteté ne peut être mise en doute.

Les noms des enfants n'ont pas été changés (quelques mots cependant ont dû être « baptisés » lorsqu'ils ne mentionnaient pas de nom, mais juste la classe). Par discrétion ni le nom de famille, ni la localité ne sont cités.

Le classement était difficile [72]. Entre bien des possibilités, finalement, j'ai simplement laissé les enfants commenter ce *Credo* pour lequel tant de martyrs versent leur sang. De temps en temps j'ai laissé les *Pères de*

71. J'ai cité bien d'autres témoignages dans mon livre sur le Liban *Au fond de l'enfer, le ciel ouvert ?* Éd. St-Paul, 1982.
72. A l'origine, ce livre rassemblait, en une deuxième partie, des témoignages d'enfants partis au ciel entre 4 et 12 ans. De vrais témoins du Royaume, passés parmi nous en pressant le pas, mais non sans laisser un sillage de lumière. Pour ne pas alourdir ce recueil, et mettre davantage en relief ces quelques visages, j'en ai fait un livre à part. Il n'en demeure pas moins frère jumeau de celui-ci : « *Les enfants de Jérusalem, partis dès l'aube* », aux éditions St-Paul.

l'Église les accompagner [73]. Comme en contre-point. Pour souligner que le même Esprit est toujours à l'œuvre à travers les âges.

Je tiens à remercier ici tous ceux qui ont eu la gentillesse de me faire part de leur trésor. Tout spécialement Madame Lucile Ameil (Paris), sœur Hélène Caumeil (Cénacle, Marseille), Noëlle Le Duc (Notre-Dame de Vie, Vénasque), et tous les parents, catéchistes, qui, au fil des pages, retrouveront « leurs » enfants. Ainsi que les différents éditeurs qui m'ont permis de citer gracieusement leurs ouvrages.

Ce livre n'aurait pas vu non plus le jour sans le travail de sélection et de dactylographie assuré avec tant d'amour par Madeleine, Marie-Ange, Suzanne, Renée, Brigitte et Marie-Claire. Leur plus douce « récompense » ? Ce travail lui-même. Comme l'atteste Madeleine :

> « Le *Credo* ne me disait rien, ou pas grand-chose. Maintenant il est vivant, d'une manière à la fois joyeuse et douloureuse. Comme un enfant qui grandit, mais qui n'en finirait jamais de grandir.
>
> Alors, comment les mots se sont-ils mis ensemble ? Ils se sont rassemblés assez vite : les uns par la couleur, sonorité, pointes d'humour, comme un poème surréaliste, ou comme un tableau moderne ? Chaque phrase du Credo me mettait en présence d'un mystère, et les mots d'enfants le dévoilaient, le révélaient, avec chaque fois une clarté plus ou moins vive, mais toujours chaleureuse et attirante, le secret du vécu, de l'expérience personnelle.
>
> Qu'est-ce qui m'a le plus frappé ? Qu'est-ce que j'ai le plus découvert à la lecture des mystères divins révélés, touchés par les enfants ? Ce qui m'a le plus éclairé c'est leur approche du mystère de la Croix, et leur sens de la Présence de Dieu à la messe, la faim de Jésus.
>
> A cette école, il n'est pas nécessaire d'entrer avec des diplômes universitaires. J'ai été décapée sérieusement par des épreuves personnelles et la vie communautaire, moi qui ai traîné plus de sept ans sur les bancs de la Faculté de Lettres, en quête d'un savoir qui, sans cesse, se dérobait à ma saisie. Et maintenant, comme ce petit garçon de 5 ans qui allait à la messe en cachette, je dis avec lui : « Il n'y a que Dieu qui soit intéressant ! ».
>
> Je crois à leur témoignage et, me mettant à leur école, je m'applique à chaque rencontre eucharistique, à offrir toute mon intelligence et toute mon expérience, et vraiment c'est une merveille pour laquelle je n'aurai pas assez de toute ma vie pour rendre grâce ».

Ces enfants que nous allons entendre, écouter, ils sont parmi nous.

73. Pour ne pas alourdir la typographie, je ne donnerai pas ici les références précises. On pourra les retrouver dans mes différents florilèges : *Les feux du désert* et *Écoute les témoins.* Ainsi que dans les pages *Pour toi j'ai glané...* qui suivent chaque chapitre de mes deux trilogies : *Le Chant Royal* et *Le Corps de Dieu.* Pour les textes trinitaires, voir *L'Étreinte de feu.*

Ils sont en train de grandir [74]. Ils ont passé l'âge indiqué dans ces pages. Pour qui lira ce livre dans dix, vingt ans, ils auront ton âge actuel...

En l'an 2000, ils seront déjà mariés, à l'écoute des paroles de leurs petits. Ou déjà consacrés au Seigneur. Combien parmi eux seront les prêtres et les évêques et les théologiens du début du troisième millénaire ?

Ces paroles de leur enfance, ils ne s'en souviendront sans doute plus. Ils auront perdu la grâce de leur enfance. Ils seront à la recherche de leur enfance neuve. Recherche tâtonnante, douloureuse, comme l'est sans doute la tienne, qui me lis en cet instant. Tombant par hasard sur ce livre, y redécouvriront-ils la sagesse de leurs plus jeunes années ?

Quand une parole te touche particulièrement, alors présente au Seigneur Sylvie ou Fabrice, Dominique ou Chantal... par qui ce Seigneur te parle. C'est un peu un enfant qui t'est confié.

Ces enfants, nés de la Lumière

J'ai le bonheur d'achever ces lignes en Pologne. Tout ce que j'y ai vu en a été l'illustration vivante. Rien ne m'y a bouleversé comme les enfants.

Un soir à Nowa Huta je fus sidéré. Aux abords des immenses églises, que les ouvriers construisent durant leurs heures libres, on se croyait à l'entrée d'un métro aux heures de pointe : 12 000 enfants et jeunes y arrivent ou en sortent, pour la catéchèse (totalisant 460 heures par semaine). Dans chaque salle de classe, accolé à l'église, un coin de prière. De partout on entend chanter.

Étonnant leur courage ! Ils entraînent au catéchisme des enfants de membres du Parti, avec une irrésistible force de persuasion.

A Varsovie, devant les croix de fleurs et de lumière, la nuit tombée, ce sont eux qui chantent avec le plus de conviction, brandissant le V de la victoire, les chants patriotiques, qui sont le dernier langage de ce peuple bâillonné.

Dans une rue de Varsovie, à 11 heures du soir, une bande de garçons de 9-12 ans, m'a couru après pour me demander ma bénédiction. M'expliquant qu'ils ne parlaient, comme langue étrangère, que le russe, ils se tournèrent comme un seul homme vers l'Est, en crachant dans la direction de Moscou.

Ce courage, ils le puisent dans la prière. Durant des semaines à sillonner le pays, je suis entré dans une multitude d'églises, depuis les

74. C'est un émerveillement pour moi de retrouver, année après année, des enfants dont j'ai eu la grâce de recevoir une confidence. Ils ont 13 ans ceux qui, aux premières sessions de Paray-le-Monial en avaient 5. Et les 12 ans d'alors, je les retrouve, solides gaillards de 20 ans, déjà à l'université !

petites chapelles de bois des Tatras, aux sanctuaires des grandes villes. Pas une seule fois, je n'en ai trouvé une de vide ! Pas une seule fois ! Aussi incroyable que cela vous paraisse ! A toute heure, depuis le petit jour à tard le soir, au moins une personne est là, à prier.

En dehors des heures de classe, combien en ai-je vu de ces petites groupes d'enfants venant s'agenouiller quelques instants devant le tabernacle ou l'icône de N.D. de Czestochowa, ou y déposant souvent des fleurs. Lors d'une messe dominicale dans une paroisse de Silésie, ils étaient quelque 600 enfants, avec leurs parents. Et c'est ainsi chaque dimanche. Jamais une messe, aussi matinale soit-elle, sans quelques enfants de chœur en tenue impeccable, qui ont la grâce de proclamer la Parole.

Dans les familles, comment oublier la prière du soir, ou de table, avec eux ? (Aussi la proportion de parents divorcés est-elle très faible).

Je viens de célébrer dans la petite chapelle de bois, perdue dans les bois de *Laski.* 200 petits aveugles sont là. Les lecteurs lisent en braille. Des rayons du soleil d'automne tombent sur le visage des plus petits. Un bébé y reçoit le baptême. Au moment où le célébrant, presque aveugle lui-même lui remet le cierge allumé, je pense à ces millions d'enfants privés de cette grande lumière baptismale. Qui dira dans quelle nuit ils sont plongés ? Et me revenait le mot de *Marc,* 12 ans, seul croyant de sa famille et de sa classe, (en France) à tous ses camarades : « Vous êtes tous aveugles ! Que Dieu vous ouvre les yeux à sa lumière ! »

Leur confiant le Corps de Jésus, je n'ai pu m'empêcher de dire à chacun : « Reçois ta lumière ! »

Et je pensais à ces mots de *sœur Faustine Kowalska,* morte à Cracovie en octobre 1938, et qui sera sous peu béatifiée :

> « Un jour, lorsque je priais pour ma patrie, mon âme fut transpercée d'une grande douleur, et je disais ainsi : « Jésus miséricordieux, au nom de tes saints, mais surtout par l'intercession de ta Mère qui t'a élevé dès la plus tendre enfance, je te supplie, bénis ma patrie ! Jésus... *regarde les larmes des petits enfants,* regarde comme ils ont faim et froid ! A cause de ces petits innocents, accorde-moi les grâces que j'implore pour ma patrie ! » Alors je vis Jésus les yeux voilés de larmes et il me dit : « Tu vois, ma fille, combien ils me font pitié. Sache que ce sont *eux qui maintiennent le monde !* [75] »

Et quel était l'évangile de ce jour ?

« Les enfants, laissez-les venir jusqu'à moi ». Laski.

1er octobre 1982,

Sainte Thérèse de l'Enfant Jésus.

75. Maria Winowska, *L'icône du Christ miséricordieux,* p. 88, Éd. Saint-Paul.

Je crois en Dieu, le Père.

I

DIEU, SI ON NE L'AIME PAS ON LE CONNAIT DE TRAVERS !

Dieu : une maman !

— Je crois que Dieu est le *bonheur* pour tous les enfants du monde.

JANINE, 12 ans.

Entre Dieu et l'homme quelle grande *parenté* existe !
Pseudo Macaire

— Qui est Dieu ?

EMMANUEL, 6 ans : — C'est un papa qui aime comme une maman !

J'explique le verset du psaume 21 : « C'est toi qui m'as tiré du ventre de ma mère ».

JOËL, 7 ans : — Il nous a *aimés dès le commencement*. C'est lui qui m'a mis dans les bras de maman, après m'avoir fait sortir d'elle.

Par sa mystérieuse divinité, Dieu est Père. Mais la tendresse qu'il nous porte le fait devenir *mère*. En aimant, le Père se *féminise*.
Clémant d'Alexandrie

MICHEL, 8 ans, dessine un lit, une femme couchée et un enfant sur son bras. Il m'explique : — C'est ça que je préfère. *Il m'a aimé dès que j'ai commencé à vivre*. C'est maman et moi, à cet instant.

A la maternelle, CARINE, 4 ans :
— Le bon Dieu, c'est comme une maman !

Cœur, moi aussi !

FLORENCE, 10 ans :
— Le Bon Dieu n'a pas de corps, on ne le voit pas, on ne le touche pas, on ne l'entend pas, c'est un pur esprit.

Laurent, son petit frère, 8 ans :
— Ah ! *je croyais que c'était un cœur* !...

Au catéchisme la sœur parle de Dieu qui pardonne et appelle sans jamais se lasser. KARINA, 10 ans 1/2 (milieu familial indifférent) :
— Si je comprends bien, Dieu, *c'est un cœur* !

GRÉGOIRE, 5 ans, parle à sa maman d'un petit garçon qui voulait être prêtre :
— Maman, ce garçon disait la messe si bien, si bien, qu'il la disait comme Dieu.
— Ce n'est pas possible !
— Si maman ! Il disait la messe comme Dieu, parce que Dieu était dans son cœur. Dans son cœur il parlait à Dieu. Il disait : — Dieu, tu sais, je t'aime beaucoup. Et Dieu lui répondait : — *Cœur, moi aussi !*[1]

— Comment est le Cœur de Dieu ?
FRANÇOIS, 8 ans : — Il est attaché à nous !

— Fynn, Mister God ne nous aime pas... Tu m'aimes parce que tu es un gens. Moi, j'aime vraiment Mister God, mais lui ne m'aime pas...
— Non, non, il ne m'aime pas, pas comme toi, c'est différent. *C'est des millions de fois plus gros...* Fynn, tu sais aimer, mieux que n'importe qui au monde, et moi aussi, hein ? Mais Mister God, c'est différent. Tu comprends, Fynn, les gens ne peuvent aimer que le dehors, et embrasser le dehors, mais Mister God, *il peut aimer le dedans,* il peut *nous embrasser du dedans,* c'est différent. Mister God n'est pas comme nous ; nous sommes un peu comme Mister God, mais pas beaucoup encore.

ANNA, 6 ans.[2]

— Fynn, voilà la différence. Tu comprends, tout le monde a un point de vue, le sien, mais Mister God n'en a pas. Mister God n'a que des « points à voir ».

ANNA, 6 ans.

1. Cité par Hélène Lubienska de Lenval.
2. Fynn, *Anna et Mister God,* pp. 15 et 46. (Le Seuil).

J'avais appris aux enfants à chanter « Mais oui le Seigneur est bon ». Quand ils le savaient bien je leur ai dit : aujourd'hui nous apprendrons un nouveau chant !

PASCAL, 6 ans : — Je ne crois pas que vous pourrez nous apprendre un chant qui dise quelque chose de plus beau que « Mais oui le Seigneur est bon » *parce que c'est vrai.* Il est si bon !

— Mes enfants, pourquoi venez-vous au catéchisme ?
Un petit me répond :
— Pour apprendre à connaître Dieu !
— Comment fait-on pour connaître Dieu ?
— Il faut l'aimer.
— Si on ne l'aime pas, on ne peut donc pas le connaître ?
— Si, mais *on le connaît de travers.*
Dix ans après, j'ai revu le petit. Il était resté aussi vrai.[3]

LEILA, 7 ans 1/2 :
— Regarde la belle cocotte en chocolat ! c'est pour moi, je n'en donnerai pas à ma sœur !
— Cela ferait plaisir au Bon Dieu que tu partages. Qu'est-ce que tu préfères : le Bon Dieu ou ta cocotte en chocolat ?
Ses yeux deviennent d'un bleu d'acier : — Le Bon Dieu ! Je l'aime plus que toutes les cocottes du monde !

JULIE, 9 ans :
— Ça fait quatre ans que je me pose la question : est-ce que Dieu est imaginaire ?

— As-tu déjà rencontré Dieu ?
DANIEL, 7 ans :
— Non, je l'ai juste rencontré dans mon cœur.
MARIO, 4 ans :
— Oui, oui ! L'autre fois j'étais couché dans mon lit, et puis il est venu me dire allô !

3. P. Monier, *Seigneur je cherche ton visage*, p. 190, Salvator.

Tu es le bouclier qui m'entoure,
Ma citadelle,
Mon Berger,
Je te remercie pour toutes les choses nouvelles
que tu fais ;
Merci, pour ce que tu as fait de moi.
Tu es ma lumière de tendresse.

GWENAËLLE, 10 ans.

— Qui est Dieu pour toi ?
LÉNA, 9 ans :
— C'est dur à dire... Pour moi c'est un, un... quelqu'un que j'aime mais que je n'ai jamais vu.

— Dieu aime les hommes.
DAVID, 7 ans :
— Et moi, je les aime encore plus que lui,... car je ne peux m'arrêter d'aimer !

— Mon Dieu, tu es très grand !
Je veux faire partie de ta grande famille !

ERIC, 7 ans.

— Si tu pouvais poser une question à Dieu, que lui demanderais-tu ?
CAROLINE, 7 ans :
— Je lui demanderais où il habite, son numéro de téléphone, et puis c'est quand sa fête.

Ces graines... et ces fleurs d'amour...

Je lis le passage : « J'arracherai vos cœurs de pierre et je vous donnerai un cœur de chair ».

GERMAIN, 7 ans, m'interrompt :
— Oh maman ! *mon cœur à moi, c'est une éponge ; il absorbe l'amour !*

SOPHIE, 4 ans 1/2, à qui je disais : — Tes bottes sont sales, on ne les a pas lavées ce matin, — me réplique :
— *Ce qui compte c'est l'amour !*

— Merci pour les *fleurs d'amour* quand je fais du bien aux autres.

SÉBASTIEN, 5 ans.

— Mon Dieu faites pousser des *graines d'amour* dans le cœur de tout le monde.

VALÉRIE, 4 ans 1/2.

Il me rend joyeuse de sa présence
Et mon cœur est bouleversé de joie.
C'est lui qui me libère et qui libère les autres.

GWENAËLLE, 12 ans.

— Dieu, donne-nous de l'amour, de l'amour ! On en veut de l'amour !

CHRISTINE, 8 ans.

— On est content, nous, de l'aimer !

VIVIANE, 4 ans 1/2.

Dieu respecte notre liberté.
OLIVIER, 10 ans :
— Il s'est piégé lui-même !

A qui d'autre s'intéresser ?

GRÉGOIRE, 7 ans, ne cessait de dire :
— Il n'y a *que Dieu qui soit intéressant* ![4]

— Je pense bien qu'il m'intéresse, Dieu ! Et jusqu'à la fin de mes jours, j'aurai besoin de Lui, et je penserai toujours à Lui. J'en ai besoin tous les jours de Dieu, tellement qu'Il est grand et de partout. Oui, je comprends que Dieu est très mystérieux, mais l'explication de ce problème mystérieux, *c'est d'aimer Jésus.* Jésus est dans mon cœur et je ne le chasserai jamais.

GEORGES, 13 ans (enfance très perturbée).

Nous chantions « Jésus-Christ est Seigneur », eux en jouant, moi en travaillant et puis soudain comme je fredonnais dans la pièce à côté, JEAN-LUC, 6 ans :
— Jésus, Il oublie jamais son Amour... !
CATHERINE, 3 ans 1/2, qui adore contredire, le nargue :
— Dieu, Il oublie son Amour !
JEAN-LUC :
— *Non ! C'est les hommes !*

4. Hélène Lubienska de Lenval.

Dieu est un personnage très aimé. Il nous regarde. Il a créé l'univers. Si la montagne nous tombait dessus, que nous mourions et que nos âmes montent au ciel et que nos âmes poseraient devant Dieu, je lui demanderais de rester à ses côtés pour le regarder tous les jours, pour *regarder sa beauté* et voir le pouvoir qu'il donne à la terre. Je lui dirais que je l'aime de tout mon cœur, je lui dirais aussi qu'il me bénisse et qu'il me protège pour toujours et qu'il me garde dans son Royaume.

RENÉ-LUC, 11 ans.

Tu nous aimes, Seigneur
Et on t'aime.
Et même si on ne t'aimait pas,
Tu nous aimerais quand même !

LINDA, 9 ans.

Sans lui, je serais poussière

ERIC, 7 ans :
— A quoi ça sert de croire en Dieu ?
PATRICK, 9 ans :
— Ça sert peut-être à rien mais Dieu est content et *il t'aime même si tu crois pas !*

— Je crois en Dieu *parce que* je l'aime.

FILLE, 12 ans.[5]

C'est par son amour que nous existons. Si Dieu arrêtait de nous aimer, eh bien ! *nous n'existerions plus !*

JEAN-BAPTISTE, 11 ans.

S'il n'y avait pas Dieu, *on serait en poussière.*

ANONYME, 8 ans.

5. P. Jacquemont, pp. 76 et 77.

Je crois, parce que *s'il n'était pas là, je ne serais pas là.*

ANONYME, GARÇON, 12 ans.[5]

C'est lui qui nous fait vivre.

GARÇON, 9 ans.[5]

LAURENT, 5 ans, prie avec sa maman. Après un temps de silence :
— Hein, maman, c'est vrai que Dieu nous aime beaucoup ?
— Oh oui !
— Oui, maman, Dieu nous aime beaucoup. D'abord si Dieu ne nous aimait pas, *on serait tous morts.*

— Dieu, c'est celui qui nous aime. C'est *pour cela* que nous existons !

SAMIA, 14 ans, Libanaise.

Croire, ça nous dirige dans la vie, ça nous donne un sens.

Anonyme, fille, 11 ans[6]

Je crois que Dieu est en nous, qu'il vit en nous et que dans les moindres petites décisions, il est là pour nous aider à *affronter la vie et la découvrir.*[6]

Anonyme, 9 ans.

S'agripper à la chemise de Jésus

Depuis l'âge de 7 ans, ÉLISE, 10 ans (famille non croyante), ne cesse de parler de Dieu, de réclamer d'être baptisée. Un jour, elle entend le kinésithérapeute de sa mère lui parler de l'Évangile. La petite arrive, les yeux immenses :
— Alors dis, Maman, tu crois en Dieu maintenant ? et elle lui prend les mains joyeusement.

5. P. Jacquemont, pp. 76 et 77.
6. Jacquemont, pp. 76 et 77.

— La foi, c'est quoi ?
— C'est *s'agripper à la chemise de Jésus*, si fort, qu'on ne peut plus la lâcher.

OLIVIER, 8 ans.

CÉCILE, 12 ans, s'est électrocutée et a gardé une déformation au niveau de la lèvre. Elle témoigne dans son groupe de catéchisme :
— Je suis la seule chrétienne de la famille. Maman et ma sœur n'ont pas la foi. (Parents séparés).
Un camarade :
— Et toi, pourquoi tu crois alors ?
— *A cause de ça* (elle montre sa lèvre). Au début j'ai été très malheureuse et puis ma grand-mère m'a dit de prier. J'ai prié, et je prie, et maintenant j'ai beaucoup de courage.

Au cours d'une catéchèse à des 11-12 ans :
— La foi, c'est quoi ?
— C'est bien vouloir accepter que Jésus est vivant, et qu'il nous aime.

Je leur demande pourquoi j'insiste pour qu'ils notent sur leur cahier les commentaires faits ensemble sur un passage d'Évangile :

— Pour l'avoir sous la main *quand nous n'y croirons plus.*

Seigneur donne-nous du sel
Nous avons *empêché de croître la foi*
Nous avons presque détruit ta croix.
Seigneur pardonne-nous
Seigneur donne-nous ta lumière, donne-nous la foi.

XAVIER, 12 ans.

Il a fait maman !

C'est Dieu qui a fait la première maman
C'est Dieu qui a fait le premier papa.

ESTELLE, 4 ans 1/2.

Dieu, c'est quelqu'un qui nous fait vivre chaque seconde. C'est lui qui nous a créé. Ce n'est pas lui... c'est maman, *mais c'est lui qui fait que maman m'a créée.*

ANONYME, 10 ans 1/2.[7]

ANNOU, 5 ans, à sa maman enceinte :
— Et avant d'être dans ton ventre, où est-ce que j'étais ?
Sans attendre la réponse :
—Oh ! Je sais, j'étais dans le cœur de Dieu !

FRÉDÉRIC, 4 ans (parents séparés) : — J'ai deux papas, toi, (en désignant son père) et X (qu'il voit chez sa mère).
Nous essayons de lui expliquer qu'il n'a qu'un vrai papa, mais sa sœur de 8 ans, ANNE, reprend :
— Moi aussi j'ai deux papas : Papa et le Seigneur !

J'ai compris : le Bon Dieu c'est le vrai Papa de tout le monde.

LUCIA, 8 ans.

— Merci Seigneur de nous avoir donné des parents !

JOËL, 9 ans.

— Merci, Seigneur, de m'avoir fait naître !

HERVÉ, 7 ans.

— Merci, Seigneur, pour mon sang !

HENRI, 6 ans.

7. P. Jacquemont, p. 49.

— Merci pour les bras de papa !... Merci pour la vie !
GAËTAN, 6 ans.

— Merci Seigneur, d'avoir créé la vie, et d'avoir créé mon cœur !
SOLENNE, 4 ans 1/2.

Il passe par le milieu de moi

L'institutrice veut démontrer que Dieu n'existe pas parce que les cosmonautes ne l'ont pas vu.
CHARLES, 7 ans :
— Ils volaient trop bas.

— Où habite Dieu ?
ERIC, 4 ans 1/2 :
— Dans le ciel.
— Où est le ciel ?
— Il est partout dans l'air, il est infini... Dieu habite l'infini. Il est Infini. L'air est en moi, je respire, Dieu est en moi. Dieu habite en moi.

Il nous tient en lui, et tout en demeurant, lui, dans le Père, il demeure en nous.
Hilaire de Poitiers

Un jour, j'avais placé les cercles perpendiculaires l'un à l'autre. ANNA en montra un du doigt.
— Je sais ce que c'est, ça, c'est moi. Et ça, c'est Mister God, dit-elle en désignant l'autre. Mister God *passe par le milieu de moi* et moi je passe par le milieu de Mister God.[8]

8. Fynn, *Anna et Mister God*, p. 67, Seuil.

— Si Dieu est partout, est-il dans ta poche ?
— Oui..
— Eh bien, prends-le et donne-le moi
Et la petite fille de répondre :
— Je ne peux pas, il est trop grand pour que je le prenne, et il est trop petit, *Il me glisse entre les doigts.*[9]

« Toi, pourtant, Tu es Saint, Toi qui habites les louanges d'Israël ! » (psaume 21).
PIERRE, 9 ans :
— C'est cette strophe que je préfère.
— Pourquoi ?
— Parce qu'elle est *pleine de Dieu.*

— Qu'est-ce que Dieu fait pendant la journée ?
BENOÎT, 4 ans : — Ben ! y a des morts, alors il joue avec eux !
LINDA, 6 ans : — Il parle, il mange, il boit, et puis des fois il joue aux poupées avec ses anges...
ANNIE, 7 ans : — Il prépare ce qu'il va dire dimanche prochain.

Je leur explique un verset du psaume 21 « Mon Dieu, mon Dieu, j'appelle tout le jour et la nuit. Mais tu ne réponds pas ».
Après avoir partagé sa feuille en deux, Sophie, a dessiné la nuit d'un côté avec un homme qui crie « Dieu, viens m'aider ! » et de l'autre, le même homme, en pleine lumière de soleil... et en grosses lettres, traversant la nuit et le jour : — Et... rien !
Sophie saisie par le silence de Dieu ![10]

L'homme est *libre* depuis le commencement, car *libre* aussi *est Dieu,* à la ressemblance de qui l'homme a été fait.
Irénée de Lyon

— Pourquoi Moïse ôte-t-il ses sandales ?
— Parce que sans doute il venait de la terre d'Égypte et qu'il y avait de la terre collée à ses sandales, et c'était de la terre d'esclavage. Et *la terre de Dieu, c'est la terre de liberté.*

MONIQUE, 9 ans (au Q.I. très bas).

9. Cité par le Père Lassus.
10. Cénacle, Marseille.

Feu de la terre
Seigneur,
Toi qui es le feu de la terre entière
Réchauffe notre cœur.
Fais qu'il brûle de plus en plus,
Fais qu'on n'éteigne pas ce feu
Mais qu'on y mette du bois,
beaucoup de bois.
Seigneur aide-nous.
Merci.

FRANÇOISE, 12 ans.

Dieu, un feu qui aime

— Dieu est un esprit. C'est une Lumière, une Clarté. C'est comme un feu. C'est comme *le Buisson ardent* qui brûle sans se consumer.

JÉRÔME, 7 ans 1/2.

A propos de Buisson ardent :
— Dieu est inusable !

ERIC, 8 ans.

Après le récit de Moïse sur le Sinaï, je dis : « Tu te rends compte, Moïse voyait Dieu ! »
GABRIEL, 6 ans, non catéchisé, pas du tout surpris :
— Mais bien sûr, puisque c'était son ami !

**Il est entouré de lumière et de beauté.
L'univers, c'est Lui qui l'a revêtu de splendeur.**
Athénagoras d'Athènes

— Comment il est habillé, Dieu ?
CLAIRE, 5 ans : — De lumière !... ça c'est simple !

Merci pour tout ce que tu me donnes
Mon cœur est rempli de feu, de lumière
Ma joie s'agrandit chaque jour
Le feu, c'est toi Seigneur,
Le feu c'est ton amour,
C'est tout ce que tu nous donnes.
Merci Seigneur.

FRANÇOISE, 12 ans.

Tu frapperas la pierre de ton cœur, jusqu'à ce qu'en jaillisse du feu !
Guillaume de S. Thierry

Seigneur, toi le Feu tu remplis notre cœur
Aide-nous à t'aimer de toutes nos forces,
Et fais que nous brûlions aussi comme Moïse.

MARIE-CLAIRE, 13 ans.

Créateur du ciel et de la terre,
du monde visible et invisible.

II

ON VEUT METTRE LE MONDE A L'ENDROIT !

C'est lui ! C'est lui !

Expliquant Genèse 1, JEAN-LUC, 13 ans :
— Dieu n'a qu'une parole !

— La parole, c'est Dieu.

DENIS, 8 ans.

A son instituteur athée, PATRICK, 9 ans :
— Si Dieu n'existe pas, qui a fait le monde ?
— Mon petit ami, le monde a toujours existé !
— Mais, Monsieur, je ne vous ai pas demandé l'âge du monde, je vous ai demandé *qui* a fait le monde.

A cette vue de la création, ouverte devant nous tout entière à notre science, à nos entreprises, que l'âme s'interroge : *Qui* a fait tout cela ?... *Qui* est celui qui les a faites ?
Augustin d'Hippone.

Une fillette de 3 ans, élevée sans la moindre influence religieuse, n'ayant jamais pénétré dans une église, questionne longuement son père sur l'origine du monde. Celui-ci répond suivant ses idées purement matérialistes, ajoutant toutefois :
— Certains disent que tout ceci provient d'un être tout-puissant qu'ils appellent Dieu.
L'enfant se met alors à tournoyer gaiement autour de la chambre en criant :
— Je savais bien que ce que tu me disais n'était pas vrai. *C'est lui ! C'est lui !*

Montessori parle de ce petit de 5 ans, d'une famille totalement athée. Il n'avait jamais entendu même prononcer le nom de Dieu. Un jour, il demande à son père comment le monde a été fabriqué. Le père donne plusieurs explications rationnelles :
— Et puis il y a bien des gens qui disent que quelque chose qu'il appellent Dieu a fabriqué tout lui-même.
Le petit, d'un bond se lève, se met à battre des mains :
— C'est ça, papa ! C'est ça, papa !

Grâce au ruisseau de ta vie, par toi j'ai pris racine.
Grégoire de Narek.

D'une fillette russe de 3 ans :
— Maman, est-ce vrai que tout a une racine, même l'homme, et que la racine soit son âme ?[1]

Deux petites cousines dans une baignoire. CATHERINE, 4 ans :
— D'abord, Dieu, moi j'y crois pas. Mamé dit que Dieu est à Paris et qu'il est aussi à Rouen... Ce n'est pas possible, j'y crois pas !
MARTINE 3 ans :
— Moi j'y crois ! Quand il y a du soleil à Paris, il y a du soleil à Rouen, et c'est le même !

Quand je parle de Dieu, vous devez être aussitôt illuminés par *un éclair,* et par trois.
Grégoire de Nazianze.

— Quand tu dis *Notre Père,* est ce que tu ressens comme une électricité intérieure ?[2]

CHARLES-HENRI, 8 ans .

C'est Dieu qui a fait la première fleur,
C'est Dieu qui a fait la première tortue.

ESTELLE, 4 ans 1/2 .

Catéchiste : — Au commencement, il n'y avait rien, que des ténèbres.
ANDRZEJ 9 ans : — Mais alors, où étaient les ténèbres, s'il n'y avait rien ?

1. Dimitri Doudko, *L'Espérance qui est en nous* ,(9e entretien), Seuil.
2. « Quand Don Bosco venait nous dire la messe et prêcher, à peine était-il entré dans la chapelle qu'un *courant électrique* semblait passer à travers tous ces nombreux enfants. Nous nous mettions debout, nous sortions de notre place, nous nous pressions autour de lui. Quand d'autres prêtres venaient, il n'arrivait rien de pareil » (Teresio Bosco, *Don Bosco,* p. 142).

A Leshek, qui ne croyait pas, EDZIO, 4 ans, *aveugle* :
— Mais... regarde la fleur...(Enfants de Laski)

— Jésus, fais ouvrir mon cœur comme la tulipe.
Classe 5-6 ans.

Cinquante enfants sont soumis à un test d'entrée dans une école pour enfants surdoués. Question : La neige fond, qu'arrive-t-il ?
— De l'eau, répondent les quarante-neuf enfants reçus.
— Le printemps, répond un autre. Recalé.[3]

Moi, j'ai envie d'adorer !

ANNE, 3 ans, toute seule dans un pré chante plusieurs fois *Alleluia*. Un long moment après, sa tante lui demande :
— Pourquoi chantais-tu *Alleluia* ?
— J'ai vu dans la prairie de grand'Mamie des petits oiseaux, des papillons beaux, alors j'ai chanté *Alleluia*.

Alors que je fais admirer un beau coucher de soleil à plusieurs enfants, HERVÉ, 4 ans, lève subitement les bras au ciel :
— Ah ! ce qu'Il est mignon le Seigneur !

3. Cité par Stan Rougier, *La Croix*, 24-03-83.

— Un jour je regardais un beau coucher de soleil, je parlais plus, j'ai pensé au Seigneur.

ANNIE, 8 ans.

Contempler et *goûter la beauté de Dieu,* s'en *laisser ravir,* c'est un besoin pour l'esprit, sa vie, son paradis.

Théophane le Reclus.

Un groupe d'enfants contemple avec leur monitrice un coucher de soleil sur la mer. ANNICK, 7 ans, me tire doucement par la manche :
— Moi, j'ai envie d'adorer...

Merci Seigneur, d'avoir fait le monde grand ! Seigneur tu es si grand que personne ne pourra te détruire.

HERVÉ, 7 ans.

Tout cela est admirable, tout cela fait jaillir la louange, tout cela plonge dans l'émerveillement. Mais rien qui étanche la soif... J'admire, mais j'ai soif de Celui qui a fait tout cela.

Augustin d'Hippone.

C'est le moment du dessin. NATHALIE, 5 ans 1/2 donne de larges coups de crayons-couleurs, puis passe son dessin par la fenêtre large ouverte et le tendant bien haut :
— Regarde, Dieu, le beau dessin que j'ai fait pour toi !

SAMUEL, 2 ans 1/2, vient vers son papa avec les plus belles fleurs du jardin en main. Gros yeux du papa qui s'apprête à dire son petit mot.
— Papa ! C'est pour Jésus à la chapelle !
Le papa, confus de ne pas en avoir eu l'idée, ne dit rien et va porter avec beaucoup de joie, les fleurs à la chapelle.

Christiane, la maman, explique à JEANNOT, 6 ans 1/2, que Dieu est grand.
— Grand comme papa ?
— Bien plus grand.
— Alors, c'est un géant ?
Christiane mène l'enfant derrière la fenêtre et l'ouvre : La mer s'ouvre sans limites et au-dessus, le ciel s'étale tout bleu...
Grand geste silencieux de la maman : Regarde !
Et Jeannot regarde. Et voici qu'il se met à quatre pattes sur le plancher. Il pose son front sur le sol...
— Oui, Seigneur, ton Nom est grand par toute la terre.[4]

Quand nous *regardons le monde* et que nous *aimons Dieu,* l'objet de notre amour dépasse celui de la vue. Celui que nous aimons sans le voir est plus grand que son œuvre que nous voyons de nos yeux.
Augustin d'Hippone.

— Merci pour toute la terre !

MARIE-ANGE, 15 ans (mongolienne).

Devant un splendide coucher de soleil, ISABELLE, 4 ans .
— Regarde la poussière d'or sur les nuages. C'est Dieu qui l'a mise là !

CHRISTINE, 4 ans, se promène avec sa maman dans un bois. Toutes deux se taisent. Au bout d'un moment, CHRISTINE :
— Chante le Seigneur !

A propos des arbres en fleurs :
— C'est la force de Dieu qui fait le printemps.

NANCY, 6 ans 1/2.

Plus d'une fois du saisiras à *l'ombre des arbres,* en pleine *chaleur de midi,* ce que tu n'aurais jamais appris dans les écoles.
Bernard de Clairvaux.

Ces arbres Seigneur
Ces *arbres* qui frissonnent de joie
Sous *ton souffle chaud*
Je voudrais toujours
les ressembler pour
te *savoir près de moi.*

CATHERINE, 13 ans.

4. V.F. n° 112.

VIVIANE, 10 ans, s'écrie en plein milieu d'un travail graphique, en levant les bras vers le ciel :
— Dieu a fait des merveilles ! Alleluia !

— Nous ont n'a planté des arbres et des fleurs pour montré aux gens qu'il faut pas les arraché. On qu'on tinura de leur ouvrirent les yeux jusqu'à qu'il les réspécte. On veut *mettre le monde à l'endroit*, parce que toi, Jésus, tu le veut à l'endroit.

MARIE-FRANCE, 8 ans.

Dieu,
Tu es le Roi de l'Univers,
l'immense ;
Tu es si grand,
que je te sens à *chaque endroit* où je vais !
Tu m'aimes
et tu m'aides
quand j'ai du mal à faire quelque chose.

LAURENT, 10 ans.

Les cieux chantent la gloire de Dieu. Glorifier Dieu est l'œuvre des anges. Toute la création, soit silencieusement, soit en chantant, acclame la gloire du Créateur.
Basile de Césarée.

O toi doux poète aide-moi à être
aussi pur que ton cœur,
que tes mots.
Aide-moi à vivre dans la joie de ton amour.
Tu m'as appris que *le ciel est la beauté elle-même,*
et qu'il fallait lui parler.
O toi doux poète !
Tu soulèves la vie avec tes paroles tendres.
Parfois j'ai de la tristesse
mais je sais que tu es là
et que par un mot de ton *cœur verdoyant*
je serai dans la joie.
O toi doux poète,
aide-moi à être dans la joie.

CATHERINE, 10 ans.

Les premiers amis de Dieu

Je demande à TAMAR, 3 ans 1/2 :
— Où sont les anges ?
— Au ciel.
— Est-ce que tu en as déjà vu ?
— Bien sûr ! La nuit ils descendent du ciel, ils passent par le petit trou de ma chambre et ils viennent me parler.
— Et de quoi te parlent-ils ?
— *De tout !*

Emmené à l'église quand elle est calme et pleine de Dieu, SÉBASTIEN, 9 ans .
— *La Basilique est pleine d'anges...*[5]

ÉRIC, 6 ans, a une grâce d'émerveillement peu commune. Il est en train de feuilleter une revue et s'extasie à chaque page. Soudain, devant une vue particulièrement belle :
— Quelle est belle ! Je l'aime !
Puis se reprenant :
— *J'aimerais être ce que j'aime !...* Tu ne trouves pas que c'est bien de vouloir être ce qu'on aime ?
Toute abasourdie par la question, émerveillée à mon tour, je lui demande :
— Et qu'aimerais-tu être ?
— J'aimerais être un Ange !

LAETITIA, 7 ans, non catéchisée :
— Moi, Quand je serai au ciel, je voudrais être un ange. Mais *pas un ange qui fait rien,* mais un ange gardien.

Le travail des anges, c'est le *soin* des âmes malades pour les conduire à la perfection de *la santé*.
Evagre.

— Seigneur, fais que nos anges gardiens fassent bien leur service.

ÉRIC, 5 ans.

5. Fêtes et Saisons, *La foi des tout-petits,* n° 341, p. 16.

— S'il n'y avait pas d'anges gardiens, je ne serais pas ici pour être enregistré !

TONY, 14 ans, Libanais,
pendant la guerre, Noël 1981.

La catéchiste parle des trois archanges. FABRICE, 5 ans :
— Et Ellus ?
— Ellus ? Je ne connais pas !
— Mais c'est celui qui vient sonner dans le clocher tous les jours à midi et à 6 heures. Ma grand-mère m'a dit que c'était l'Ange Ellus. Mais quand je regarde, il est déjà parti !

— La différence qu'il y a entre un ange et une personne ? Facile. Un ange, c'est *presque tout en dedans,* une personne, presque tout en dehors.

ANNA, 6 ans.[6]

Quel est ce pain des anges sinon le Christ qui nous rassasie de son *amour* comme de la lumière de sa *gloire* ?
Fauste de Riez.

Devant l'hostie qu'elle voit pour la première fois, LAETITIA, 7 ans, :
— Les anges le voient pour de vrai, nous *c'est dans le cœur* qu'on le voit.

Quand j'avais 5-6 ans, on chantait « Le voici l'Agneau si doux le vrai pain des anges. » Et moi je chantais ce que je comprenais :
— Le voici l'Agneau si doux, il a peur des anges !

L'ange de chacun, même de ceux qui sont petits, dans l'Église, voit sans cesse la face du Père... *Il prie avec nous,* il œuvre avec nous de tout son pouvoir, pour obtenir ce que nous demandons.
Origène.

A son réveil, ANNETTE, 7 ans :
— Quand je dors ce sont les anges qui disent pour me protéger du malin : Marie !

— Si tous les Anges se mettent à danser quand je me confesse, il doit y avoir des problèmes chez eux, lorsque plusieurs en même temps reçoivent le pardon !

ALAIN, 12 ans.

6. Fynn, *Anna et Mister God,* Seuil.

Si la mémoire m'a été donnée, c'est pour que je me souvienne de ton nom *même la nuit*.
Ambroise de Milan.

A 9 ans, HÉLÈNE se lève en pleine nuit pour prier. La trouvant agenouillée par terre, sa maman la rabroue vertement :
— Avec toutes ces prières, tu perdras la tête, petite !
— Oh non, maman ! je crois bien que c'est mon bon ange qui me réveille *pour que je puisse prier* ![7]

Après un temps d'adoration silencieuse, THOMAS, 5 ans, prie tout haut :
— Dieu, donne-moi pour toute la vie un bon copain... et mon copain le meilleur, c'est mon ange gardien.

Devant une icône où l'on voit un ange recueillant le sang du Côté ouvert, LAETITIA, 6 ans :
— Et quand la coupe est pleine, l'ange, il va chercher une autre ?

— Je sais ce que Jésus a dit aux anges qui bouchaient l'entrée du Paradis avec leurs sabres !... Il a dit : « Ouvrez toutes grandes les portes et laissez passer Adam et Eve ! »

MAGALI, 11 ans (mongolienne).

STÉPHANE, 11 ans, devant tout le monde à son évêque stupéfié : « Mon aumônier dit tout le temps que les Anges n'existent pas. Eh bien ! moi, je dis, c'est pas vrai, ils existent ! Il dit que les flammes de la Pentecôte, c'est des idées. Eh bien ! moi je dis c'est vrai, elles existent. Et vous, que dites-vous ? »

7. Maria Winowska, *Sœur Faustine,* p. 21, Éd. St-Paul.

Conçu du Saint-Esprit,
né de la Vierge Marie...

III
MARIE ! GRAVÉE SUR LE CŒUR DE JÉSUS !

Elle se promenait dans la vie

Mardi 8 Décembre 1981
Jour de l'Immaculée Conception

Cher grand frère,
Je suis *heureux* ! oui, je le suis jusqu'au plus profond de mon âme. Si tu es heureux, tu es en Dieu. La joie a bouleversé ou plutôt fulminé mon cœur. Pourquoi ? Comment pourquoi ? Mais parce que Dieu est là, Jésus est vivant ! Et puis c'est la fête ! La fête de Marie, la fête de l'Immaculée Conception. Et puis bientôt cette vierge, cette jeune fille va enfanter de Jésus par œuvre de l'Esprit Saint. Bientôt va naître parmi nous le Sauveur, celui qui est le commencement, la source, celui qui vient libérer les faibles, les opprimés. Il va venir apporter l'Espoir, l'Espoir sans limite, miséricordieux. Il se donnera lui-même en sacrifice divin, il donnera l'Esprit Saint. Il révélera la face de son Père et il nous sauvera pour toujours ! *Amen.*
Mais, derrière tout cela, se cache une silhouette à peine esquissée, *une silhouette frêle, timide, qu'il ne faut pas effrayer.* C'est au spectateur de l'imaginer à sa guise, de découvrir les traits de son visage mais aussi, et surtout, de dévoiler son cœur et, enfin, de découvrir avec émerveillement sa pureté, son innocence. *Alors son nom apparaît, gravé sur le cœur de son fils* et de son maître, en lettres de feu, de passion, d'Amour. De cet amour qu'elle répand sur chacun de nous un Amour de Mère, de Mère de Dieu et Mère des hommes, et donc de nous tous. Elle intercède auprès de notre Père, elle nous console, elle nous endort en nous berçant. N'est-ce pas merveilleux ?
Quel mystère ! Si profond, si grand, si beau que l'on ne peut l'exprimer avec des mots. Bénie sois-tu Bernadette d'avoir vu cette « Grande Dame ». Révèle-nous-la peu à peu dans toute sa plénitude.

Cher grand Frère nous n'aurons jamais fini de sonder cette Mère qui est la nôtre ! Pourtant, il faut préserver et scruter ce visage sans tâche et *immaculé. Amen.*

JEAN-EMMANUEL, 13 ans.

Tu es très gentille,
Tu aimes tous les hommes.
Un jour nous viendrons te rejoindre.
Toi qui n'as fait aucun péché,
Tu es toute pure,
Tu es belle comme l'eau pure.

JEAN-DANIEL, 8 ans (pour son baptême).

J'ai pensé à Marie quand elle jouait avec Dieu. *Elle se promenait dans la vie* et elle ne faisait pas de péché.

XAVIER, 4 ans 1/2.

STÈVE, 5 ans, explique son dessin :
— J'ai dessiné Marie. Elle dit bonjour à Dieu. Elle fait sa prière parce qu'elle veut tuer tous les serpents. Elle laisse trouver Jésus... et après, elle fait encore sa prière et sa robe danse.

En classe de catéchèse, une question fuse :
— Est-ce que la Sainte Vierge faisait des péchés ?
Avant même que la religieuse ait le temps de trouver une réponse, JEAN-YVES, 9 ans, avec force et sur un ton d'évidence :
— Bien sûr que non ! puisqu'elle est pleine de Dieu !

Une source dans un voile,
c'est le sein de Marie.
Ephrem de Nisibe

Je célébrais l'Eucharistie de l'Immaculée Conception avec un groupe d'élèves de 6-7 ans. A l'homélie j'essaie de leur expliquer que Marie était toute pure. L'un d'entre eux d'une parole nette :
— J'ai compris : Marie est pure, c'est *comme de l'eau où il n'y aurait que de l'eau. !*

— L'Immatriculée Conception.

CORINNE, 6 ans.

Ça ! Je vais le dire à ta Mère !

— J'ai pensé à Dieu et c'est Marie qui m'a fait penser à Dieu.

ERIC, 4 ans 1/2.

VIRGINIE, 4 ans 1/2 :
— Marie est championne.
— De quoi ?
— De la terre.
— En faisant quoi ?
— Il faut le demander à Dieu.
— Et toi que dirais-tu ?
— Pour être championne, elle a mis tout l'amour dans son cœur.

ERWAN, 3 ans :
— Papa, j'ai plein d'amour dans mon dos.
— Comment ça, dans ton dos ?
— Eh bien, oui, Jésus a mis tant d'amour dans mon cœur qu'il a débordé, mais tu sais qui l'a mis dans mon cœur ?
— Non !
— C'est Marie, mais ce n'est pas elle qui l'a fabriqué, c'est Jésus qui lui a donné pour le mettre dans mon cœur.

Un enfant malade est allé à Lourdes, persuadé qu'il serait guéri au moment de la bénédiction du saint Sacrement. Or, il ne fut pas guéri. Alors, il s'est écrié :
— Oh çà ! je vais le dire à ta mère !
Il demande qu'on le conduise à la grotte. Il y fut guéri.

Le Christ est venu, du Cœur du Père dans le cœur de la Bienheureuse Vierge, dans le sein de qui il a placé un trésor pour les pauvres... Si moi, je pouvais être de ces petits à qui sont *révélées ces choses*, en qui cela s'accomplit ?
Adam de Perseigne

— Marie s'adresse presque toujours à des enfants, pourquoi ?
— C'est normal, eux ils écoutent. Les grands n'ont pas le temps ! Trop de choses à faire.

YVES, 13 ans.

La Vierge est pleine de tendresse, elle nous prend pour ses enfants, elle nous aime de tout son cœur, tous même celle qui croit pas en elle.

KHADER, 10 ans.

Estelle, 6 ans, mange un gâteau pendant la prière. Tout à coup elle s'arrête :
— Il faut que je vide ma bouche, parce que la Sainte Vierge elle entend rien comme ça !

— Marie priait dans mon cœur, pour ma petite sœur.

AXELLE, 5 ans.

Un soir lorsqu'il priait devant l'icône de la Mère de Dieu, la prière entra dans son cœur et se mit à y jaillir d'elle-même, jour et nuit.
Vie de Silouane

RAPHAËL, 6 ans, atteint d'une maladie congénitale le condamnant à mourir d'ici peu :
— Tous les soirs, Marie vient dans mon lit. On cause ensemble. Je suis très bien avec elle.
— Et ce soir, elle est là avec toi ?
— Ah non ! pas encore ! En ce moment elle est en train de visiter tous les malheureux. Elle fait une grande tournée. Après seulement, elle viendra dans mon lit.

Elle a soif, Marie !

Devant un stand d'icônes, une dame :
— Je n'aime pas les icônes, la Vierge a toujours l'air triste.
CATHERINE, 6-7 ans :
— C'est vrai qu'elle est triste, parce qu'on n'aime pas assez Jésus.

De passage à la chapelle Notre Dame de Lourdes, je mets des fleurs sur l'autel au bas de la croix... Soudain, CATHERINE qui était près de la statue de Marie :
— Dis, Maman, il faut lui mettre des fleurs à Marie et lui donner à boire aussi ! *Elle a soif, Marie !*

BRUNO explique à PATRICK, 6 ans, famille non croyante, un livre qui parle de Marie. Quelques jours plus tard, venant chez lui, Patrick voit au mur une icône de Marie :
— Oh ! je ne suis pas étonné qu'on est heureux ici, car il y a la dame à Jésus !

— Rencontrer Marie, ça marque son homme !

ALEXANDRE, 10 ans.

— Demoiselle, dans mon jardin j'ai une statue de la sainte Vierge. Hier, je me suis mise à genoux dans le jardin, et j'ai prié. J'ai dit à maman de faire pareil, mais elle n'a pas voulu !

TIPHAINE, 4 ans.

— Prie pour nous, peuchère !

SYLVIE, 7 ans.

Comme la mer entoure le coquillage

Connais ta joie et rends grâce, ô Marie, toi qui as choisi la meilleure part. Les yeux qui voient ce que tu vois, heureux sont-ils ! et les oreilles qui méritent d'entendre ce que tu entends ! Mais heureuse surtout d'entendre battre le cœur de Dieu dans ce silence où il est bon pour l'homme d'attendre son Seigneur.
Bernard de Clairvaux

CATHERINE, JEAN, ANNE-CLAIRE, OLIVIER ET ISABEAU, 5-7 ans, en regardant l'icône de Vladimir :
— Elle l'aime, elle le serre.
— On voit bien que c'est son enfant. Elle ne tiendrait pas comme cela celui d'une autre.
— Lui, il la regarde.
— Il a la main sur son cœur à elle.
— Elle nous regarde très beaucoup.
— Il n'y a que de la lumière.
— C'est tout brillant.
— Elle le tient bien.
— Elle veut nous dire quelque chose.
— Elle a l'air... pas triste, mais gai... sérieux.
— Elle a peur qu'on ne dise pas oui à Jésus...
Et ISABEAU, d'un ton victorieux :
— Moi, je l'ai reconnue à l'étoile sur son chapeau !
Ce qui fut accueilli, aussi bien que le reste.
— On met sa tête sur ses genoux, on ferme les yeux, on essaie de se rappeler comment elle est.. Puis, on dit chacun la première chose qui nous revient :
— Elle nous regarde, ils se serrent. Elle est belle.
— C'est tout en lumière. Elle l'aime.
On la regarde et on lui parle : Marie, vous êtes belle, Marie, votre cœur est plein de lumière, Marie, on va

essayer de dire : oui ! Marie on voudrait bien lui ressembler, Marie, vous êtes très très belle.

On dessine : exposition libre accompagnée de musique

— Un jaillissement de lumière (une a peint toute sa feuille jaune, l'autre a rempli sa page d'étoiles et de fleurs).

— Une tête très grande de la Vierge avec des yeux immenses.

— Un Enfant-Jésus, minuscule, collé contre la joue de la Vierge.

— Au total, une atmosphère de tendresse, de gravité et de lumière.

OLIVIER a fait *ce à quoi Elle pense :*

L'Annonciation, avec l'ange qui dit (écrit comme une bande dessinée) : Est-ce que tu veux être la mère de Dieu ? Et Marie qui répond un *oui* énorme.

ANNE-CLAIRE a fait *ce qu'Elle me dit :*

Il faut que je donne une grande place à Jésus, dans ma vie. Représenté : Anne-Claire petite, et Jésus grand. A noter : Un cercle jaune entoure Anne-Claire et Jésus. Elle m'explique : C'est ma vie. Un détail : elle, en jupe bleue et pull rouge, Jésus (pareil) en culotte bleue et pull rouge (!)... Mais, avec une auréole !

— Enfin, une autre a fait *ce que je veux faire pour elle :* Dire oui à la maîtresse (dessin de sa classe, sa maîtresse et elle).

— Je cherche encore mes mots, tu m'as déjà compris :
— Tu comprends tout, avant.
— Tu m'enveloppes de toutes parts.
— Je suis entourée de toi, *comme le coquillage par la mer.*

— Je suis entouré de ton Amour, *comme la mer entoure le coquillage.*

Pour cette prière il y avait une grande aisance, une espèce de familiarité retrouvée, de joie de tout leur être... comme un espace franchi ! peut-être le seuil du Royaume, où seuls les cœurs d'enfants pénètrent[1] !

PIERRE-THOMAS, petit haïtien de 8 ans. Un matin, au réveil :

— Tu sais, j'ai fait un très beau rêve, mais je ne te le raconterai pas !

Plus tard, pendant le petit déjeûner :

— Cette nuit, j'ai vu la sainte Vierge. Elle était belle, tellement belle ! Elle était *merveilleuse* ! (en appuyant sur le mot).

Puis suivait la description plus détaillée du rêve :

— Elle était là, avec nous, toute en bleu avec des cheveux bruns. Elle était venue manger avec nous, *sur la terre* (il insiste beaucoup en répétant que cela ne se passait pas dans le ciel, mais qu'elle était venue sur la terre *pour être avec nous*)... on était tous réunis. L'Enfant Jésus était avec elle, et Joseph.

Mais le déroulement de l'histoire l'intéresse beaucoup moins. Sans cesse, il revient sur la splendeur de Marie. Les yeux grands ouverts :

— Qu'elle était belle, elle était... MERVEILLEUSE !

Après quelques minutes de vraie émotion, se ressaisissant :

— Maman, il faut le raconter aux frères, à tous les frères. Il faut leur dire comme elle est belle ![2]

Toute pure, si gentille,
Qui nous aimes tant et qui nous aides tant,
C'est toi Marie, Mère de Jésus.
Tu es sainte.
Tu es la Pureté.
Tu nous aides à aimer Jésus et à prier.
Je sais beaucoup de choses sur toi :
Tu es si douce,
Tu as beaucoup d'amour pour nous.
Tu es si belle !

CHRISTELLE, 8 ans (pour son baptême).

1. Cénacle, Marseille.
2. Communauté du Pain de Vie où il est depuis 6 mois.

Le mot-clé de son cœur

Un jour un Ange est venu
Un jour un Ange est descendu
Il est entré chez Marie
Il est entré et lui a dit
Un enfant tu auras
Un enfant naîtra
Cet enfant sera Jésus
Cet enfant sera l'élu
Il sera le roi des pauvres
Il est le Sauveur
Il consolera les pleurs
Et tu dois prier Dieu
Car ton fils est celui de Dieu.
Ce sera l'élu
Ce sera Jésus.

ROSE-MARIE, 12 ans.

— Réjouis-toi Marie, pleine de grâce,
La louange est avec toi !

LUDOVIC, 10 ans.

Quel est le plus joli mot du monde ?
JULIE, 4 ans 1/2 : — Oui.
— Pourquoi ?
— C'est le mot-clé, *il ouvre la porte de mon cœur.*

C'est l'heure de la prière du soir, on clôt par une prière à Marie. Au moment où je me lève pour partir, JONATHAN, 2 ans 1/2 :
— Jésus vient dans ton ventre, Jésus vient dans ton ventre.
Maman :
— Ah oui ! et qu'est-ce qu'il va faire ?
— *Il va mettre Dieu...*

Il répète plusieurs fois, l'air absent... comme si tout était dit. Puis, à mon air interrogateur, il poursuit :
— Jésus va se baigner dans ton ventre. Il va sortir du bain.

Et, déterminé à ce que cet entretien se termine, il ajoute, en dessinant sur moi le signe de la croix :
— Jésus te bénit.
(Ajoutons qu'à cette époque-là, après un accident qui m'avait rendue stérile, nous recevions Bruno et moi dans la prière et par de nombreux signes, promesse du Seigneur qu'il nous donnerait d'enfanter, d'une façon ou d'une autre, un autre enfant).
Un an après, il bondit de joie à l'annonce de l'arrivée prochaine d'une petite sœur haïtienne (enfant adoptée), la prend dans sa prière tous les soirs et annonce résolument qu'elle viendra en juillet afin de partir en vacances avec nous.

FRÉDÉRIQUE, 5 ans, rentre de classe :
— Salut papa !
Son papa lui explique qu'il est plus joli de dire « Bonjour papa ». Le soir à la prière, papa commence : Je vous salue Marie... PIERRE, 3 ans :
— On ne dit pas salut Marie, c'est pas joli, c'est une très grande personne Marie !

— La sainte Vierge, qu'a-t-elle fait quand elle a reçu l'annonce qu'elle serait la mère de Dieu ?
— Oh ! Elle est rentrée tout de suite à la maison pour faire la cuisine...[3]

ERIC, 5 ans.

Je ne demande pas où il repose à midi, puisque je le serre joyeusement sur mon cœur. C'est pourquoi, il restera sur mon cœur. *Personne ne me l'enlèvera.*
Bernard de Clairvaux

Devant le vitrail de l'Annonciation à Taizé :
ANNE, 4 ans 1/2 :
— Tu as le plus beau cœur de toutes les mamans.
ANNE, 6 ans :
— Marie, le Seigneur est toujours avec toi. *Il ne partira jamais sans toi.*

On demande à JEAN-BAPTISTE-MARIE, 2 ans 1/2 :
— Où elle est Marie ?
— Elle est partie, elle court dans la montagne !

3. Père Monier, *Bâtir sur le Roc,* p. 26, Salvator.

Toi qui nous as dit sur quel chemin aller
Toi qui nous as rendu beaucoup de services à la maison, à l'école, quand on jouait, quand on était malade...
Marie, aide-nous à mieux aimer ton Fils Jésus.
A mieux te suivre, à mieux te prier, à mieux te chanter.

FRANÇOISE, 12 ans.

Sainte Mère de Dieu, fortifiée et protégée par le Père Très-Haut, préparée et consacrée par l'Esprit qui s'est reposé sur toi, embellie par le Fils qui habita en toi, je me tourne vers toi...

Grégoire de Narek

Rends à l'homme de ma patrie son humanité. Montre la route à l'enfant égaré. Désaltère l'assoiffé de la source de vie. Pardonne-nous, ô Marie, et délivre-nous de tout mal.
Rends au Liban la paix, à ses prairies la fertilité, à ses sources la fraîcheur, à ses fleurs la beauté, et à la vie rends sa simplicité et sa gaieté.

O tendre Mère, Tu écoutes toute voix qui s'élève de la terre : écoute nos cris de détresse.
Ne prive pas une mère de son enfant, un enfant de la tendresse maternelle. Ne sépare pas une épouse de son époux, une sœur de son frère.
Que la haine ne soit pas le bourreau qui tranche de son épée la patrie, la rendant victime des cruautés de la guerre, gisant dans son sang, sur son lit de mort.

Vieillards, jeunes et enfants, nous recourons à Toi aujourd'hui, nous agenouillant à Tes pieds, implorant ta miséricorde et ta pitié.
Rends-nous notre Liban,
Rends au Liban sa vie,
Ne le délaisse pas, ô Mère de Dieu !

MONA, 14 ans.

— Marie qui chantes avec les fleurs, prie pour nous !
— Marie qui sais prier, prie pour nous !
— Marie qui as *des petits enfants dans les yeux*, prie pour nous !
— Marie qui regardes la lumière, prie pour nous !

Un groupe de 4-5 ans.

Vierge, Mère de Jésus aide-nous
A prier le Seigneur si bon pour nous pécheurs.
Vierge si bonne. Merci.

GWENAËLLE, 12 ans.

Derrière Jésus, une Reine d'Amour

... Et Marie, cette Lumière, cette Chandelle qui nous montre le Chemin, la Vérité et la Vie. Cette Mère qui vient nous dorlotter, nous bercer dans ses bras avec une infinie douceur. Cette Mère à qui nous pouvons confier nos secrets, sans peur, sans crainte aucune.
Marie se trouve *derrière Jésus*, soumise, humble, dans l'ombre de son Fils Jésus. Une Reine, certes, mais une Reine sans péché, sans caprices. Une *Reine d'Amour*. Une Reine dont le cœur est transpercé par le spectacle de son Fils en Croix. Une Reine blessée, blessure d'amour.
Bénie sois-tu pour Celui que tu as enfanté ! O douce Vierge, bénie sois-tu. Amen !

JEAN-EMMANUEL, 13 ans.

Il s'est fait homme.
Lumière née de la lumière.

IV
JÉSUS !
COMME UNE FLAMME QU'ON PROTÈGE

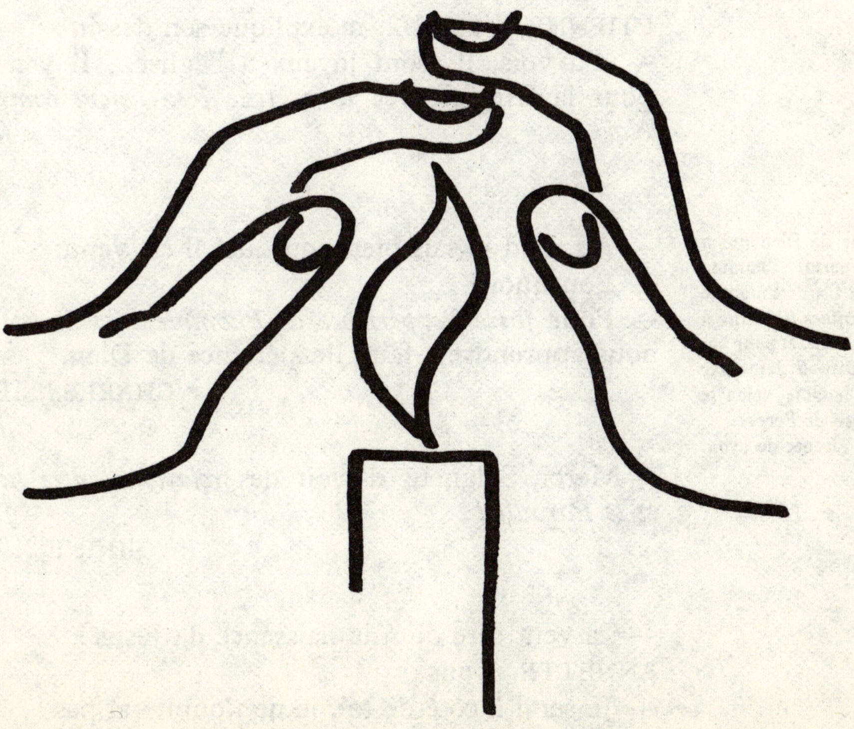

Né avant sa maman

Ce n'est qu'*après l'avoir instruite* et persuadée que Dieu la prend pour Mère, et lui emprunte la chair qu'elle veut bien lui prêter. De même qu'il voulait s'incarner, de même voulait-il que sa Mère l'enfantât de son plein gré.

Nicolas Cabasilas.

La maman attend un bébé. ARNAUD, 5 ans, pose de multiples questions :
— Est-ce que Jésus est né avant sa mère ?
— Non bien sûr, il est né comme les petits enfants, comme va naître le bébé que nous attendons.
— Et Marie, qui l'a fait naître ?
— Elle a eu un papa et une maman comme tout le monde.
— Et le premier papa, et la première maman ?
— C'est Dieu qui les a créés.
— Alors, tu vois bien que *Jésus est né avant sa maman*, puisque Jésus est Dieu !

NATHANAËL, 4 ans dessine Marie et Joseph sur l'âne en route vers Bethléem. Commentaire :
— Ils cherchent un endroit pour faire *le commencement du monde !*

ÉTIENNE, 4 ans 1/2, m'explique son dessin :
— Tu vois, ils sont joyeux à l'église... Il y a Jésus pour la fête, et avec le prêtre, *Jésus vient comme un Noël* !

Le Verbe de Dieu qui a habité parmi l'homme s'est fait fils de l'homme pour *habituer l'homme à recevoir Dieu,* et pour habituer Dieu à demeurer parmi l'homme, selon le bon plaisir du Père.

Irénée de Lyon.

— Au fond je sais bien pourquoi il est venu.
— Pourquoi ?
— Pour *faire l'expérience de l'homme*... et Il voudrait nous apprendre a faire l'expérience de Dieu.

CHARLES, 12 ans.

— Merci, Seigneur d'avoir des *relations entre la terre et le Paradis !*

NININE, 12 ans.

— Ça veut dire quoi la naissance de Jésus ?
ANNETTE, 7 ans :
— Je serai à côté de toi, je ne t'oublierai pas !

Sur la présentation de Jésus au Temple, LAURENT, 9 ans : — *Je suis là !*

YVAN, 5 ans : — Si tu y aimes pas Jésus, pourquoi que tu fais sa crèche ?
SYLVAIN, 7 ans : — Parce que c'est beau.
YVAN : — C'est pas si beau qu'ça si tu y aimes pas Jésus !

Un petit groupe de bambins de 2-3 ans, parle des cadeaux de Noël :
— Moi, j'aurai une voiture,
— Moi j'aurai une poupée,
— Et puis moi une poussette,
— Et moi un train, et moi... et moi...
— Et moi, dit la sœur sur un ton enjoué, qu'est-ce que j'aurai ?
FLORE, 3 ans, spontanément :
— JÉSUS !
La sœur bouleversée n'a pu répondre un mot, émue jusqu'aux larmes. Cette réponse de FLORE a été sa grande grâce de Noël. Un an après, elle en est encore toute imprégnée. Elle en est marquée pour la vie.

— Pourquoi faire des cadeaux de Noël ? Jésus vient, ça doit nous suffire.

AGNÈS, 5 ans.

Quelques jours avant Noël, MONIQUE, 5 ans 1/2, arrive dans la classe et me dit :
— Hier ma maman m'a emmenée aux Dames de France voir les jouets. Il y avait plein de monde partout. J'ai pensé que personne ne pensait à Jésus... moi alors, j'ai fait une rencontre avec lui. Maman ne l'a même pas su ! Personne... Jésus seul !

Après une fête de Noël avec d'abondants cadeaux, STÉPHANE, 7 ans :
— Je trouve que le monde n'est pas beau. Il y a toujours encore des malades, des guerres, des gens qui ont faim et peur. Est-ce que Jésus ne peut pas faire *un nouveau monde* ?

Celle qui adore et qui donne

Quand je vois ton image, celle qui est *extérieure* (ton humanité) qui est devant mes yeux, ton visage *invisible* (ta divinité) est peinte en mon esprit. En ton image visible, c'est Adam que j'ai vu... et dans l'invisible, c'est ton Père que j'ai vu qui est uni à toi.
Ephrem de Nisibe.

Il est votre frère et votre chair. Il a tout subi afin d'apprendre la miséricorde. Ce frère, c'est Marie qui nous l'a donné.
Bernard de Clairvaux.

MYRIAM, 7 ans :
— Tu sais ce qu'elle fait Marie ?
— Euh... non ! Je ne sais pas.
— Ben ! Elle adore Jésus ! Tu ne le savais pas ?
— Si...
— Alors, pourquoi tu m'as dit que tu ne savais pas ?

— Tu vois, là, il y a la Sainte Vierge et l'Enfant Jésus. La Sainte Vierge a les yeux à *moitié ouverts* et *à moitié fermés.* Avec la moitié qui est ouverte, elle regarde le corps de l'enfant Jésus, avec la moitié qui est fermée, elle regarde le Bon Dieu qui est dedans.

PAUL, 9 ans.

MARIE, 2 ans 1/2, voyant dans le jardin des Petites Sœurs de Jésus une statue de la sainte Vierge qui tend Jésus vers nous, se précipite et, se tournant vers sa maman pour être appouvée :
— Elle me le donne !

Montrant l'icône de Marie :
— Qui c'est ça ?
Et BENOIT, 3 ans 1/2 :
— C'est Marie, la maman de Jésus.
— Tu l'aimes ?
— Oh oui ! elle est belle et puis elle a Jésus dans ses bras.

— Merci Jésus pour ta maman Marie. Elle est toute belle. Elle a une robe toute blanche et elle tient son bébé Jésus tout près de son cœur.

CAROLINE, 4 ans 1/2.

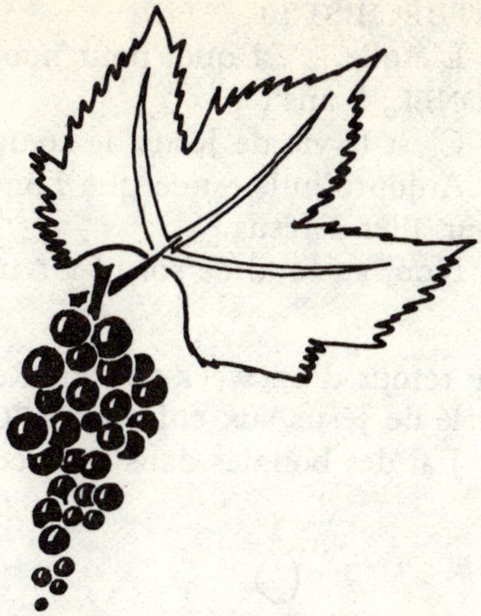

Notre terre a donné son fruit d'un seul grain de froment éclos dans le sein de la Vierge.
Guerric d'Igny.

J'expliquais la parabole du cep et des sarments :
— Lorsqu'on reçoit la vie de Dieu, on fait ce qui lui plaît, et Dieu nous fait produire du bon fruit.
FRANÇOIS, 7 ans :
— C'est comme pour Marie : son fruit, c'est Jésus !

Pourquoi es-tu venu vers ma pauvreté, comment as-tu pénétré dans ma maison sordide, toi qui habites la lumière inaccessible, mon Dieu ? Comment la laisses-tu *à l'abri des flammes,* toi le feu insupportable à une nature mortelle ?
Syméon le Nouveau Théologien.

J'ai pensé à Dieu qui *protège sa lumière* venue dans la crèche.

VALÉRIE, 4 ans 1/2.

Pendant le repas, nous parlions d'un jeu de rois mages vécu par les enfants. NOÉMI, 3 ans :
— Tu sais, maman, on n'adore jamais assez !

Au fond de soi, une étoile

Le soleil il chauffe la cité, nous on veut faire pareil. Il éclaire et ça ressemble à Jésus.
L'étoile elle a éclairé quand Jésus est né. Jésus, il est la lumière, il nous éclaire ; on veut être comme Jésus, *on veut éclairer les autres.*

MARIE-FRANCE, 8 ans.

CATHÉCHISTE :
— L'étoile, c'est quoi pour nous ?
LIONEL, 9 ans :
— C'est la vie de Jésus, le cœur de Jésus.
— Aujourd'hui, est-ce que l'on doit suivre une étoile pour aller à Jésus ?
— Non, au fond de soi, il y a une étoile.

De retour d'un week-end du Renouveau où l'on avait parlé de Jésus aux enfants, JÉRÔME, 5 ans :
— J'ai des bougies dans mon cœur !

ESTELLE, 3 ans, regarde gravement sa maman qui allume les bougies devant la crèche. Tout à coup, l'enfant bat des mains et s'écrie joyeuse :
— Maitenant les bougies rient.

HERVÉ, 5 ans, va à Notre-Dame-des-Bois avec sa maman. Il voit la statue de la sainte Vierge avec Jésus dans ses bras. Et regardant les cierges qui brûlent :
— Dis Maman, quand est-ce qu'il va descendre, le petit Jésus, pour souffler son cadeau d'anniversaire ?...

Durant l'assemblée de prière d'un camp de jeunes, aux Allinges, un cierge brûle devant un icône.

Tous ceux qui ont le désir d'*être illuminés,* qu'ils puisent *la lumière.* Qu'ils s'unissent à lui. Qu'entre eux et lui, il n'y ait aucun intermédiaire... A cet *astre si brillant, allumons en nous la lumière* !
Bernard de Clairvaux.

BRIGITTE 12 ans :
— Je vois Jésus dans cette petite flamme...
Il veut *allumer* cette petite flamme dans vos cœurs.
Il veut faire grandir cette petite flamme dans chacun de vos cœurs...
Alors laissez-le faire.
— Il faut que je vous dise que je vous aime beaucoup, beaucoup, beaucoup...
Et elle se met à sangloter. Pour un jeune incroyant ce fut le coup de foudre.

La *maladie du corps* est liée à la *santé du cœur.*
Césaire d'Arles.

— Tu sais maman, quand on est aveugle, c'est *aveugle dans le cœur.*
— Qui t'a dit cela ?
— C'est le Seigneur.

EMMANUEL, 4 ans.

— Pourquoi as-tu besoin de parler à Jésus de si près ? Tu as beaucoup de choses à lui dire ?
— J'ai envie de tout lui dire et il n'y a que lui à qui on peut tout dire. Il écoute tout. Je lui dis que je voudrais être plus sage. Je lui demande que personne ou presque personne n'aille en enfer, même ceux qui ne veulent pas le connaître. *Les gens ne savent pas qu'il faut tout lui dire.*
— Et tu as toujours aimé parler à Jésus ? Il y a longtemps ou pas longtemps que tu aimes être près de lui ?
— Je ne sais pas, je crois que c'est depuis toujours. Depuis que je sais qu'il existe.
— Jésus est comme la lumière : il éclaire tout ?
— Oui, *c'est lui la lumière, personne d'autre.*
— Alors, c'est ton héros ?
— Oh non ! c'est beaucoup plus ![1]

Étant lumière sans couchant, *il transforme en lumière* tous ceux en qui il établira sa demeure.
Syméon le Nouveau Théologien.

STÉPHANIE, 4 ans 1/2, assistant au coucher de sa petite sœur de 2 ans qui disait « au revoir » à Jésus, se tourne vers ses parents :
— Jésus, c'est *du feu,* mais qui *ne brûle pas* !

1. Extrait de *Dieu existe ? Oui,* Stock.

Oh ! Toi Dieu de lumière
Qui as fait de la joie sur terre
Je t'adore
et je t'offrirai, si je peux
Un cœur pur et
Une âme presque sans tache.

FRANÇOISE, 8 ans.

Il a passé en faisant le bien...
Vrai Dieu, né du vrai Dieu.

V
L'ÉVANGILE : UNE PORTE OUVERTE DU CIEL !

Il m'a séduit par sa Parole

Cette *porte* de laquelle le Père a rendu *son témoignage céleste* et où a resplendi le Christ, soleil de justice.

Anastase du Sinaï.

— Pourquoi tu ne me parles jamais de l'Évangile ?

— Ça doit être *une grande porte ouverte du ciel, mais elle est cachée* !

ARIANE, 4 ans.

THIERRY, 6 ans, de santé déficiente, effectue son année scolaire dans un centre hélio-marin. C'est aussi l'occasion pour lui d'une catéchèse. Il boit littéralement les enseignements. Un matin, la sœur le trouve particulièrement absorbé :

— A quoi penses-tu Thierry ?

— Je pense à ma maman... elle connaît pas tout ça, elle !

— Je prends de plus en plus conscience que la Parole de Dieu est un Trésor et j'ai de plus en plus le désir de la faire connaître. Mon Seigneur *m'a séduit par sa Parole,* et je suis blessée d'amour pour Elle. Je te demande d'intercéder afin que notre Dieu suscite des bons appreneurs de la Parole de Dieu, et que beaucoup de jeunes aient soif d'apprendre et de se nourrir de cette Parole !

AGNÈS, 13 ans.

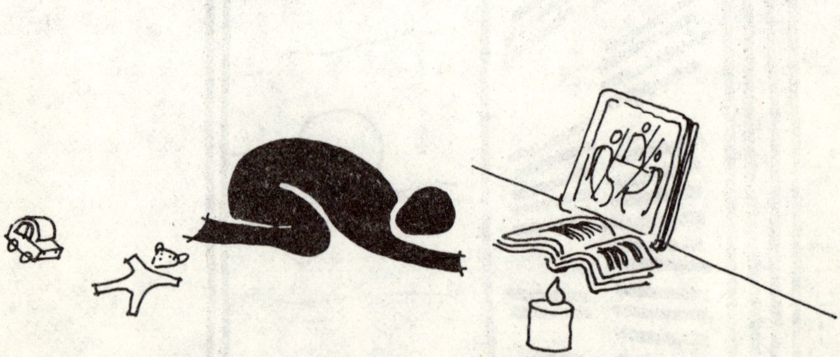

— Moi, j'ai de la chance, maman, car tu m'apprends Dieu.

STÉPHANE, 9 ans.

Voyez : Dieu et moi sans péché !

Celui qui descend avec foi dans le bain de la régénération rejette le vêtement de l'esclavage... Il remonte du baptême, brillant comme le soleil, rayonnant de justice. Bien plus, *il en sort fils de Dieu.*

Pseudo Hippolyte.

Sur le baptême de Jésus.

— Tu es mon Fils, aujourd'hui je t'ai engendré, qu'est-ce que cela veut dire ?
LIONEL, 9 ans : — Aujourd'hui je t'ai mis l'Esprit-Saint et je t'ai envoyé sur la terre pour enlever les péchés et faire régner sur la terre, la Paix et la Joie !
— Et engendrer veut dire quoi ?
RÉGIS, 7 ans : — Je t'ai baptisé !
— On est engendré au baptême, pourquoi ?
Lionel : — Parce qu'on est *fils de Dieu réellement.*
— C'est comme une deuxième naissance ?
Tous : — Oui ! Oui !
— Engendrer donc !
Lionel : — Mettre au monde *un nouveau fils* dans l'Esprit-Saint !
FRANK, 8 ans : — Mettre au monde un *Sauveur.*

Jésus s'est fait baptiser dans l'eau par Jean-Baptiste. Il n'avait pas besoin de devenir propre, ni de laver ses péchés. Jésus n'a pas fait de péchés ! Pourquoi il l'a fait alors ? Pour nous, parce que le Saint-Esprit est venu sur Jésus pendant son baptême et il a purifié l'eau ; elle est devenue sainte...
Et l'eau du Jourdain est allée dans les autres rivières et les rivières à la mer, et la mer est redevenue de la pluie et *toutes les eaux sont saintes maintenant !*[1]

— Voyez Dieu et Moi sans péché !

NICOLAS, 14 ans.

Il va à toutes les maisons : mon Père vous aime !

Jésus parle vraiment bien de son Père. Pas étonnant *c'est son fils, il le connaît* !

GAÉTAN, 8 ans.

1. Communauté du Pain de Vie.

Ce bon plaisir du Père est accompli par le Fils, puisque le Père envoie tandis que le Fils est envoyé et vient.
Irénée de Lyon.

PIERRE, 8 ans, dessine Jésus qui part de Nazareth. Il explique :
— Jésus va à toutes les maisons dire à tous les gens : Mon Père vous aime !

Le Père a voulu quelque chose, le Fils qui est dans le Père a voulu la même chose que le Père, ou mieux, il est devenu lui-même le vouloir du Père.
Grégoire de Nysse.

— Jésus fait ce qu'il veut !
— *C'est pas vrai ! Il faut qu'Il demande au Père !*
DAVID, 7 ans.

GIOVANNI, 2 ans 1/2, à table avec ses parents :
— Jésus n'a pas les pensées de papa ! Il a celles de Dieu ![2]

À la catéchèse j'explique ce qu'est l'orgueil, la vanité... puis nous en arrivons à l'humilité et je demande :
— Jésus est le plus humble. Pourquoi ?
BÉATRICE (11 ans) : — C'est parce qu'il ne parle que de son Père.

Toucher Jésus spirituellement par le cœur, c'est connaître qu'*il est égal au Père*... Celui-là touche le Christ d'un cœur pur qui comprend qu'il est égal au Père.
Augustin d'Hippone.

Je raconte la vie de Jésus. Tout à coup, JEAN-MARC, 5 ans 1/2, n'écoute plus, brusquement absorbé par une méditation silencieuse. Puis il déclare avec force et fermeté, sans souci d'être confirmé ni crainte d'être contredit, sûr de lui comme quand on dit quelque chose, simplement parce que cela mérite d'être dit :
— Jésus aussi est Dieu. Si son Père c'est Dieu, alors lui aussi il est Dieu !

2. Cité par Sofia Cavaletti.

— Crois-tu que Jésus est le Fils de Dieu ?
FRANÇOISE 12 ans :
— Moi j'y crois, car Jésus ne pouvait pas mentir à sa mère !

A propos de la Palestine :
— Mon père a vu où il a vécu, donc c'est vrai que Dieu existe.

Anonyme, garçon, 13 ans.[3]

On le connaît, si on l'aime...

MIKAËL, 5 ans, vient d'apprendre que sa maîtresse d'école qu'il aime tant ne croit pas en Jésus. Complètement bouleversé :
— Vous savez, papa et maman, lorsque j'ai appris que ma maîtresse ne croyait pas en Jésus, j'ai tellement eu envie de pleurer, mais je n'ai pas osé. Alors j'ai *pleuré tout bas dans mon cœur.*
Il lui a dit qu'il prierait pour elle.

Après la causerie sur la présence de Dieu en soi, GILLES, 4 ans, réfléchissant profondément :
— Mais alors, Jésus, lui, comment pouvait-il avoir Dieu en lui ?

Après une autre causerie, VINCENT, 8 ans :
— Jésus est Dieu, c'est simple !... arrête d'expliquer !

— Jésus ne se conjugue pas, il est toujours au présent.

Enfant de 9e

A propos d'une de ses petites amies qui ne croit pas à Jésus, AGNÈS, 6 ans :
— Je lui ai dit que quand elle serait morte, elle verrait bien s'il existe pas, Dieu !

3. P. Jacquemont, p. 76.

AURÉLIE, 11 ans :
— Je ne peux pas croire que Jésus existe et est vivant... je ne l'ai pas rencontré !

AGNÈS, 6 ans :
— Pourquoi y en a qui croivent, et pourquoi y en a qui croivent pas ?
Maman :
— Parce qu'il y en a à qui on fait connaître Dieu, et d'autres pas.
— C'est parce qu'ils ont pas vu Jésus... Jésus, il est dans notre cœur et on le voit pas. On le connaît *si on l'aime.*

A propos du passage de l'Évangile sur la tentation :
— C'est le tentateur qui défait tout !

MICHAËLLE, 5 ans.

— J'ai pensé à Jésus qui était dans le désert, et le tentateur il a tenté Jésus. Mais il a prié Dieu.

ÉLISABETH, 4 ans.

Contre le diable, il nous faut user non d'un grand renfort de *voix,* mais de magnanimité de cœur.
Ambroise de Milan.

— Dans le silence du désert, le démon est désemparé.

DANIELLE, 11 ans.

— Jésus donne la nourriture dans le cœur, et le Tentateur, lui, il enlève ça !... Il vaut mieux le mettre en prison !

THIERRY, 5 ans.

DAMIEN, 3 ans :
— Qui a fait la montagne ?
Maman :
— Je ne sais pas, Dieu ?... ou bien, ça c'est fait tout seul ?
Au bout d'un moment, il conclut :
— Moi je sais : le diable a fait les montagnes, et Dieu, il a fait les chemins pour grimper en haut de la montagne !

Catéchiste : — Pourquoi, Jésus c'est une lumière ?
LIONEL, 9 ans : — Parce qu'Il balayait les péchés et qu'Il enlevait l'esprit du mal...
Catéchiste : — Pourquoi est-il la lumière dans le monde et la gloire ?
RÉGIS, 7 ans : — Parce qu'Il a gagné.

Fais-toi petit parmi les hommes, alors Il te montrera en ton cœur, *sa gloire* !

Isaac le Syrien.

— Je ne veux pas les honneurs, *je veux la gloire* !

TIMOTHÉE, 4 ans.

Lui, c'est vrai !

Sur l'appel des premiers disciples :
— Mon royaume, c'est mon pays natal.

DODO, 9 ans.

— Venez dans mon cœur, et quand je serai monté au ciel, il faut toujours rester dans mon cœur.

SANDRINE, 7 ans.

Les « noces de canard »...

CORALIE, 6 ans.

— Moi, ce qui m'épate, ce n'est pas qu'il ait fait un miracle, c'est qu'il se soit arrangé pour que personne ne s'en aperçoive !

LOÏC, 10 ans.

Sur la pêche miraculeuse

— Jésus, Tu es notre pêcheur, et nous, tes poissons ! Merci de nous pêcher !

LYDIA, 11 ans.

Notre salut n'est pas une apparence, il n'est pas pour le corps seul, mais pour l'homme tout entier, âme et corps, et ce salut est venu du Verbe lui-même.

Athanase d'Alexandrie.

PIERRE, 6 ans, vit dans une famille où l'on ne lui parle pas de Jésus. Un jour, chez une dame, il voit un livre en bandes dessinées sur Jésus. Elle lui dit :
— Chaque page raconte un miracle de Jésus.
— Mais qu'est-ce que c'est un miracle ?
— Tu vois, c'est un peu comme un prestidigitateur qui fait naître des choses que tu ne comprends pas.
Après quelques secondes de réflexion, il rectifie :
— Oui, mais un prestidigitateur, il a des trucs, tandis que Jésus, Il n'a pas de trucs, *c'est vrai* !

Toutes les paroles qu'on me disait quand j'étais dans mon pays... ce n'était pas vrai. Ce Verbe seul *est vrai*, qui est en toi !

Origène.

Pour la mal-aimée, l'Amour

Jésus dit à *la Samaritaine* :
— Va chercher celui qui t'aime.
Elle répond :
— Je n'ai personne qui m'aime.

Jésus reprend :
— C'est vrai que tu as eu cinq maris qui ne t'ont pas aimée.
Et le garçon explique à partir de là, le lieu où il faut adorer Dieu : — Le lieu où il faut *se laisser aimer* par Dieu. Puis Jésus se montre tel qu'il est :
Il aime la Samaritaine. Et elle, se sentant aimée, s'en va partager sa découverte...

FABRICE, 10 ans.

Pourquoi Jésus, lorsque tu parles à une personne, après cette personne n'est plus la même ?

MONIQUE, 10 ans.

Je demandais à des enfants de 6-7 ans qui venaient de dire : « Jésus, tu es le plus fort » :
— Jésus, comment est-ce qu'il est le plus fort ?
ÉRIC, 6 ans : Jésus, *il est fort dans l'Amour !*

— Pourquoi la femme de Samarie va-t-elle puiser à l'heure la plus chaude du jour ?
— Pour avoir de l'eau fraîche pour le pastis de son mari !

MONIQUE, 10 ans.

— Qui es-tu, étranger ?
Toi qui viens d'une autre contrée
As-tu soif de mon eau
Nous qui ne sommes pas égaux ?

Cherches-tu l'amitié ?
Par les routes et les sentiers ?

Tu es fatigué
D'avoir trop marché
Qui es-tu, étranger ?

Je suis un passager.
Je cherche l'amour de mes frères
Un amour sans frontière.[5]

MAGALI, NADINE, CHRISTINE, 11 ans.

5. Journal Okapi.

Sur la femme adultère

— Elle faisait la coquette, mais ce n'était pas pour Jésus.

BRIGITTE, 5 ans 1/2.

Le brebis perdue

— Je reviens chaque jour, mais vous ne Me recevez pas toujours !

STÉPHANIE, 11 ans.

Mélangeant *le levain* à la farine, BIANCA, 5 ans :
— Je regarde comment grandit le Royaume de Dieu.

Sur Marie de Béthanie

— Ce qui m'a le plus frappée c'est que la femme a eu le courage de traverser la salle devant beaucoup de personnes et qu'elle a baisé les pieds de Jésus, les a lavés avec du parfum, les a essuyés avec ses cheveux. Vraiment, elle aime beaucoup Jésus.

ARIANE, 10 ans.

Il a pris ton malheur, *il te donnera son bonheur.* Nous ne trouverons pas *le bonheur* si nous n'allons pas vers lui, qui est venu à nous.
Augustin d'Hippone.

Sur les Béatitudes

— Jésus nous propose *la route du bonheur,* mais nous le cherchons toujours ailleurs.

Groupe de 11-12 ans.

Tu es notre sang !

Lavement des pieds

— Je vous pardonne tous vos péchés.

STÉPHANE, 11 ans.

— Vous êtes tous bénis, tous ceux qui entreront dans l'eau bénie.

CATALINA, 10 ans.

— Je suis ton cœur, laisse-moi faire !

BOUTCH, 9 ans.

— Si Tu nous laves les pieds, c'est aussi nos cœurs !

ROSE, 13 ans 1/2.

La multiplication des pains

— Tu es notre Cœur, notre Sang !

BOUTCH (Gitan), 9 ans.

Je vous ai donné ma Vie, ma Croyance, ma Paix, mon Amour, mon Cœur, mon Esprit, ma Joie, mon Corps et mon Sang !
Et qu'est-ce que vous en faites ?
Me recevez-vous ?
Me suivez-vous ?
M'aimez-vous ?
Me gardez-vous ?
M'avez-vous reconnu ?

ROSE, 13 ans 1/2.

— C'est moi le Pain que vous mangez !

SONY, 7 ans.

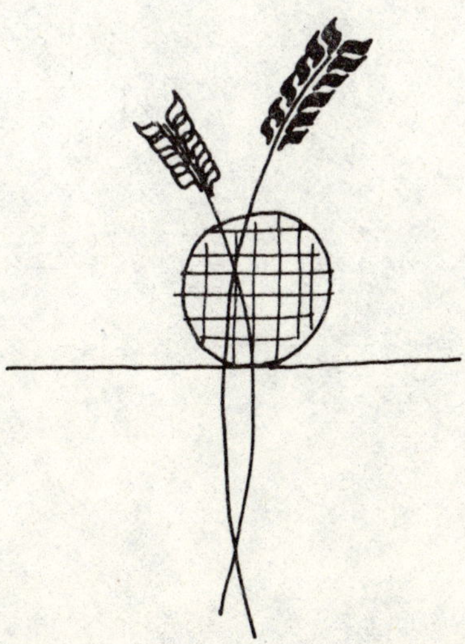

— C'est moi qui vous nourris !

MARJORIE, 9 ans.

Il a souffert sous Ponce-Pilate
il a été crucifié.

VI
J'AI VU LA CROIX, J'AI VU DIEU !

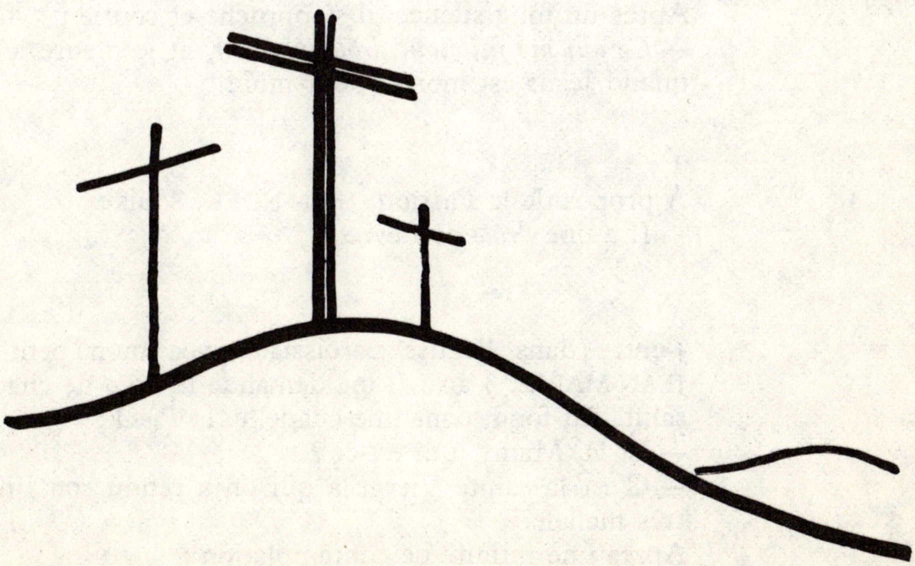

Il a une drôle de fièvre !

— Seigneur, les gens t'ont accusé de beaucoup de choses, mais moi je ne t'accuse pas car c'est toi qui as raison !.

DANIEL, 8 ans.

A propos du Psaume 21
« Ils me percent les mains et les pieds.
Je peux compter tous mes os.
Ces gens me voient, ils me regardent.
Ils partagent entre eux mes habits ! »...
PATRICK a simplement dit :
— Il nous a aimés *jusque-là* !

Venez, faisons de notre amour comme un encensoir immense et universel, prodiguons cantiques et prières à celui qui a fait de sa croix un encensoir à Dieu.

Ephrem de Nisibe

DOMINIQUE, 6 ans, vient voir sa tante moniale. Elle essaie de le faire parler de Jésus :
— Non marraine, je ne peux pas, c'est trop profond.
Il se met à parler de David et Goliath, de Noé... Sa maman lui dit alors de venir confier au creux de l'oreille de sa tante ce qu'il porte si fort dans son cœur.
Après un long silence, il s'approche et confie :
— *Ce qui me fait tout drôle au cœur,* et je pleure, c'est quand Jésus est mort... pour moi !

A propos de la Passion, JEAN-NOËL, 8 ans :
— Il a une *drôle* de fièvre !.

J'entre dans l'église paroissiale avec mon petit-fils JEAN-MARIE, 3 ans. Il me demande le nom de chaque saint. Au fond, dans une chapelle, la *Pietà* :
— Et là, Mamy, qui est-ce ?
— C'est la sainte Vierge à qui on a rendu son Fils... très malade.
Après une minute de contemplation :
— Eh oui, Mamy, *elle lui prend sa température...*

Au groupe de catéchèse, CHRISTINE, 8 ans, écrit cette prière :
— Les graves malades ils ont de la chance. Ils sont tout près de Jésus.

AGNÈS, 7 ans, à sa maman :
— Comment faire pour se mettre à la place de Dieu ?
— Mais on ne peut pas...
— Non, je ne veux pas dire pour être Dieu, je veux dire *sur la croix*.

Pendant le jugement la *Sagesse se tait, la Parole ne dit rien.*
Ephrem de Nisibe

— Jésus sur la croix ! Mais nous, on ne se laisserait pas faire !

BRICE, 5 ans.

Réjouis-toi, paradis plus heureux que le jardin d'Eden, où a germé et poussé l'arbre de vie.
Théodore Studite

— Jésus sur la Croix ! Marie avait mal dans son cœur parce qu'elle voulait revoir son Jésus. Elle sourit parce qu'elle savait qu'elle allait le revoir !

ROMAIN, 4 ans 1/2.

Non seulement il a senti les douleurs de la chair... mais dans son âme même il a éprouvé une vraie tristesse mais il était heureux de la porter. Avec joie, il a choisi de souffrir, et cette souffrance n'était pas sans joie, puisqu'il était *heureux de sa souffrance* même.
Baudoin de Ford

Devant une carte postale du Christ souriant (XIIe) de l'abbaye de Lérins, BENOÎT, 9 ans :
— Il sourit, parce qu'*il est content de sauver le monde* !

Commentant son dessin du Calvaire, EMMANUEL, 7 ans, écrit :
— Le Feu descend comme de la pluie.

Nous devons nous rapprocher de lui avec un ardent désir... afin que le feu de notre désir... en recevant cette braise ardente, brûle nos péchés et éclaire nos cœurs. De telle manière que nous devenions, nous aussi, brûlants et semblables à Dieu, par le contact habituel avec le Feu de Dieu.
Jean de Damas

Après un temps de prière silencieuse, LIONEL, 7 ans :
— J'avais envie de donner des coups de pied à Bruno, mais j'ai pensé à Jésus. J'ai fait une croix sur mon cœur et j'ai pas tapé...

NABIL, 7 ans 1/2 :
— Je suis allé à la chapelle. J'ai demandé pardon à Jésus... Alors, il a brûlé tous mes péchés... et mon cœur est tout neuf.

On aura sa hauteur !

— Ce n'est pas un hasard si Jésus est mort sur la croix. Hé oui, sur la croix Jésus dominait le monde et il y a trois branches sur la croix et donc la Trinité était marquée sur la croix.
Chaque ouverture (les bras et le cœur) saignait et saignait d'un même corps.
Aux pieds : le sang de Jésus lavait la poussière de ses pieds.
C'est peut-être une interprétation peu théologique...

JEAN-BAPTISTE, 12 ans.

— J'ai confiance, s'*Il est descendu si bas* dans la souffrance, Il nous fera tous remonter.

Le Christ, Verbe de Dieu... s'est élancé des hauteurs vers la profondeur ; il s'est glissé et enfoncé dans la profondeur de la terre, ou plutôt dans ses régions inférieures ; il nous en a tirés et nous a fait monter avec lui, nous qui étions submergés par le péché et la mort.

Sévère d'Antioche

Je montre une icône en forme de croix à ERIC, 6 ans. Jésus sur la croix est au premier plan et à l'arrière se profile le temple. Il regarde longuement comme fasciné, puis soudain :
— D'abord, Jésus il est plus grand que le château romain !
Un moment après :
— Pourquoi Jésus il a une robe blanche ?
— Parce qu'il est le Roi de tous les enfants.
Emerveillé, de s'écrier en levant ses petits bras :
— Alors, quand on sera au ciel avec lui, *on aura son âge, et sa hauteur* !

Dans la classe est affiché un chemin de croix sur lequel chacun des enfants colle une fleur avec son tampon chaque fois qu'il fait un effort.
Voyant RACHEL, 5 ans, mettre sa fleur, l'institutrice lui demande :
— Alors quel effort as-tu fait aujourd'hui ?
— C'est une affaire entre Jésus et moi, voilà !

Celui qui vénère vraiment la passion du Seigneur doit si bien regarder *Jésus crucifié* par les yeux du cœur qu'il reconnaisse *sa propre chair* dans la sienne.

Léon le Grand

PASCAL, 5 ans, embrasse les mains et les pieds déformés d'une personne âgée.
Sa maman lui demande ce qu'il fait.

— Je l'embrasse car *elle a les pieds et les mains comme ceux de Jésus.*

JEAN-CHARLES, 4 ans 1/2 (non baptisé), joue avec sa tante qui lui dit en montrant le crucifix :
— Tu sais, je l'aime.
JEAN-CHARLES se retourne et avec un sourire :
— *Mais Lui, il t'aime encore plus.*

FRÉDÉRIC, 4 ans, regarde la croix que porte sa grand-mère :
— Des clous ont été plantés dans les pieds et les mains de Jésus ?
— Oui, et quand tu n'es pas sage tu enfonces davantage les clous dans les pieds et les mains de Jésus !
— Mais alors, pourquoi ne l'a-t-on pas collé ?

JEAN-FRANÇOIS, 4 ans, traumatisé de voir Jésus sur la croix, pose beaucoup de questions à ce sujet :
— Et ses copains à Jésus où ils étaient ? Ils n'ont rien fait !
Le lendemain de très bonne heure, j'entends taper dans la cuisine, et il arrive, triomphant, vers moi
— Là, voilà ! Jésus n'aura plus mal. Il est content. Merci maman ! (Il l'avait décroché de sa croix en enlevant les clous).

— J'ai vu un homme couché sur une croix. Maman m'a dit : « Il est mort », alors j'ai prié, prié, prié pour qu'il ne soit plus mort !

ALEX, 6 ans.

ANDRÉ, 6 ans, va pour la première fois chez le dentiste (enfant très nerveux, vraie « boule de nerfs »). Chez le dentiste, très crispé, il s'assied près de moi pendant que le dentiste soigne Rudy. Apercevant une croix au-dessus de la porte, il se tourne vers moi :
— Oh ! Jésus est là !
Et avec un grand sourire, il se détend complètement et se laisse soigner sans problème.

Ils n'aimaient pas la Vie.

— A quoi ça sert la croix, demandais-je à un prêtre ?
Et sans attendre la réponse, SÉBASTIEN, 4 ans 1/2 :
— C'est le symbole de Jésus.

Jésus, je suis presque sûr qu'il a existé *parce qu'il* était sur la croix.

Anonyme, 9 ans.[1]

Thibault a été baptisé à 6 mois et pour son baptême il a eu une croix en bois. Nous l'avons accrochée à côté de son lit, et, lorsqu'il a pu se lever, tous les soirs ils la décrochait pour l'embrasser et la mettait sous son oreiller.

NATHANAËL, 5 ans :
— Seigneur Jésus, fais que les soldats soient gentils avec Jésus, qu'ils ne le tuent pas à Pâques.
SIMON-PIERRE, 3 ans, son frère : — Les soldats ont tué Jésus parce qu'ils n'aimaient pas la vie.

Parlant à ROSINE (4 ans) de Jésus mort sur la croix pour tous les hommes, je lui pose la question :
— Si tu étais seule au monde, est-ce que Jésus serait mort sur la croix pour toi ?
Après un instant de réflexion :
— Non, il ne serait pas mort sur la croix.
— Pourquoi ?
— Mais parce qu'il n'y aurait eu personne pour le mettre en croix !

Regardant le Christ en croix du calvaire dans le parc de la basilique de Paray-le-Monial, MARC, 3 ans :
— Je veux protéger Jésus, parce que je ne veux pas qu'on le tue.

1. P. Jacquemont, p. 50.

Le Seigneur Jésus nous a embrassés en prenant notre labeur et notre douleur. *Embrassons-le à notre tour,* dans des *étreintes* qui répondent aux siennes.
Bernard de Clairvaux

En se promenant, BENOÎT, 7 ans, aperçoit, à une croisée de chemin, une croix avec un Christ. Il se précipite, *entoure de ses bras* le pied de la croix et laisse jaillir :
— C'est mon Jésus !

Non loin de Laval, se trouve un calvaire. Un jour passant par-là, une petite manouche de douze ans surprend des garnements en train de lancer des pierres au Crucifix.
Voyant qu'elle ne peut pas les empêcher, elle grimpe sur le talus et va se placer juste devant la croix ; puis, étendant ses petits bras, elle dit crânement :
— Eh bien, alors ! Jetez-les moi, les pierres !
Son défi réussit. Les petits sédentaires, penauds, reprennent leur chemin, silencieux.

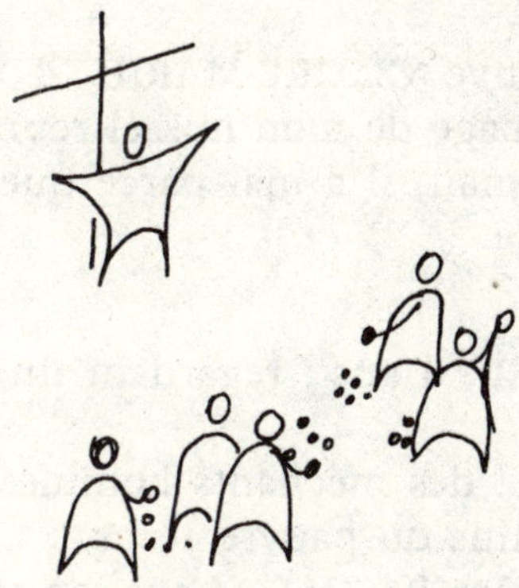

C'est trop peu dire que nous *pérégrinons au loin* : nous étions sans force et incapables de nous mouvoir. Le médecin est venu vers les malades, le chemin s'est avancé vers les voyageurs. Laissons-nous sauver par lui, *marchons par lui*.
Augustin d'Hippone

Arrivant dans un campement gitan pour une première messe, les enfants courent vers moi :
— Viens voir notre Roi ! Viens voir notre Roi !
Et de me montrer la croix plantée au milieu des caravanes, le Saint Suaire sur l'intersection des branches. A l'homélie, je demande :
— Pourquoi l'avez-vous choisi comme votre Roi ?
BÉLINDA, 6 ans : — Mais nous ne l'avons pas choisi !
GROSBÉBÉ, 7 ans :— C'est lui qui nous a choisis !

DOMINIQUE, 5 ans 1/2, se prépare à sa première communion. Dans la classe c'est l'heure de l'écriture. Il s'y applique, mais soudain il bondit de sa place, se plante sous le crucifix accroché au mur et, devant ses camarades :
— Regardez, mais regardez comme Jésus a souffert pour nous !

ROMAIN, 5 ans, a dessiné une personne debout avec un énorme ventre :
— C'est Marie, quand Jésus était sur la croix... Son ventre est grand parce qu'elle a beaucoup d'enfants. C'est Dieu qui les lui a donnés.

On veut pas rouvrir tes plaies !

Je trouve CLAIRE-MARIE, 4 ans 1/2, en larmes sur une image de mon missel représentant Jésus crucifié :
— Maman, il a mal parce que je ne suis pas toujours gentille.

DANIEL, 4 ans : regardant un crucifix, les larmes aux yeux :
— Oh ! des méchants hommes ont mis des clous dans les mains du pauvre Jésus.
Son frère PASCAL, 3 ans, de rétorquer :
— Ne t'en fais pas ! Quelqu'un les a retirés.

La première fois que DANIEL a vu un crucifix, à 3 ans, il s'est écrié :
— Il a mal, il a mal ! Ponds ! Ponds ! (vaseline pour enfants).

CHRISTIAN, 3 ans 1/2, ayant une petite statue du Sacré Cœur dans le jardin, il demande à sa Maman un pansement pour Jésus : — Il y a du saigne qui sort de Son Cœur !

STÉPHANIE, 11 ans : — Jésus, nous voulons pas rouvrir tes plaies car nous t'aimons.

Devant le chemin de Croix, NATHANAËL, 6 ans 1/2 : — Si j'avais été là j'aurais dit au soldat : arrêtez de fouetter Jésus, ça va lui faire mal ! Et puis regardez *le soleil* en haut, *il pleure* parce qu'il a une couronne d'épines et puis parce que tu le fouettes !

Jésus est dépouillé de ses vêtements :

— Si j'avais été là, j'aurais donné mon pull-over, mais il serait trop petit. Alors, Jésus aurait fait un autre miracle comme sur la 6e station.

Jésus meurt sur la croix :

— Si j'avais été là, j'aurais prié avec Marie. Moi, j'aurais pensé que Jésus ressusciterait un jour ; ça m'aurait peut-être consolé.

Jésus est remis à sa Mère :

— Si j'avais été là, j'aurais aidé Marie à porter Jésus jusqu'au tombeau, je l'aurais aidée à le mettre dans un beau linceul. Mais je n'aurais pas eu le courage d'aider Marie à le nettoyer.[2]

VANESSA, 6 ans 1/2, non baptisée, avait reçu une petite croix dans une cérémonie d'imposition de la croix. En la baisant, au bout d'un moment :

— Jésus, on peut pas l'inviter à table, parce qu'on le voit pas. Mais il viendra quand même : je mettrai ma croix au milieu de la table... ou bien je l'accrocherai à ma chaise.

Un Vendredi saint, mamant avait expliqué à BLANDINE, 5 ans, les souffrances et la mort de Jésus. En union avec lui on pourrait ce jour-là manger son pain sec au goûter. Le lendemain, Blandine joue dans le parc au bas de l'immeuble. Maman envoie le goûter plié dans un petit sac. Blandine, ne voyant pas le chocolat glissé dans le pain, crie vers le 3e étage :

— Alors, maman, il est toujours mort ?

2. Communauté du Pain de Vie.

Le grand-père de LAURIANNE, 2 ans, à la maman :
— Ne lui bourrez pas le crâne du bon Dieu ! De toute façon cette enfant ne comprend rien. Elle chante « mon bien-aimé », oui ! mais après, qui c'est ? Elle n'en sait rien !
Laurianne, de son petit doigt montre la croix de Jésus :
— Pépé, là, *mon bien-aimé* !

BENOÎT, 5 ans, en allant au groupe de prière :
— Tu le sais, toi, papa, pourquoi on prie ?
— Oui, bien sûr. Et toi ?
— Eh bien ! c'est pour aider Jésus à descendre de sa croix...

Sur la croix, là, j'ai vu Dieu !

Le catéchisme tombait dans l'école, le samedi à 11 h 30, et les mots d'excuses dans cette année d'initiation ne manquaient pas. Or, le petit JÉRÔME, présent au catéchisme, avait un air tout à fait réjoui, de sorte que la catéchiste lui dit toute fière « Cela vous fait donc tant plaisir de venir au catéchisme ? » Et Jérôme, imperturbable, pour cette première rencontre, remarque : « C'est que j'attends toutes les bêtises que vous allez dire pour faire rire mon papa au déjeuner. »...
Comment faire ? Force était de partir de l'incroyance de Jérôme et de son père, et de remarquer qu'il était difficile de voir Dieu et difficile de lui faire confiance quand on ne le voit pas. Le leitmotiv de ce premier trimestre fut le chant de Christiane Gaud : « O Jésus, je voudrais te voir ; tu es là mais je ne te vois pas. » Comment s'imaginer Dieu ? Sûrement quelqu'un de très fort. Et qui connaît-on de plus fort ? Un gamin tout rond de bonbons et de sucreries remarqua : « Les boxeurs, hier c'était Bouttier qui était champion du monde ! », mais sa voisine, indignée : « Ça, ça ne veut rien dire, parce que s'il était déjà au championnat du monde, c'est qu'il était aussi fort que l'autre, c'est le hasard qui fait que c'est lui plutôt qu'un autre. »

Alors, qu'est-ce qu'il y a de plus fort ? Et la petite fille timidement de dire : « *Peut-être qu'il aime les petits comme nous, peut-être que si Dieu n'était pas très fort, les tout-petits comme nous ne pourraient pas exister* ». Et en laissant cette admirable phrase en suspens, on continue l'année dans l'attente biblique de la Révélation de Dieu. A Noël, on prend le temps de s'étonner que Dieu ait choisi de se montrer petit enfant, mais les enfants refusent de faire une crèche : « Ça fait publicité », remarquent-ils, ou bien « ça fait grands-parents. » A la rentrée pourtant, Jérôme apporte une grande étoile de papier kraft, montée sur un morceau de bois et seulement décorée de 17 papiers d'argent, juste le nombre qu'il y a d'enfants dans son groupe, et il explique : « *Dieu, on ne peut pas le voir, alors l'étoile, je ne l'ai pas faite claire,* mais peut-être qu'il *brille dans ceux qui le connaissent,* c'est pour ça que j'ai fait des cheveux à l'étoile, des cheveux qui brillent. » Un camarade, étonné, lui dit : « D'abord, toi, tu ne crois pas et ensuite, qui c'est qui a vu Dieu ? »

Et la réponse jaillit : « Pendant les vacances, j'ai voulu voir Dieu. Je suis allé dans l'église de ma grand-mère et, là, j'ai été furieux parce qu'il y avait trois statues de Dieu qui n'avaient pas la même tête, et d'ailleurs aucune ne me plaisait. Il y en a une, il était trop vieux pour être vivant. Il y en a une autre, il était trop riche, cela faisait « toc », et il y en a une troisième qui ne ressemblait pas aux deux autres. Alors, j'ai compris qu'aucune ne pouvait être le vrai portrait de Dieu — et pourtant je voulais le voir. Après, *j'ai vu Jésus sur la croix et, là, j'ai vu Dieu.* Et après, j'ai été voir le curé et je lui ai dit : « Vous avez trop de statues, ça trompe les gens. Il n'en faut qu'une et c'est *Jésus sur la croix* parce qu'*il est la figure de Dieu.* »

En ce jour sur le bois est pendu Celui qui a suspendu la terre sur les eaux. Et d'une couronne d'épines est couronné le Roi des Anges. Il est vêtu d'une pourpre de dérision, lui qui a paré les nuages des cieux. Celui qui libéra Adam dans le Jourdain supporte les coups. L'Époux de l'Église est cloué au bois. Le Fils de la Vierge est percé d'une lance.
Liturgie byzantine

Dans son émoi, il s'est dressé et dépasse pas mal le dossier de sa chaise. Pour faire une diversion parce que les enfants sont tellement intrigués, la catéchiste remarque : « Vous avez beaucoup grandi aux sports d'hiver, Jérôme », mais Jérôme ne veut pas sortir de sa profession de foi et il continue : « C'est vrai, j'ai beaucoup grandi, j'étais petit avant parce que je pensais que l'on ne pouvait pas croire en Dieu, et quand je l'ai reconnu, j'ai compris que j'étais devenu un homme. »[3]

*

A la leçon de catéchisme sur le Royaume, j'explique au groupe :

— Pour passer par la porte basse, il faut que le chameau soit débarrassé de son chargement précieux.

GILLES, 10 ans : « Ah oui, c'est comme si le chameau devenait pauvre...

La croix devient théologienne pour ceux qui ont un regard pénétrant, proclamant par sa forme la puissance souveraine de celui qui apparaît sur elle et qui est tout en tous.
Grégoire de Nysse.

— Comment ferons-nous pour entrer dans le Royaume ?

— Nous ferons des efforts.

— Crois-tu que cela va suffire ?

— Non, puisque Jésus a dit : cela est impossible à l'homme.

— Alors, qui nous fera entrer dans le Royaume ?

— Par l'amour, c'est Jésus.

— Mais qu'est-ce que cela veut dire ? Où Jésus a-t-il montré son amour pour nous ?

— Sur la croix ! (après un instant de silence)... Ah ! oui, c'est ça ! C'est Jésus qui a la clé. Il nous fait entrer dans le Royaume en ouvrant la porte avec une clé... et cette *clé*, c'est *la croix* !

O Jésus, toi qui as
Souffert sur la croix
Pour libérer les hommes
De leurs péchés
Toi qui as versé ton sang
Pour nous.
Toi qui aimes, qui aides
Qui guéris, qui adores.
Tu nous aimes comme des enfants
O Jésus, tu es Seigneur.

GWENAËLLE, 12 ans.

3. *La Documentation Catholique*, n° 1813, 9 août 1981.

Un des soldats, de sa lance
lui perça le côté.

VII
JÉSUS !
JE SAIS TON MÉTIER : AIMER !

Le printemps de notre cœur !

Merci, Jésus, *de nous inviter* dans ton cœur !

BOURCH, 9 ans,
(Gitan).

Merci, Seigneur, pour ton Cœur !

MARJORIE, 9 ans,
(Gitane).

Jésus, *ton cœur est dans le monde.*

MARINA, 9 ans.

Seigneur je te donne mon cœur
Car je t'aime, je voudrais être à côté de Toi.

EDWIGE, 9 ans.

Pardon, Jésus, mais nous serons toujours de *ton côté* !

CHRISTIAN, 8 ans,
(Gitan).

« Du commenseman au finiman Jésus me di 100 fois jetème. »

CÉCILE, 5 ans.

CLAIRE-MARIE, 4 ans, va vers sa maîtresse (peu croyante) :
— Tu connais Jésus ?
— Pourquoi ?
— Tu sais, Il t'aime !

Les choses qu'on unit demeurent chacune en elle-même ; moi, *je m'insinue en toi de toutes parts.* Je ne veux plus rien entre nous deux, je veux que les deux deviennent un.
Jean Chrysostome.

— Jésus, je l'aime ! Mais je l'aime !
— Tu voudrais être comme lui ?
— Non, j'aimerais *être lui* !

ÉRIC, 6 ans.

— Moi, je sais le métier de Jésus. Son métier, c'est d'aimer.

FRANÇOIS, 8 ans.

Jésus, *tu es le printemps de notre cœur.*

HÉLÈNE, 6 ans.

Le désert de Dieu est comme une rose rouge : nous sommes les pétales et *Jésus est la semence, le soleil et l'amour.*

LAURA, 7 ans.

Je suis Ton Cœur et Ton Saint Esprit !

DISTON, 9 ans.

Jésus, Tu es mon Cœur !

STÉPHANE, 10 ans.

Jésus, Tu es mon Amour !

MARJORIE, 9 ans.

Habiller mon cœur, il n'y a que Jésus qui peut le faire, parce que moi, je ne peux pas l'ouvrir.

LAURENT, 8 ans.

— Aujourd'hui mon cœur est fermé, mais c'est rien, maman, c'est Jésus qui a la clef !

AUGUSTIN, 3 ans.

— Mon désir, il vient de toi, de ton cœur qui me cherche.

SÉBASTIEN, 9 ans.

— A cause de Jésus les cœurs *ont changé de couleur,* et moi je pense que c'est bien d'être avec Jésus.

ROMAIN, 5 ans.

Toi, qu'on préfère !

Après toute une matinée sur la profession de foi de Pierre, CHRISTINE, 6 ans, n'avait pas ouvert la bouche. A la prière qui a terminé, elle a lancé sa seule parole de la matinée :
— Jésus, tu es celui qu'on préfère !

JEAN-MARC, 7 ans, porte sur son pull le mot champion.
— En quoi es-tu champion ? En sport, en français, en maths ?
— En rien du tout... Il y en a qu'un qui est champion c'est Jésus !

— Tu sais, maman, je pense plus à Jésus et à Marie qu'à David (son meilleur copain) ; et il en était désolé pour David.

JEAN-LUC, 5 ans.

Seigneur, quand je fais *enfant de cœur* je veux le faire rien que pour toi Seigneur !

DAVID, 9 ans.

Très Compatissant... daigne faire qu'ici-bas je te *serve comme il convient*... pour être accueilli au-dedans de ta salle de noces où je partagerai ton bonheur, dans la joie inexprimable.

Syméon le Nouveau Théologien.

Donner son cœur, c'est t'aimer
Seigneur je voudrais *plus te comprendre*
T'aimer
Oh Seigneur, je voudrais tant *être à ton Service*
Oh Seigneur, accepte-moi
Je veux te donner mon cœur
Prends-le tel qu'il est
Oh Seigneur !

CATHERINE, 13 ans.

Seigneur, je voudrais te donner mon cœur,
car je t'aime.
Je t'aime comme si tu étais mon frère.
Oh ! Seigneur, comme je t'aime !
Je t'aimerai toute ma vie !
Je t'aime, Seigneur !

FRANÇOISE, 12 ans.

Le Seigneur cherche *un cœur rempli d'amour* pour lui et pour le prochain, c'est là un trône où il aime s'asseoir et où Il apparaît dans la plénitude de sa gloire... Le *cœur de l'homme* est capable de *contenir le Royaume* des cieux.

Seraphim de Sarov.

— Papa met le cœur de Marie dans le cœur de Pierre, il met le cœur de Pierre dans le cœur de Damien, il met le cœur de Damien dans le cœur de Benoît, il met le cœur de Benoît dans le cœur de maman, il met le cœur de maman dans mon cœur, il met mon cœur dans le cœur de Jésus.

BENOIT, 5 ans.

Alors que nous reconduisions ANNE, 8 ans (parents séparés) chez sa mère après des vacances, elle dit tout à coup à son père en approchant de la maison :
— Papa, chante-moi vite « Cœur de Jésus ».

Il nous a liés et unis à lui... nous amenant à un plus grand désir, qui est non seulement *désir de le voir,* mais aussi de le toucher, de *vivre dans sa douceur,* de *l'avoir dans notre cœur.*

Grégoire Palamas.

— Jésus tu m'aimes, moi aussi mais pas assez. Alors apprends-moi à t'aimer comme tu m'aimes.
Que mon cœur soit semblable au tien, *doux,* sans colère, sans mauvaise humeur, sans dureté, qu'il sache te dire oui et te chanter. Tu fais pour moi des merveilles.

SÉBASTIEN, 4 ans 1/2.

Mon Jésus je t'offre mon cœur et ma vie.
Mon Jésus, Toi qui es si bon et si généreux,
Que ferais-je sans toi ?
Tu nous aides à *comprendre* les choses que nous ne comprenons pas.
Oh mon Jésus !

LAURENCE, 12 ans.

Cette blessure, une source !

J'ai découvert l'infinie bonté de ton cœur blessé. De cette blessure faite sur la Croix par le soldat, coule encore un fleuve immense qui purifie tout sur son chemin. J'ai eu soif de ton Amour, tu m'as comblée. Cette nuit, tu m'as appelée et j'ai répondu. J'étais là toute petite devant ton infinie grandeur et tu m'as

Je suis *la source lumineuse* du courant où... ceux qui m'aiment de toute leur âme se lavent dans l'eau qui s'écoule de moi... Ils resplendissent tout entiers comme une lampe et comme l'aspect d'un rayon de soleil.

Syméon le Nouveau Théologien.

désaltérée, *tu as fait jaillir en moi une petite source d'amour.*
Puis ce matin, je me suis réconciliée avec Toi par le sacrement du pardon et je suis allée à la grotte. J'ai contemplé l'eau, le ciel et la terre. J'étais pleinement heureuse. J'étais la Fille de Sion qui exulte de joie, je brûlais d'amour pour Toi et j'ai crié : Je T'aime !
Il m'aime, je l'aime, c'est merveilleux !
Frères et sœurs, priez pour que ma petite source, si fragile encore, ne tarisse pas. Qu'elle reste toujours comme une petite image du fleuve d'amour de Jésus qui m'aime et qui vous aime comme un père peut aimer ses enfants.

CHRISTINE, 11 ans.

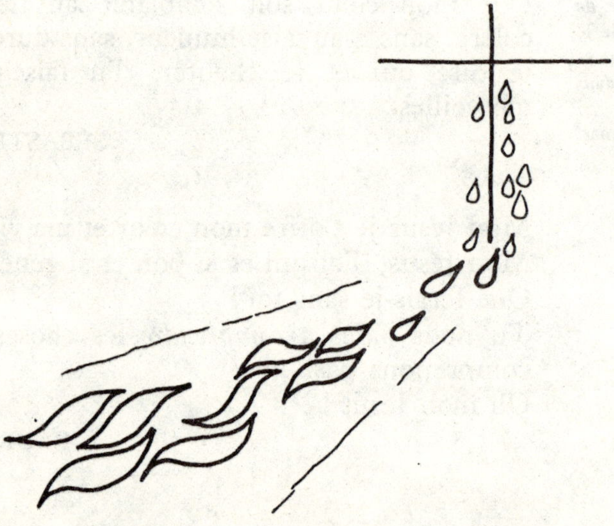

Le voilà ce corps qui a été percé d'une lance d'où ont jailli deux sources salutaires pour le monde. Une source de sang. Une source d'eau.

Jean Chrysostome.

Au catéchisme je montre le Christ en croix avec son cœur transpercé. Un enfant dit :
— C'est pas son cœur qui est blessé, parce que la blessure, elle est à droite et le cœur il est à gauche !
ÉRIC, 9 ans :
— Mais si c'est son cœur ! parce que le cœur de Jésus il est *tellement grand* parce qu'il nous aime tellement, que le soldat avec sa lance il lui a percé le cœur !

Il est ressuscité le troisième jour
Il est monté au ciel.

VIII
LA BONNE NOUVELLE N'EST PAS MORTE !

Il a mis un corps neuf !

JEAN-LUC, 5 ans, aime beaucoup entendre l'évangile de l'arrestation de Jésus et, très marqué par la trahison de Judas, se lève un matin et dit subitement :
— Dis donc ! Il aurait pu attendre un peu pour se pendre !
Surpris de cette réflexion matinale et inattendue :
— Ah ! Et pourquoi ?
Réponse spontanée et chargée d'évidence :
— Eh bien ! parce que Jésus, il est ressuscité !

Un soir, un petit copain de JEAN-LUC, 8 ans, dîne et dort à la maison :
— Dis, Franck, tu connais Jésus ?
— Non, mais un petit peu. Une fois, je l'ai vu sur une croix.
— Est-ce que tu sais qu'Il est ressuscité ?

Pain nouveau et chair nouvelle... Tout était devenu vieux et tout s'écroulait, mais grâce à l'azyme qui *remet tout à neuf* disparut le levain qui rend tout sénile. Béni soit le pain qui *remet tout à neuf* !

Ephrem de Nisibe

— Après la mort, Jésus *il a mis un corps neuf !*

GABRIEL, 6 ans.

— Tout le monde se demandait si la bonne nouvelle était morte aussi. Mais depuis que tu es ressuscité, tous se disent :
— Non, la bonne nouvelle n'est pas morte.

LUC, 10 ans.

LAURIANNE, 2 ans 1/2, s'allonge subitement à terre :
— Jésus est mort ! Puis, d'un bond, se redresse : — Il est vivant !... et Laurianne est contente !

Je demande à BRUNO, 3 ans :
— Qu'est-ce qui est le plus important dans la vie de Jésus ?
Comme il connaît assez bien la vie de Jésus, je pensais qu'il allait me citer un miracle.
— Qu'il est sorti de son tombeau, et qu'il est vivant !

Revivant pour tout le temps !

D'abord, la fin du monde ça n'existera jamais, parce qu'il y aura toujours un de ressuscité !

DENIS, 8 ans.

— Je me demande pourquoi au tombeau du Christ il y a les saintes femmes et qu'il y a pas les saints hommes ?

GÉRAUD, 6 ans.

Jésus, il est avec les autres, avec les Saints, des gens qui sont sur la terre et qui montent dans le ciel *quand ils sont ressuscités à Pâques.*

Anonyme, 8 ans.[1]

On a reconnu Jésus que lorsqu'il a partagé le pain *comme avant.* Jésus est ressuscité nous allons pouvoir revivre avec lui dans notre cœur.

FRÉDÉRIC, 10 ans.

Seigneur Jésus, tu es ressuscité pour toute la Vie. Cela nous rend joyeux, merci !

GABRIEL, 11 ans.

Il est redevenu vivant pour nous après avoir terrassé le pouvoir de la mort.
Cyrille d'Alexandrie

— Marraine, tu sais la nouvelle ? Jésus est revivant, et pour tout le temps !

PIERRE, 7 ans.

— Nous sommes contents que tu sois ressuscité, car on peut croire en toi et parler de toi.

BARBARA, 10 ans.

— Je suis heureuse de voir que tu es vivant dans mon cœur.

VALÉRIE, 10 ans.

1. P. Jacquemont, p. 47.

Au moment de Pâques, SABINE, 6 ans 1/2 :
— Jésus m'a dit quelque chose de très beau, et je suis très contente. Il m'a dit : Sabine, je suis vivant pour toi !

— Jésus est toujours vivant, mais non dans le sens scientifique, il est vivant dans le cœur de chaque chrétien et je crois qu'*il ne mourra jamais.*

Anonyme.[2]

On est sûr qu'il est avec nous !

CATHERINE, 8 ans, arrive chez sa catéchiste :
— Dis Michèle, il y a des gens qui ne croient pas en Jésus ?
— C'est sûr.
— Mais même des enfants ?
— Bien sûr.
— L'autre jour mon meilleur copain, Nicolas, m'a dit :
— Tu sais, Jésus c'est con, ça n'existe pas, il est mort. Je lui ai répondu : — Si, il existe, *il est pas resté mort,* il est redevenu vivant !
— C'est pas vrai !...
— Si, c'est vrai !
— Dis Catherine, si Nicolas te demandait pourquoi c'est vrai, que lui dirais-tu ?
— Quand on se réunit pour écouter le livre et faire un vrai silence *on est sûr* qu'Il est avec nous !

2. P. Jacquemont, p. 47.

Maman : — Si tu n'es pas gentil, je te laisse seul dans ta chambre.
VINCENT, 7 ans : — Mais non, maman, tu ne me laisses pas seul, *je suis avec Jésus !*

D'une étincelle, munis nos cœurs

Racontant son rêve, MARISA, 9 ans :
— Je voyais Jésus devant moi. De tout mon cœur je lui criais : Jésus ! Alors Jésus devenait tout joyeux, tout rouge de joie. Et puis, comme s'il éclatait, il ne restait que de *l'or tout brillant de lumière claire.*

SUZANNE, 5 ans, après un rêve où elle voit, le jour de Pâques, Jésus dans toute la splendeur de sa Résurrection :
— Il était tellement comme un Roi, qu'il était un serviteur. Et il était tellement comme un serviteur, qu'il était un Roi.

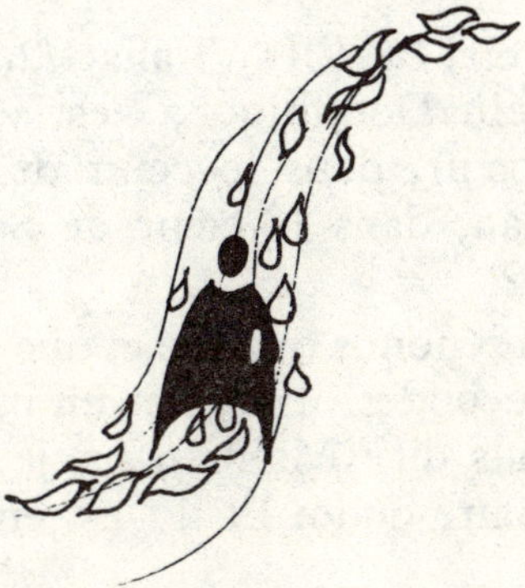

La fontaine coule...
L'âme se baigne
Dans la fontaine aux gouttes d'or
Ame au cœur d'or
M'entends-tu ?

XAVIER, 11 ans.

... je crie vers toi, pour être *à nouveau purifié,* je t'en prie, Ami de l'homme, et pour être ramené à ma beauté première et *jouir de ta lumière.*

Syméon
le Nouveau Théologien

Nous sommes souvent dans la joie
Mais la tristesse s'abat sur nous bien souvent
Lumière de Dieu viens viens
Éclairer notre cœur
Muni d'une petite étincelle
Viens viens petite flamme
Fais disparaître nos fautes
purifie notre cœur.

CHRISTOPHE, 11 ans.

AGNÈS, 3 ans :
— Jésus, il veut être dans le cœur, *avec toute sa famille !*

DOMINIQUE, 5 ans — Jésus est au ciel !
— Non, Jésus n'est pas au ciel. Il est dans mon cœur.
Sa maman lui explique qu'il n'y a pas d'opposition, que le ciel n'est pas un lieu et que Jésus est aussi dans son cœur.
— Non maman, Jésus n'est pas au ciel, Il est dans mon cœur, et *le ciel, c'est dans mon cœur.*

Un soir, BENOÎT, 3 ans 1/2, a un gros chagrin :
— Hein Dominique, c'est vrai que Jésus, il est dans ton cœur, dans le cœur de Benoît, dans le cœur de maman, dans le cœur de Sœur Françoise, c'est vrai, hein ?
Je lui réponds que oui et que Jésus l'aime. Réfléchissant dix secondes, il me fait un baiser, un autre à Françoise et nous dit : Maintenant, je vais dans ma chambre, je vais faire dodo. Et il s'est endormi très vite...

O Dieu... de l'abondance de ta grâce fais couler sur nous les fleuves et arrose-nous *des sources les* plus *douces de ta bonté.*
Rends-nous enfants de *tranquillité* et héritiers *de paix.*

Clément d'Alexandrie

Dans l'auto, CAROLINE, 4 ans, joue avec une poupée.
— Elle s'appelle comment ta poupée ?
— Elle s'appelle Jésus !
Et elle me prend comme partenaire de jeu, mettant sa poupée contre ma poitrine.
— Tu vois, Jésus veut aller *dans ton cœur* !

BENOÎT, 3 ans 1/2, regarde le chemin de Croix, je lui explique. Il m'arrête :
— Y peuvent plus faire mal à Jésus, il est dans mon cœur !...
Puis regardant la croix nue que je porte sur mon habit :
— Jésus, il est pas sur ta croix... Oh ! mais je sais, il est *dans ton cœur* !...

GUY, 12 ans, malade du cœur ne dramatise pas sa souffrance :
— Quand mon cœur me fait mal, bat trop fort et qu'il semble qu'il va se décrocher, je dis à Jésus :
— Calmez-le, *vous qui êtes dedans* ![3]

Quand je souris
Les gens disent
Elle est jolie
Rien d'étonnant
Quand je souris
C'est toi Jésus
En dedans.

CLAIRE.[4]

Prends mon cœur qui te cherche.
Donne-lui, Seigneur ta joie.

CHARLES, 9 ans.

Le voici libre de peine, en pleine gloire, fortifiant les uns, encourageant les autres, avant sa montée au ciel, notre compagnon dans le Saint-Sacrement, car il ne semble *pas avoir pu s'éloigner* de nous *un moment.*

Thérèse d'Avila

— Jésus, tu es *toujours* dans mon cœur
Jésus tu es dans ma joie !
L'amour, c'est vraiment la joie !

SYLVIE, 6 ans.

— Je te garde dans mon cœur pour *toujours*, pour *toujours*...

ALAIN, 5 ans.

3. V.F. p. 104.
4. *Apprenez-nous à prier*, p. 34, Tardy.

Il est assis à la droite du Père
d'où il reviendra...

IX
JÉSUS ! TU SAIS MON DÉSIR : TE VOIR !

Les yeux de mon cœur me conduisent

— Je voudrais *voir Jésus* un petit moment ça serait plus facile, à la place de mystères qu'on ne peut pas expliquer.

ALAIN, 10 ans.

MARTINE, 8 ans, chemine dans un groupe de catéchèse qui se prépare à la première communion. Un enfant se lève et dit :
— Toi qui aimes Jésus, puisque tu lui as donné ta vie et que tu t'occupes de nous et le fais connaître, l'as-tu vu Lui, Dieu ?
Et dans les quelques instants de silence que je prenais pour prier avant de répondre, tout d'un coup j'entends la voix de Martine qui crie au groupe :
— Sœur Denise n'a pas vu Jésus avec ses yeux, comme nous on peut la voir, mais avec les yeux de son cœur, elle l'a vu. Alors, elle ne pouvait plus le quitter.

— On est heureux qu'il vit, j'aimerais le voir de mes propres yeux.

EMMANUEL, 10 ans.

— On ne voit pas Jésus avec nos yeux, mais on le voit dans notre cœur.

JEAN, 10 ans.

D'un groupe de 4-5 ans :
— J'ai compris, pour voir Dieu, il faut fermer les yeux !
— Quand on prie, on ne le voit pas, Dieu !
Quand on ne prie pas, on ne le voit pas non plus !
— Quand je prie, je ferme mes yeux. Je crois !

— Peut-on voir Dieu ?
DOMINIKA, 8 ans (Pologne) : — Si quelqu'un aime bien Dieu et fait du bien, alors Dieu peut se montrer.

— Jésus, c'est comme si je te voyais devant moi !

MARINA, 7 ans.

De rien tu créeras la lumière même !
Animation de mes yeux, pilote du cœur,
... Tends-moi la main, ô Soleil sans obscurité...
Grégoire de Narek

— Les yeux de mon cœur me conduisent où tu veux, Jésus !

STÉPHANE, 6 ans.

Seigneur,
Tu éclaires mon chemin
Avec ton visage, comme une lumière ;
Je sens ta présence envers moi,
Comme si tu me parlais.
Je te dis merci de mon profond cœur,
Car tout ce que tu fais pour moi,
Je ne l'oublierai jamais !

FATIMA, 10 ans.

Ce visage qui réclame la joie...

Seigneur tu me regardes
Je cherche à te connaître
Mais tu ne veux pas te montrer
Tu es tellement timide
Pourtant tu dois avoir un visage plein de lumière.

JEAN-NOËL, 13 ans.

Nous possédons beaucoup de petites icônes. THIBAULT, 2 ans, a trouvé bon de les mettre sur sa table de nuit.

Le soir arrive, Thibault avant de s'endormir fait son rite habituel. Il prend toutes ses icônes, les range les unes à côté des autres, autour de son oreiller. Il en

choisit une, la met au centre et chante Alleluia, il l'embrasse et la repose à sa place ! pour ne pas faire de jaloux, il fait de même pour les autres.
Une fois terminé, il les replace sur sa petite table de nuit.

Voulant me dire la joie de Jésus quand il nous voit en fête (déguisement de Mi-Carême), CHARLES, 4 ans :
— Ma Sœur, Jésus rit dans mon cœur !

— Moi, si je voyais Jésus en vrai devant moi, je courrais dans ses bras !... mais c'est pas encore pour maintenant!

CLAIRE, 6 ans.

— Maman, je te trouve plus belle quand tu te maquilles pas. Jésus ne peut pas se refléter sur ton visage quand tu te maquilles !

CHANTAL, 4 ans.

— On pourrait t'appeler facilement « Madame Belle », parce que tu es belle quand tu parles à Jésus et à Dieu.

THIERRY, 5 ans.

A la fin de la Divine liturgie du dimanche, la maman de NICOLAS, 4 ans, porte son fils pour qu'il puisse embrasser l'icône de la Résurrection. L'enfant embrasse l'icône, mais la maman n'a pas soulevé très haut Nicolas et celui-ci a embrassé les pieds de Jésus. La maman dépose le petit par terre pour pouvoir embrasser elle-même l'icône.
Le petit garçon s'écrie alors :
— Maman, *je n'ai pas pu l'embrasser sur la bouche* ! Encore !
La maman reprend l'enfant dans ses bras et l'enfant embrasse le visage de Jésus ressuscité.

Bienheureux qui a couvert *tes beautés de baisers* et pris en elles ses délices, dans l'infini de son désir : il trouvera la sainteté de l'âme.

Syméon le Nouveau Théologien.

— Je l'ai rencontré près de la rivière. Il avait 15 ans à peine. Il m'a dit : « Il faut que tu sois toujours joyeuse, ça fait plaisir à mon Père, à moi-même ! »

MURIELLE, 10 ans.

Toi l'icône
Je vois dans tes yeux
la joie,
la bonté,
la justice avec les autres.

Toi l'icône,
Quand je vois ta bouche,
Je sais qu'elle ne sort pas d'injures,
Ni de mots de guerre,
Que des mots de paix.

Toi, l'icône,
Ton visage réclame la joie,
La gaieté,
La paix,
Oh ! Toi l'icône de Jésus !

VALÉRIE, 12 ans.

Convertis-toi, mon fils, tu verras un homme plein de douceur, Notre Seigneur Jésus-Christ, *le visage rempli de joie* à ton sujet, comme une nourrice dont le visage est plein de joie à l'égard de son fils, s'il lève les mains et le visage vers elle.

Macaire

L'impression que j'ai en regardant le soir les icônes de Dieu :
Ce que Dieu m'inspire à travers l'icône de la sainte Trinité, j'ai l'impression de le voir vivre avec son fils Jésus-Christ et le Saint-Esprit. J'ai aussi l'impression de sentir en moi notre mère la Vierge Marie qui dit ce que je dois faire. Et parfois, à la prière en regardant l'icône de Jésus-Christ je sens mon âme qui s'envole vers le Père tout puissant. A genoux devant le Père, j'accomplis tous ses désirs qu'il me demande et je sens tout à coup la joie dans mon cœur d'avoir accompli tous ces désirs qu'il me demandait. Puis, lorsque je vais à l'église j'offre au Seigneur tout mon cœur et lorsque je reçois la communion j'ai comme l'impression de faire chaque fois un pas vers le Seigneur notre Dieu. Lorsque je vais aux offices le matin, je prie pour que tout le monde retrouve la paix et je sens mon cœur *éclaté de joie* pour ce que j'ai fait.

MARIE-JOSÉ, 10 ans.

... *qui s'illumine de bonté...*

Il prie pour nous
Il est grand, fort, rien ne l'arrête,
Même pas la mort.
Il a un cœur doux et bon.
Il réfléchit, est parfois triste.
Il regarde avec des *yeux parfois désespérés.*

ERWAN, 12 ans.

En regardant cette icône on voit Jésus qui pense à la terre et à son Père qui est au ciel.
En regardant cette icône on voit le visage de Jésus qui *s'illumine de bonté et de joie.*
En regardant cette icône, on voit Jésus *qui pense au monde dans plusieurs siècles.*
En regardant cette icône, on voit Jésus qui se demande si ceux qui l'entourent suivront son chemin.

YANNICK, 11 ans.

L'icône qu'on a vue est très belle
Je crois que c'est le visage de Jésus,
Ce visage nous donne la paix,
La paix de Jésus-Christ
Et la paix soit entre nous.
Ce n'est pas un visage d'enfant
C'est le visage de *Jésus notre Père.*
Celui qui a dessiné cette photo
Est un grand ou une grande dessinatrice.

CAROLE, 12 ans.

En regardant cette icône de Seigneur Jésus, j'ai mon cœur qui s'ouvre, car j'ai l'impression que *c'est plus qu'un ami*, il me regarde d'un air mélancolique enfin... Je ne peux pas très bien m'expliquer car quand je pense qu'*il est mort pour nous*. Vous vous en rendez compte au moins, *Jésus Seigneur ce mot fantastique* qui est pour moi... ou pour tout le monde est sacré.

NICOLAS, 11 ans.

... qui marche, et vient de loin...

Un visage sérieux
Qui exprime la douceur
On dirait qu'Il pense.
C'est l'icône de Dieu.

Des cheveux qui plongent
Dans l'abîme de l'éternité.
Un abîme sans fin, long, long...
C'est l'icône des cieux.

Un visage qui marche
En écoutant la voix de l'éternel.
Un visage silencieux,
Un visage rayonnant.

Visage de bonté, de sérénité.
Yeux vers l'éternité.

ANNIE, 13 ans.

Devant l'icône du Sauveur... nous plongeons dans son regard, nous le sentons tout proche.
Mikhaïl Vlad. Alpatov

Pendant une évangélisation sur le marché, je montre à Evelyne, 14 ans, *la face du Saint Suaire.*
— A qui te fait penser cela ?
— Je ne sais pas, mais j'ai l'impression que c'est *quelqu'un qui vient de loin et qui veut être tout près.*

En rencontrant un groupe évangélisant dans la rue, devant le visage du *Saint Suaire*, la maman :
— Au moins, cette publicité ne propose rien à acheter.
CHRISTOPHE, 7 ans : — Non, mais à *racheter* son cœur !

Un grand-père avait rapporté de Lisieux de nombreuses images de Thérèse, avec celles de la *Sainte Face* peintes par Céline. A son petit garçon de 5 ans :
— Choisis celle que tu veux.

L'enfant regarde bien, choisit la Sainte Face. Le lendemain, grimpant dans le lit de grand-père :
— Grand-père, je sais à qui tu penses : à la petite Thérèse ! Moi, je pense à Jésus ! Je pense à Dieu !

... qui nous guide dans nos jeux

En regardant cette icône, je vois la pureté de Dieu, la sagesse, son regard qui est doux. Je vois Dieu très grand, je vois son royaume grand comme le monde doré d'argent et d'or et Dieu assis au milieu avec son Fils assis à sa droite et le saint Esprit à sa gauche et tous les anges autour de lui. Dieu est bon puisqu'il s'est fait crucifier pour nous, pour nous enlever le péché ; il était le Christ et pourtant il tomba trois fois tellement il souffrait ; on l'a fouetté, on l'a lapidé même les apôtres qui eux savaient qu'il était le Christ ont été lâches envers lui ; Pierre a dit qu'il ne le connaissait pas, qu'il n'avait même pas entendu parler de lui et pourtant il le connaissait mieux que n'importe qui, sauf Dieu naturellement. Dieu était notre créateur et pourtant il s'est laissé faire alors qu'en *levant un seul bras, il aurait pu tout détruire* cela parce qu'il était bon et parfait.

Dieu a voulu que son Fils... descende vers la créature... et qu'à son tour, la créature... monte vers lui, surpassant les Anges et devenant à l'image et à la ressemblance de Dieu.

Irénée de Lyon

La Sainte Vierge, elle était pure et c'est pour cela que Dieu lui a parlé et qu'il lui a fait enfanter le Christ. La sainte Vierge monta presque directement au *Paradis*, où elle y siège encore. Rendez-vous compte un peu que le Christ notre Seigneur est né dans une étable. Nous voyons bien aussi que c'est le Christ avec tous les miracles qu'il a fait.

PIERRE-NOËL, 12 ans.

Il est bien bon pour moi, Seigneur, d'être dans la détresse, pourvu que tu y sois *vec moi* ; cela me vaut mieux que de régner sans toi, de festoyer sans toi, d'être sans toi dans la gloire. Mieux vaut pour moi de me serrer contre toi dans la détresse, de t'avoir *avec moi dans le creuset* que d'être sans toi, même dans le ciel.

Bernard de Clairvaux

Dieu est pour nous tous notre Père, il est notre Créateur et le Créateur de la terre. A travers l'icône reflètent son amour, sa bonté et sa miséricorde qu'il a pour nous. Quand nous regardons l'icône, Jésus semble nous regarder et vouloir nous dire l'amour qu'il a pour nous tous. Il nous parle tout au fond de notre cœur au fond de notre âme. *Il nous guide à travers nos actes, nos jeux*, nos devoirs, nos pas. Nous lui confions, nos pardons, nos peines, nos joies. *Dieu est parmi nous* comme *pour les bons moments et les mauvais*. Son esprit nous rassure. Il nous guide dans le droit chemin.

PAUL, 12 ans.

Donne-le moi, j'en ai tant besoin !

— Entrant en courant dans ma chambre et y apercevant les icônes, l'enfant se mit à poser des questions. Ce qui m'étonne, c'est que cette petite fille ne montait pas sur les chaises, ne chahutait pas mais, calme, elle regardait les visages de Jésus et de la Sainte Vierge qu'elle voyait pour la première fois de sa vie. Avec difficulté, j'expliquais quand même à l'enfant, ma jeune cousine, de la façon la plus accessible pour elle, ce qu'elle venait de voir au mur. Mais les difficultés que j'éprouvais s'avérèrent superflues. — Tu sais, me dit-elle, je savais qu'Il existait et avant de m'endormir, je lui parle toujours. Je savais qu'Il était partout et voyait quand je faisais des sottises... seulement je le craignais parfois. Comment lui parler ? Étonnée par ces paroles enfantines, je montrais à la fillette comment faire le signe de croix et éprouvais une émotion habituelle en voyant ses petites mains faisant le signe de croix sur son corps frêle...

Et maintenant, *je peux probablement l'embrasser* ? (continue l'enfant à ma stupéfaction) seulement, ce n'est probablement pas sur la figure, pas sur la joue, pas comme ma maman, car il est plus grand que maman, meilleur que maman. Il voit tout et ne se fâche pas contre moi. Il est meilleur que tout le monde et il m'aime. Donne-le moi, s'il te plaît. *Je veux le voir toujours*. Je l'accrocherai près de mon lit et sa Maman, je l'accrocherai aussi là-bas. Donne-le moi !

Bouleversée par ces révélations, je décrochais du mur l'icône du Sauveur avec la sainte Vierge et cherchais une feuille de papier pour l'envelopper. La fillette se mit à m'aider. — Je veux l'envelopper dans du papier blanc, trouve-moi du papier blanc, d'accord ? dit-elle à nouveau. Je ne veux pas qu'ils voient, tous les deux,

Ce n'est pas le repos que je cherche, mais c'est *le visage* de celui qui donne le repos... Ce n'est pas pour le banquet nuptial, mais c'est du désir de *l'Époux* que je languis.

Grégoire de Narek

les mouchoirs et tous les crayons dans les affaires de maman ! Notre conversation fut interrompue par l'arrivée de sa mère, ma tante.

— Maman, s'écria l'enfant, viens ici ! *Embrasse-le. Il t'aime aussi. Enfin, j'ai vu son Visage ! Je le connais depuis longtemps !* Maman, achète-moi une croix que je porterai au cou, Maman, pourquoi tu as l'air si sévère tout d'un coup ?

Ma tante, le visage allongé, se mit à habiller lentement la fillette, après avoir cependant caché l'icône dans son sac à main, qui était en effet plein. La fillette était en plein désarroi.

— Maman, pourquoi tu te tais ? Maman, parle-moi de lui. *Je veux tout savoir de lui*, j'en ai tant besoin[1] !

Tu nous réchauffes de nos douleurs

Jésus-Feu
Jésus tout-puissant,
Toi qui nous as donné le feu
Tu remplis nos cœurs
De tendresse et d'amitié
Tu allumes nos cœurs
Jésus, merci.

HERVÉ, 13 ans.

L'homme, je l'ai *réchauffé*, lorsque mon Fils unique, par toutes les blessures de son corps, vous a découvert *le feu de ma charité* qui, jusque-là, restait caché sous la cendre de votre humanité. N'est-ce donc pas assez pour *réchauffer le cœur glacé* de l'homme ?
Catherine de Sienne

Jésus feu de joie
Tu viens ranimer la flamme
Dans notre cœur
Jésus brasier ardent
Qui dévore nos péchés
Jésus feu et lumière
Qui nous aimes
Et qui nous *réchauffes*
De nos douleurs
Oh, Jésus feu du monde !

ARMELLE, 12 ans.

1. D. Doudko. *L'espérance qui est en nous*, 7e entretien, Seuil.

Je crois au Saint-Esprit
qui est Seigneur
et qui donne la vie.

X
UNE FLAMME QUI NOUS TRAVERSE LE CŒUR

Une source donnée goutte à goutte

— O ! Esprit Saint, je voudrais être aussi fort que toi !

JEAN, 12 ans.

— On est nous aussi, *plus savants que les savants, car on peut communiquer avec Dieu* et Dieu nous rendra plus savants que les autres, donc avec l'Esprit Saint, on peut y être plus.

LIONEL, 9 ans.

C'est difficile à croire que Dieu est en train de veiller sur nous. Je pense que ce n'est pas lui, mais que c'est son Esprit, c'est ce qui nous reste de lui. Il serait né, il a été crucifié, puis il est mort, et les gens croient en son Esprit.

Anonyme, 12 ans[1].

Il rénove en nous la vie... en répandant son sang dans le cœur des communiants pour y faire germer sa vie à lui. Jadis il insuffla un souffle de vie, aujourd'hui il nous communique son Esprit même.

Nicolas Cabasilas

— Ce que je comprends, c'est l'Esprit Saint qui me le fait comprendre.

JEAN-LOUIS, 12 ans.

— Qui a pu faire comprendre au marchand que la perle avait un grand prix ?
— L'Esprit-Saint.

VINCENT, 6 ans.

— Moi, quand je me couche, le soir, il vient toujours l'Esprit-Saint.

MARIE, 4 ans 1/2.

L'effusion de l'Esprit, c'est pour nous comme une *source qui nous est donnée au goutte à goutte*, par un goulet. A l'origine de l'homme, lors de la création nous avions tout de l'Esprit Saint. Et puis, à cause du

1. P. Jacquemont, p. 50.

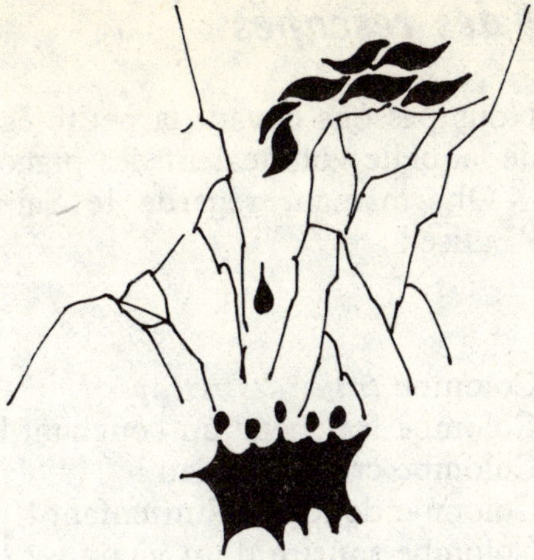

péché il y a eu le goulet. Et ce goutte à goutte nous permet d'entrer dans la lumière de Dieu. Et le long de l'écoulement de la source il y a de gros rochers, ces rochers, ce sont nos péchés et nos péchés ce sont eux qui provoquent le mince filet, l'étroit écoulement. Et le marteau-piqueur va venir démolir tous ces rochers, et le marteau-piqueur c'est la sagesse de Dieu qui nous permettra d'entrer dans la volonté de Dieu. Et lorsque tous les rochers seront démolis, nous serons dans le Royaume, et nous partagerons la gloire de Dieu...

JEAN-BAPTISTE, 12 ans.

CHRISTINE, 8 ans, a répété au groupe de prière, trois semaines de suite :

— Dieu ! donne-nous la paix, sinon on mourra tous !

Paix lumineuse, transmise aux hommes de la terre, et par laquelle... les yeux des enfants furent illuminés.
Paix qui réconcilie le haut et le bas.
Paix chargée de vie...
Paix à l'Église et à tous ses enfants !
Liturgie maronite

Paix, douce paix !
Toi que les hommes ont perdue dans les ténèbres
Et dans les océans lugubres et déserts
Toi que tant de vivants parmi les morts
veulent chercher et prendre.
Source de vie de tous les jours
Il faut que tu sourdes des ténèbres lugubre et désertes.
Que tu fasses un bond majestueux et donnes la vie
à toutes les personnes déchaînées et oubliées.
Que tu leur donnes le Souffle de vie.

LOÏC, 12 ans.

Colombe, trajet des rescapés

Nous passons devant la petite église du village autour de laquelle voltigeaient des pigeons :
— Oh, maman, regarde le Saint-Esprit qui sort de l'Église !

BÉATRICE, 5 ans.

Colombe *trajet des rescapés !*
Colombe fraîcheur du couchant !
Colombe croix de Dieu !
Colombe douceur d'un enfant !
Colombe sourire d'un vieux !
Colombe voie lactée !
Colombe sol imprégné de musique !

ESTELLE, 12 ans.

L'âme se tourne vers la beauté première. C'est pourquoi, s'approchant de la lumière, elle devient lumière. Et dans la lumière, elle réfléchit la belle image de la Colombe, cette Colombe dont la forme révèle *la présence de l'Esprit-Saint*.

Grégoire de Nysse

Colombe signe de la paix
Colombe pureté des âmes
Colombe messagère du bonheur
Colombe qui irise le ciel lors de son passage
Colombe *ivre de paix*
Colombe aurore qui se lève
Colombe vapeur tonifiante
Colombe branche d'aubépine
Colombe drapeau de la réussite
Colombe symbole de la paix
Colombe amour des incompris
Colombe qui déroute le mal
Colombe réjouissance du monde
Colombe fruit des entrailles de Dieu.

CHRISTINE, 14 ans.

Baigne-nous de Feu !

— Moi aussi j'ai déjà reçu le Saint Esprit ! J'étais en colère contre Béatrice (petite sœur) et je lui ai couru après dans la cour pour lui taper dessus. Quand j'étais tout près d'elle j'ai reçu *un grand coup de vent dans la figure* et puis j'ai entendu une voix dans ma tête qui me disait de lui pardonner.
Alors je me suis arrêtée tout de suite et je lui ai dit que je lui pardonnais. Je l'ai embrassée et après on est resté à rire tout le reste de la journée.

CHRISTINE, 9 ans.

Le feu caché et comme étouffé sous la cendre de ce monde... éclatera et embrasera divinement l'écorce de mort.
Grégoire de Nysse

A l'occasion de la Confirmation :
— Je crois que tu es *le feu qui brûle mes péchés.*

VIRGINIE, 12 ans.

O Verbe de Dieu, tu as préparé le bain de vie de la régénération, pour les hommes corrompus par le péché, et tu m'inondes du torrent sorti de ton côté immaculé... *l'Esprit qui brûle nos péchés* et lave la souillure de nos esprits.
Liturgie byzantine

— Saint-Esprit ouvre mon cœur pour qu'il soit beau, mets dedans plein de belles choses.

Maternelle 4-5 ans.

Car le feu spirituel est aussi capable de nous *baigner*, et l'eau spirituelle est capable de nous *refondre*.
Didyme l'aveugle

Dans un groupe de catéchèse :
— Esprit-Saint, réchauffe notre cœur où la mauvaise herbe a poussé. Fais pousser dans notre cœur ces bourgeons bien verts de ton amour.

Seigneur, fais-nous prendre un bon bain DE FEU
Savonne-nous bien et réchauffe-nous avec une serviette
qui est un brasier ardent.
Oh Consolateur, je t'aime Seigneur !
J'ai attendu un trésor
Ce trésor est beaucoup pour moi, Seigneur !
Le trésor de ma vie : la foi.

FABIENNE, 12 ans.

Ame rouge
Ame sang
Ame lourde aventure
Ame enflammée
Ame sève
Ame retour à la vie
Ame brûlure.

CLAUDINE, 13 ans.

L'Esprit, après avoir enveloppé l'homme du dedans et du dehors, demeure toujours avec lui et, dès lors, jamais ne l'abandonnera.
Irénée de Lyon

— Seigneur, je crois que tu souffles ton Esprit à tous les hommes. Il souffle en nous comme *une flamme de feu qui nous traverse le cœur !*

MARYSE, 13 ans.

Voyant le feu s'éteindre, GAËLLE, 4 ans :
— Oh, le feu a froid !

Comme un charbon prend feu, comme le feu allume le cierge, ainsi Dieu met en flammes notre cœur, en vue de la contemplation.
Hésychius de Batos

Feu qui illumine nos cœurs,
Qui rend plus belles nos chansons,
Lumière qui nous éclaire quand il fait noir.
Feu, tu nous rends meilleurs.
Tu pardonnes tout.
Tu nous réchauffes quand on a froid.
Sans toi on ne pourrait pas vivre :
Il ferait trop froid.
Feu, grâce à toi on peut vivre.
Feu, nous te remercions.

THIERRY, 12 ans.

La prière est l'œuvre de l'*Esprit* qui jaillit du *cœur* comme un *feu*.
Grégoire le Sinaïte

Avec le Père et le Fils,
il reçoit même adoration et
même louange !

XI
ENTRE LUI ET MOI, UN SECRET

J'la dis qu'au Bon Dieu !

GAËL, 8 ans, dont la famille ne le soutient pas dans la foi, est interrogé :
— Pourquoi veux-tu aller au catéchisme ?
— Pour apprendre à parler à Dieu !

— La meilleure chose à dire au Bon Dieu, c'est : Mon cœur est à vous, mon cœur est pour vous tout seul.
— Qui t'a appris cela ?
— Personne...

CLAIRE, 4 ans.

Au cours d'une célébration avec des 7-8 ans :
— Qu'est-ce que c'est que prier ?
Un petit garçon : — Je sais, c'est dire toute sa vie au Seigneur.

Une maman me disait :
— Père, tâchez de faire dire sa prière à ma petite fille.
Je demande donc à l'enfant :
— Est-ce que tu dis ta prière ? Veux-tu me la répéter ?
— Ah non ! J'la dis qu'au Bon Dieu... Elle est jolie...
— Elle n'est pas si jolie que ça !
— Qu'en savez-vous ?
— Elle n'est pas si jolie que le Notre Père !
— Qu'en savez-vous ?
— Le Notre Père, c'est Jésus qui nous l'a appris.
— Mais si c'est pas lui qui m'a appris la mienne, qui c'est qui me l'a apprise ?[1]

Il ne faut pas marcher au pas de course dans cette contemplation, mais demeurer immobile, fixe, enfoncé, absorbé, abîmé.
Angèle de Foligno

Interrompant une prière spontanée :
— Non ! J'aimerais qu'on dise une vraie prière.

AGNÈS, 5 ans.

Nous étions réunis dans la chambre de nos deux fils (5 ans et 8 ans) et nous disions ensemble le *Notre Père*. Tout d'un coup, le plus jeune :
— C'est pas une prière, ça ! c'est une récitation !

1. Père Monier, *Seigneur je cherche ton visage*, p. 189, Salvator.

A la prière du soir en famille, nous cherchions à alimenter en intentions la prière des enfants. LOUIS-MARIE, 8 ans : — Pourquoi toujours des « idées » ? Vous ne pouvez pas vous taire un peu et être là, juste pour prier Dieu ? Taisez-vous un peu ! »

Au cours de la messe, pendant l'action de grâces, son papa veut aider ÉTIENNE (8 ans) à prier :
— As-tu prié pour le petit garçon qui est mourant ? pour ta maman...
— Je l'ai fait... mais maintenant je fais seulement des prières. Jésus trouve les intentions tout seul !

Je lui parlais d'amour !

Un soir pendant l'assemblée de prière, BRIGITTE, 12 ans, fond en larmes : Un adulte la prend dans ses bras :
— Qu'est-ce qui se passe ?
— *J'ai trouvé !... J'ai trouvé...*
— Quoi ?
— Jésus !

***Je l'ai trouvé* Celui que je voyais de loin... tout entier, tel un feu, réellement, *au milieu de mon cœur*.**

Syméon le Nouveau Théologien

ÉTIENNE, 9 ans, est inconsolable après le décès d'une jeune mère de famille connue de lui. En désespoir de cause le papa :
— Eh bien écoute, appelle donc Jésus et Marie ta maman du ciel, je reviendrai t'embrasser tout à l'heure.
Plus tard, sa maman vient l'embrasser !
— Tu sais maman, j'ai fait ce que papa m'a dit et maintenant je suis consolé.
— Ah bon ?...
— Eh bien oui, maintenant je ne peux plus pleurer.
Le lendemain pendant la prière familiale, il le redit devant ses trois sœurs (8, 5, 4 ans). Un peu plus tard à son papa :
— *Il y a un secret entre Jésus et moi.*
(Une grâce manifeste de prière personnelle a suivi

durant six mois. Une vie dans le Seigneur avec ses combats est commencée).

A la prière en famille, la maman demande à chacun de dire quelque chose à Dieu. Ce soir-là, le petit garçon de 3 ans 1/2 refuse. La maman n'est pas contente, mais n'insiste pas.
Dans son lit, avant de s'endormir, il lui explique :
— Mais tu ne comprends rien ! Je *parlais d'amour* au Seigneur, dans mon cœur !
— Tous les soirs, je m'endors dans le cœur de Jésus.

MARIE-MIGUELLE, 9 ans.

L'ami du silence s'approche de Dieu. En *conversant* avec lui *dans le secret*, il reçoit sa lumière.

Jean Climaque

CHRISTIAN, 7 ans, à sa maman restée longtemps dans le cabinet dentaire pendant qu'il était dans la salle d'attente :
— Je n'ai pas trouvé le temps long, car j'ai parlé tout le temps avec Jésus !

— Le Seigneur *me parle*. Il me parle beaucoup.

DENIS, 8 ans.

CLAIRE, 7 ans, pendant l'action de grâce, rit de tout son cœur. Sa maman s'inquiète.
— Je racontais une histoire à Jésus. Il riait et nous riions tous les deux !

Une petite fille, 8 ans, membre de l'association Compagnes de Jésus qui s'engagent à 10 minutes d'oraison par jour, a largement dépassé ce temps et sort de la chapelle.
— Tu ne t'es pas ennuyée ?
— Oh ! non. *On était deux...*

LINDA, 4 ans, est venue avec son père et les deux autres enfants me chercher à la gare. En voiture je lui dis :
— Ta maman sera contente de nous voir, elle a été seule à la maison !
Mais elle, secouant la tête et se tournant vers moi :
— Elle n'est pas seule, Jésus est avec elle.

— Lorsque je parle à Jésus, je ne suis pas distraite du tout. C'est comme quand on cause avec quelqu'un, on sait très bien ce qu'on dit...

ANNE, 8 ans.

Dans le groupe on demande à chacun ce qu'est pour lui la prière. HENRI, 4 ans 1/2 :
— C'est bien, parce qu'on peut s'offrir.

Quand je revenais de l'église, JACINTHE, 6 ans, me disait parfois : « Je ne sais pas comment cela se fait, je sens Notre Seigneur au-dedans de moi, je comprends ce qu'il me dit et je ne le vois pas ni ne l'entends ; mais, *qu'il est bon d'être avec lui* !

STEFANIA après avoir prié longuement avec des petits amis :
— *Mon corps est maintenant heureux* [2].

La prière continuelle, c'est le constant et saint désir qui prie en présence de Dieu, *quoi que tu fasses*, car ce désir change en louange toutes tes actions, les spirituelles comme les matérielles.
Catherine de Sienne

Une petite portugaise de 8 ans, à sa catéchiste :
— Je prie dans ma chambre tous les jours. Je demande pardon à papa, je demande pardon à mon Ami Dieu. Le jour, je vais à la messe, non pour m'amuser mais *pour lui faire plaisir*, et je mange le Pain-Dieu... *Dans la nuit*, souvent je pense à Lui et à Marie... *A la piscine*, quand je nage, je pense à Dieu. *En courant*, je pense à Lui, et quand je suis *assise par terre* je pense encore à Lui...

Chaque soir, téléphone à Jésus !

La petite fille d'un journaliste de la radio fait sa prière du soir :
— Jésus, voici ce que j'ai fait aujourd'hui. Je vous donne d'abord les grands titres. Je reviendrai sur les détails après... [3]

— Moi, le soir, je ne dis pas tout de suite le Notre

2. Cité par Sofia Cavaletti.
3. V.F. nº 112.

Père et le Je vous salue Marie, je commence par téléphoner un moment à Jésus.

FRANÇOIS, 6 ans.

Son ami est ce concert silencieux, parce qu'en lui se goûte cette harmonie de musique spirituelle.

Jean de la Croix

— C'est Jésus qui me dit bonsoir en dernier. Une fois, il m'a emmené chez lui. Il avait une espèce de robe de chambre blanche. Sa maman était à côté, elle souriait. Il y avait de la *musique* douce.

MARELLE, 4 ans.

DAMIEN, 5 ans, prie tout bas dans son lit.
Maman : — Si tu priais plus fort, je pourrais prier avec ta prière.
Damien : — Merci Jésus de me donner ta force, merci de me donner ton Esprit. Merci, parce que tu étais avec nous à mon baptême, bien installé sur ta croix.
— Elle est belle ta prière, Damien.
— Dis merci à Jésus de ma part, parce qu'il m'a donné une belle prière ce soir.

— Mon chapelet, c'est mon téléphone : je parle et il y a quelqu'un qui m'écoute.

ANTOINE, 5 ans.

— Avec Gabriel mon copain, j'aime prier Dieu, Jésus-Christ. Je te donne les copains qui sont à côté de la vie... et je te donne ma vie.

THIERRY, 5 ans.

— Seigneur, je t'aime plus que beaucoup.
— Jésus, mets tes belles couleurs dans mon cœur.
— Jésus, tu es mon Papa !
— Jésus, tu es né avec tous les enfants.

Maternelle 4-5 ans.

Ce nom d'une telle douceur !

PHILIPPE, 5 ans, après la prière sur le nom de Jésus n'a prié que de cette façon pendant toute l'année. Dès que je proposais une prière spontanée, il se balançait, fermait les yeux et répétait : — *Jésus, Jésus...*

Rien que d'invoquer le très doux Jésus peut mettre de la douceur dans ton cœur attristé et donner à ton âme un transport de joie céleste.
Georges Zatvornik

J'apprenais aux tout-petits les noms de Jésus, puis Marie plus difficile à prononcer.

Un midi, ELISABETH arrive dans la cour :

— Tu ne sais pas, papa (Inspecteur de police qui ne fréquente pas l'Église) ne veut pas qu'on chante à table. Eh ! bien Vivi (Edwige, 2 ans 1/2) a tout d'un coup, pendant le repas, levé les bras, fermé les yeux et chanté *Jésus,* papa a dit : — Laissez-la. Tout le monde s'est tu.

Catéchèse dans un quartier populaire urbain, RAPHAËL, 7 ans (milieu familial non chrétien) lors de la prière libre :

— Merci parce que je sais dire Jésus.

ERIC, 6 ans, arrive avec NICOLAS, son petit frère de 4 ans. Nicolas joue par terre avec des soldats.

Eric : — Jésus, quel est son nom de famille ?

Je lui explique que Jésus c'est son nom. Son nom de famille, son nom tout entier, on le saura au ciel.

Nicolas que je croyais mobilisé par son jeu, se tourne vers nous et lance :

— *Et ce sera notre surprise !*

Le nom de Jésus est un remède. L'un de vous est-il triste ? Que le nom de Jésus lui vienne au cœur, et de là qu'il monte aux lèvres. Dès *le premier écho de ce nom,* tous *les nuages s'enfuient,* le ciel redevient *serein.*
Bernard de Clairvaux

Le nom de Jésus, il lui arrive de franchir des barrières réputées hermétiques. Un jour j'en fus saisi : j'essayais de discerner le Visage que voilait, ou révélait, le non-visage d'un petit mongolien. Attaché aux barreaux de son lit, il ne donnait jamais de signes de communication. Agenouillé devant le mystère dont il était porteur, je me mis paisiblement, à célébrer *la Prière de Jésus.* Brusquement voilà qu'il redresse la tête. Des yeux immenses *s'allument* où se lit plus qu'une écoute : une connivence et comme une interrogation. Très très loin, au-delà de toutes les imperméabilités, quelque chose avait donc tressailli. Jésus priant en moi avait retrouvé son Père dont ce petit était le Royaume...

Une autre fois, un enfant sourd-muet : chaque fois qu'au cours de la prière revenait le Nom, *il cessait de pleurer*[4].

Il pense à moi, et je l'embrasse !

A sa sœur de 9 ans, PIERRE, 6 ans :

— Tu sais, quand j'ai l'air de rien faire, je fais quelque chose : *je pense à Dieu.*

Si tu te tais, tais-toi par amour !
Augustin d'Hippone

— Moi, quand je fais pas de bruit, j'y pense à Dieu, et puis lui, *il pense à moi.* Tu le savais ?

AGNÈS, 5 ans.

— J'ai pensé à Dieu, à Marie. Et Dieu, il a *pensé à tout* !

JEAN-BAPTISTE, 4 ans.

La prière ce n'est pas beaucoup penser, c'est beaucoup aimer.
Thérèse d'Avila

— Pour moi, la prière c'est aimer Jésus !

BRUNO, 6 ans.

— Pour moi, prier, c'est l'aimer sans le voir.

JEAN, 11 ans.

4. Voir *Ton Nom de braise*, pp. 176/177.

Même parler et méditer sont alors pour l'âme une fatigue. Elle ne voudrait qu'aimer !
Thérèse d'Avila

GEORGES, petit malgache de 7 ans, est invité avec les autres enfants à aller librement à la chapelle. A genoux, les mains plongées dans ses cheveux crépus il s'immobilise deux minutes puis se lève pour sortir. La catéchiste, avec un réflexe d'adulte :
— Le Seigneur Jésus aurait été heureux que tu restes un peu plus ?
— Oh, non, il le sait bien, lui, que nous nous sommes rencontrés !

Par la prière, l'âme embrasse Dieu dans une étreinte inexprimable.
Homélie du IVe siècle

Tu es si bon que je voudrais t'embrasser
Mais comme tu n'as pas de corps, alors je te parle dans le fond de mon cœur
Je t'embrasse dans mon cœur.
Merci, merci, Seigneur pour tant de bonté.

MARGUERITE, 9 ans.

— Dieu me parlait, et moi je l'aimais beaucoup.

EDOUARD, 4 ans 1/2.

Comme tu es beau !

A l'Église, il est utile de prier debout les yeux fermés. N'ouvrez les yeux qu'en cas de fatigue... alors qu'il convient de porter les regards sur l'icône et le cierge qui brûle devant elle.
Seraphim de Sarov

Catéchiste : « Tu as du prix à mes yeux et je t'aime ». On redit cette phrase dans son cœur, puis on laisse faire...

FRÉDÉRIC, 4 ans, *les yeux fermés*, les mains ouvertes, se balançait doucement au rythme de la musique. Je propose :

— Qui peut dire tout fort ce que cette parole est devenue en lui ?

Ouvrant lentement les yeux, Frédéric : — Dieu, *je suis un trésor pour toi* !

NICOLAS, 5 ans, lance aussitôt : — Toi aussi, Jésus, tu es *un trésor pour nous* ![5]

Devant le Saint Sacrement, exposé quelques instants pour le groupe, JÉRÔME, 5 ans :

— Oh ! Qu'il est beau !

JEAN-CASSIEN, 5 ans : — Jésus, regarde-moi.

CHARLES-EDOUARD, 6 ans : — Seigneur, si tu savais comme tu es beau !

BENOÎT, 6 ans, se tait. Je l'invite à dire quelque chose.

— J'ai *qu'envie de lui dire qu'il est beau !*

J'entre dans une église avec mon petit-fils de 6 ans et devant le Saint Sacrement je lui demande ce qu'il aurait envie de dire à Jésus :

— Jésus ! Je veux que tu sois heureux toute ta vie !

Je m'arrête devant le dessin de Laurence, 7 ans :

— Magnifique, ton dessin !

Elle, du tac au tac :

— Magnifique est le Seigneur !

5. « Le regret le plus amer que j'éprouve, c'est pendant ma vie de n'avoir pas aimé le Seigneur autant qu'il le mérite (dernières paroles de FRANCESCO BESUCCO mort à 14 ans, en 1864, dans les bras de Don Bosco).

Silence ! Il écoute ton cœur !

Quand tu pries que dis-tu ?
— Je ne dis rien, *je laisse chanter mon cœur.*

VANESSA, 8 ans.

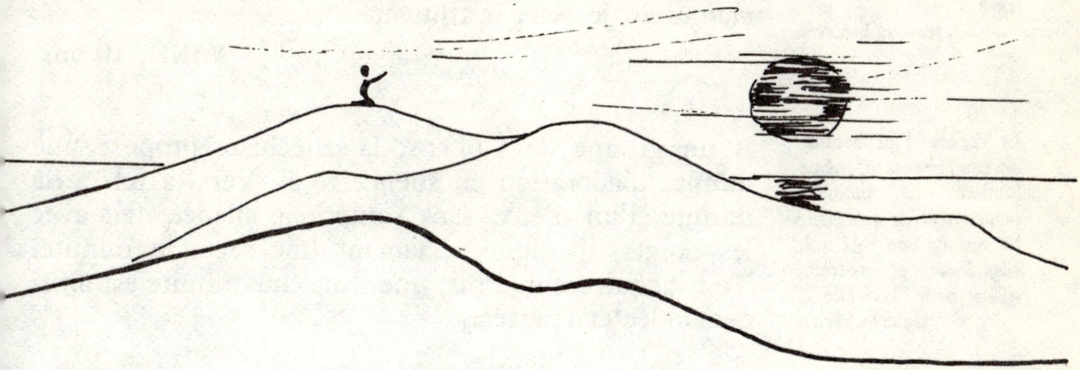

— Que dites-vous à Jésus ?
— Je ne dis rien, je l'aime.
Thérèse de Lisieux

— C'est dans le silence, qu'on aime le plus ardemment.
Frère Charles de Jésus

— Le seul langage qu'il entende est le silence de l'amour.
Jean de la Croix

Ma prière est silencieuse parce que j'ai beaucoup d'amour dans mon cœur.

ERIC, 5 ans.

Ma prière est silencieuse, Jésus *écoutait mon amour*.

CORINNE, 5 ans.

Écoute
Savoure le silence
Qui tombe sur toi
N'entends-tu pas
Le chant filant
du rossignol vantard
Le retour du soir
où les feuilles tout doucement
qui se fendent sur le sol
Le soir tu dois prier
Dieu a fait le silence
Pour que tu le pries
La clarté se fait
Comme la sève
Elle se transforme en pureté.

NICOLE, 13 ans.

— Ce *concert*, elle le dit silencieux, car c'est une intelligence calme et tranquille, sans aucun bruit de voix.
Ainsi jouit-on en elle, de la douceur de la musique et de la quiétude du silence

Jean de la Croix

Dans une assemblée de prière, après un long temps de silence ; EDOUARD, 9 ans :

— *Maintenant, ça ressemble à Dieu !*

— Le silence absolu, ça n'existe pas, mais *au fond de mon cœur*, je peux le trouver.

YANN, 10 ans.

Le silence d'un homme devenu libre est lui-même lumière. Le moindre *mouvement de son cœur* est comme une voix qui, *silencieuse* et secrète, chante pour l'invisible

Isaac le Syrien

A un groupe de 5-6 ans, la catéchiste propose une minute d'adoration en silence total. Vers la fin de la minute, l'un d'eux, sans rompre le silence, fait avec les doigts un signe réclamant une seconde minute. Tous acquiescent. Puis, une troisième minute est ainsi demandée et réalisée...

Au désert, le cœur brûle

Un soir après le souper où il y avait des amis invités, une maman dit à sa petite fille de faire sa prière et de se coucher. La petite obéit, essaie de faire sa prière, à genoux près de son lit. Elle revient pour dire bonsoir à la famille. La maman :

— Tu as bien fait ta prière ?

— Non je ne peux pas.

— Comment ? Tu ne peux pas ? Retourne vite faire ta prière !

La petite fille revient dans sa chambre. Au bout d'un moment, la voici de nouveau.

— Alors, tu as fait ta prière ?

— Mais non maman, je ne peux pas ?

— Comment ? Explique-moi, pourquoi tu ne peux pas ?

— Je ne peux pas faire silence. *Je ne peux pas L'entendre*. Vous faites tous trop de bruit. Toute la famille fait silence. La petite fait sa prière[6].

Il faut que notre *cœur absorbe le silence* et que le silence absorbe notre cœur et que tous deux deviennent un.

Pseudo Chrysostome

6. V.F. n° 112.

— Le silence n'est pas l'amour, mais une précaution pour l'amour.
Jean de la Croix

— Il me semble que le prophète doit être *quelqu'un qui a le cœur dans son oreille*[7].

CHARLES, 4 ans.

— La parole sonore qui monte jusqu'aux *oreilles* de Dieu est la prière qui monte d'un *cœur* pur.
Grégoire de Nysse.

La petite DOMINIQUE, 7 ans :
— Voilà, je ferme les yeux... et alors je suis comme dans un désert...
Désert plein de Dieu sans aucun doute.
Témoin, le papa :
— J'aurais beau vouloir être païen, je ne le pourrais pas avec cette enfant[8].

Dans le désert, le silence fait exploser notre cœur
Vers Dieu qui le fait brûler.

SARA, 10 ans.

— Si tu veux être parfait, deviens tout feu ! et se levant, Joseph étendit ses mains vers le ciel, et voici ses doigts : dix cierges allumés.
— Un frère vint à la cellule de l'abbé Arsène. Il attendit à la porte, et il vit l'Abbé tout entier comme un feu.
Sentences des Pères du désert

Seigneur, *quand nous prions on devient feu*
On croit vraiment que le feu est en nous
On souffre aussi comme toi tu as souffert sur la croix.

JEAN-NOËL, 13 ans.

7. Rapporté par Carlo Carretto.
8. V.F.

Comme un enfant tout contre sa mère

La voie du silence permet de trouver cette terre du cœur qui contient l'eau jaillissante : la lumière originelle... Cette eau emplit l'homme intérieur de sa rosée divine et de l'Esprit-Saint ; tandis qu'elle rend *feu l'homme intérieur.*
Calliste II

Lorsqu'EMMANUEL a eu quatre mois environ, nous avons pris l'habitude de le tenir dans nos bras, l'associant ainsi à notre prière dans laquelle entrait généralement une lecture de la Bible.

Vers un an, lorsqu'il a été capable de se tenir tout seul, nous le trouvions parfois dans la journée, au pied de notre lit à genoux, le Nouveau Testament ouvert à la page marquée d'une image représentant le Christ.

Tous ceux qui deviennent enfants dans le Christ doivent prendre *exemple sur les tout-petits.*
Jean Climaque

Dans la classe je chantais en langue avec les tout-petits. Chez quelques-uns, c'était une véritable mélodie, de toute beauté et on sentait le Seigneur vraiment présent au milieu de nous.

A n'importe quel moment de la journée, ils allaient d'eux-mêmes au coin prière et *contemplaient sans mot dire* ou d'autres fois parlaient dans leur langage, à deux ou trois.

— Quand tu pries, ne recherche pas des mots compliqués car le bégaiement simple et monotone des enfants a souvent touché leur Père des Cieux.
Jean Climaque

— Quand tu t'agenouilles en prière devant le Seigneur, ne parle pas au Seigneur comme si tu avais la connaissance, mais par des bégaiements d'enfants invoque-le...
Isaac le Syrien

AURIAN-NOËL, 7 ans, penché sur le berceau de son petit frère qui gazouillait :

— Tu sais, notre baby, il parle vraiment.

Mais il parle encore *le langage de Dieu*. Et moi, je parle avec lui pour mieux parler avec Dieu.

Tu veux être tranquille ? Ne prie pas !

Même si la voix de ceux qui prient n'arrive pas vraiment loin, et reste de *courte portée* ,... Dieu entend ceux qui prient ainsi.
Origène

Sa grand-mère conduit AURIAN-NOËL, 4 ans, à l'église paroissiale. Il regarde intensément le tabernacle.

Grand-mère : — Ne vas-tu pas faire ta prière ?

— Oui, mais d'abord je dois crier vers Dieu pour lui demander de venir.

Seigneur, je crie vers toi.
Je veux vivre, vivre ! et être libre !
Tu es force de vie !

ELISABETH, 13 ans.

Dans mes prières, je demande à Dieu qu'il me donne la force de lutter avec ceux qui sont contre Dieu. Lutter non avec une épée, mais avec la Bible. Je prie Dieu pour qu'il me donne la sagesse de ne pas me distinguer parmi les autres... qu'il me remette mes péchés, pour que je sois fort et que je n'aie pas de haine...

YOURIK, 10 ans[9].

— Si vous voulez être tranquille, ne priez pas !

SAMUEL, 13 ans.

TIPHAINE, 4 ans, ressortant de la chapelle avec sa catéchiste :

— Tu sais ce que j'ai demandé à Jésus ? Qu'il apprenne à ma maman à prier. Parce que quand je lui dis de prier, elle me dit qu'elle ne sait pas faire, et quand je lui apprends, elle me dit qu'elle ne veut pas !

MARIE-NOËLLE, 4 ans 1/2, s'aperçoit que sa maman ne chante plus le magnificat. Quelque temps après, alors qu'elle le sait très bien :

— Maman, dis, chante le magnificat ! Chante-le-moi, je ne le sais plus très bien.

VIRGINIE, 8 ans, va régulièrement au groupe de prière. A sa catéchiste :

— Tu sais, depuis que je viens prier avec toi, et que je l'ai dit à papa, maintenant il a *visé Jésus*... il est content de prier.

9. Sergiu Grossu, *Les enfants du Goulag*, p. 241, France-Empire.

SYLVIE, 9 ans, devait subir une intervention chirurgicale. Avant de la mettre sur la table d'opération, le chirurgien lui explique :

— Tu sais, pour pouvoir te guérir, il me faut tout d'abord te faire dormir.

A quoi elle répond en souriant :

— Oh ! si vous voulez me faire dormir, il faut avant que je fasse ma prière.

Et s'agenouillant :

— Je vais me livrer au sommeil
Sur moi veille, ô Dieu, je te prie.
Si je meurs avant mon réveil,
Dans tes bras je me réfugie.

Le chirurgien raconta plus tard qu'il pria ce soir-là pour la première fois depuis trente ans.

Ces miracles qu'obtient la confiance

J'avais commis l'imprudence de ne pas faire le plein d'essence en ville avant d'aborder une longue route de montagne la nuit, alors que mon compteur était presque à zéro.

Contenant mon inquiétude grandissante, je dis à ROBERT, 7 ans :

— On va prier pour qu'on ait assez d'essence jusqu'à l'arrivée.

Une demi-heure après, oubliant ma prière et scrutant le niveau zéro, je manifeste une vive inquiétude car nous sommes encore loin. Et voilà que Robert me donne une leçon de confiance :

— Mais, tata ! pourquoi tu t'inquiètes ? On en aura assez, *puisqu'on a prié* !

Ce qui est effectivement arrivé.

En rentrant de vacances, nous roulions assez vite sur l'autoroute, lorsque les enfants JONATHAN et MATHIAS, 4 ans, se réveillent d'une longue sieste. Au départ de Paris, tombant de sommeil ils n'avaient fait avec nous qu'implorer le secours de sainte Marie-Euphrasie Pelletier afin qu'elle nous protège sur la route sans réciter toute la prière inscrite sur un petit feuillet. Nous leur avions promis de la dire ensemble à leur réveil.

Jonathan à peine réveillé, encore abruti par une position inconfortable, nous dit en premier lieu :

— Et, mais il faut réciter maintenant la prière à sainte Marie-Euphrasie. Ce que l'on fait bien volontiers en ajoutant un chant à Marie. *Immédiatement après*, on entend un grand éclatement, la voiture se met à vibrer et à tanguer de droite et de gauche. Bruno garde le contrôle du véhicule malgré tout et parvient à la garer sur le bas côté de l'autoroute : un pneu venait d'éclater...

Quelques instants plus tard, il s'avère impossible de desserrer le dernier boulon qui retient la jante (le cric — vieux modèle — ne correspond plus du tout aux boulons).

Les enfants se mettent à prier ardemment les anges de venir nous aider. Au moment où vraiment, après 10 minutes d'efforts répétés en vain, nous allions à regret songer à appeler un dépanneur, Jonathan dit à son père :

— Allez, on essaie encore une fois ! et lui, de redoubler les invocations. C'est alors que, sans effort, le boulon se dévisse et libère le pneu crevé que l'on remplace sans délai[10].

C'est le *temps d'agir* pour que, si de quelque inconvénient s'aggrave la maladie, tu recoures au médecin pour *qu'il vienne rapidement* — plus tard peut-être ne pourrait-il rien faire.

Ambroise de Milan

Une de ses petites cousines devait se faire opérer et toute la famille était inquiète (famille peu croyante) alors la petite *Virginie* dit à sa marraine, elle, croyante :

— Oui, quant à nous les priants, nous devons *accélérer dans la prière* !...

VIRGINIE, 7 ans.

Une carmélite apostolique a recommandé à un groupe de fillettes de prier pour un grand malade qui part à

10. Communauté du Pain de Vie.

Lourdes. Quelques jours se passent. La sœur, toute joyeuse, vient annoncer la nouvelle qu'elle vient d'apprendre par lettre...
— Vous savez votre malade de Lourdes ? On vient de m'écrire qu'il est guéri !... Vous ne paraissez pas étonnées ?
— Non, *on était sûres* !

VINCENT, 4 ans, a une forte fièvre, maman propose d'appeler le médecin, il répond :
— Pas la peine, Dieu me guérira.

LUDOVIC, 5 ans, a une confiance absolue en Marie. Un jour chez son grand-père, la pendule s'arrête malgré les piles neuves. Impossible de la faire repartir.
— Pépé, quand on demande à Marie, des fois *elle répare les choses* !
Quoique sceptique, le grand-père lève les yeux au ciel : — Marie, fais marcher ma pendule !
A sa stupéfaction, à la plus grande joie de Ludovic, la pendule s'est mise à marcher.

ALAIN, 12 ans, dans un rassemblement de 20 000 personnes perd de vue ses parents.
— A la communion, j'ai prié : « Seigneur, aide-moi à les retrouver ! » Je me suis levé, et le Seigneur m'a guidé juste à l'endroit où ils étaient en train de communier.

JONATHAN, 3 ans 1/2, demande au Seigneur de guérir maman. On chante une prière à Marie et tandis que Papa s'en retourne déjà vers le petit déjeuner, Jonathan se penche vers moi, ému et sérieux, me fait un long baiser silencieux, une caresse sur la joue et me dit tout joyeux avant de se relever.
— Ça y est, Maman, *Jésus t'a guérie.*
Je peux attester que, non pas à l'instant même mais dans les minutes qui ont suivi, la migraine a entièrement disparu et la sensation de fièvre aussi.
Nous avons déjeuné tous les trois comme s'il n'y avait jamais eu de problème.

INÈS, 9 ans, devant une fille paralysée, après l'invocation du Saint Esprit, s'écrie :
— Jésus guéris Danielle, je t'en prie ! Jésus tu l'as dit, tu ne peux pas ne pas écouter les enfants ! Guéris-la, Jésus, nous croyons !
Le lendemain Danielle se lève et communie. Elle avait été guérie.

J'ai connu une athée, militante au Parti communiste, mère de deux enfants. Elle m'a avoué qu'un jour, pendant la dernière guerre, elle s'est « fiée à Dieu » à travers l'innocence de son fils, GEORGES, 3 ans. Son mari était au front, aucune nouvelle depuis des mois. Ultime recours : se rendre jusqu'à l'église avec Georges. Ne se sentant pas le droit de faire un geste qui, pour elle, aurait sonné faux, elle envoie son fils faire brûler un cierge pour papa, ajoutant :
— Je me suis dit, lui, il est innocent !
Quelques mois après, le père rentrait au foyer.

Ces saints que nous devons à la prière des petits

Tous les soirs, vers la petite chambre du Refuge où Don Bosco agonise, arrivent des groupes de pauvres garçons affolés. Ils portent encore leurs vêtements salis par le travail, le visage blanchi par la chaux. Ils n'ont pas diné pour courir au Valdocco. Ils pleurent, ils prient : *Seigneur, ne le laissez pas mourir* !
Don Bosco reste pendant huit jours entre la vie et la mort. Pendant ces huit jours, des garçons travaillant sous un soleil de plomb, ne burent pas une gorgée d'eau pour *arracher au ciel sa guérison.* Dans le sanctuaire de la *Consolata* les petits maçons se succèdent nuit et jour. Il y a toujours quelqu'un agenouillé devant la Madone. Si les yeux se ferment de fatigue (après 12 heures de travail) ils résistent au sommeil parce que Don Bosco *ne doit pas mourir.*
Certains, avec la générosité spontanée des enfants, promettent à la Vierge de réciter le chapelet toute leur vie, d'autres de jeûner au pain et à l'eau pendant un an.

Le samedi, Don Bosco subit la crise la plus grave. Le plus petit effort provoque un vomissement de sang. Dans la nuit, beaucoup craignent la fin. Mais elle ne vient pas. C'est au contraire l'amélioration qui arrive : la grâce, *arrachée à la Vierge par les garçons* qui ne peuvent plus rester sans père.
Un dimanche... en s'appuyant sur un bâton, Don Bosco se dirige vers l'oratoire. Les garçons volent à sa rencontre... Ils chantent, ils pleurent, les petits amis de Don Bosco, et, lui aussi, il pleure. Ils entrent dans la petite chapelle et remercient ensemble le Seigneur. Quand le silence se fait, Don Bosco :
— *Ma vie, c'est à vous que je la dois.* Mais soyez-en persuadés : à partir d'aujourd'hui, je la dépenserai entièrement pour vous[11].

Pour ne pas mourir, change ta vie en prière

CHÉRYL, 6 ans, prie tout bas et me demande si j'ai compris. Je réponds que non. Elle me demande si je voulais savoir ce qu'elle a dit, et lorsque j'ai répondu oui, elle a dit qu'elle ne se souvenait plus mais elle s'est empressée d'ajouter :
— Jésus, lui, il s'en souvient, parce qu'*il retourne tous mes mots dans sa tête*. Et sais-tu ce qu'il arriverait s'il oubliait ?
— Non...
— *Eh bien ! je mourrais* !

Merci Seigneur
pour tout ce qui m'est arrivé
depuis ma naissance.
Je te remercie, pour le monde entier
Merci Seigneur.
O mon Père
tu vois mon cœur
tu vois mon âme
lorsque je te rencontre
tout mon corps se remplit de joie.
aide-moi père chéri
à te garder près de moi.

GENEVIÈVE, 12 ans.

11. Teresio Bosco, *Don Bosco*, p. 161, Cerf.

Que faut-il faire pour recevoir en héritage le Royaume de notre Père au Ciel ? Faut-il faire des sacrifices immenses, se forcer à rester deux heures en prière ? Non, ce n'est pas cela du tout.

Au chapitre VI verset 8 de l'Évangile selon Saint Matthieu, le Fils du Père, Jésus, nous demande de prier *simplement*.

L'on croit souvent que prier deux heures est un sacrifice de pénitence, bien au contraire, c'est un remerciement à Dieu, une louange. *Qu'importe la durée des prières.*

La vie, c'est la plus grande des prières si l'on veut *la changer en prière.* On loue Dieu dans la vie *en se laissant porter par lui.* Donc lui témoigner notre confiance, donc le remercier, le prier.

BENOÎT, 10 ans[12].

Parmi ses grands frères, l'ange de la prière

EMMANUEL, abandonné par sa maman, a été accueilli pendant deux ans dans notre communauté. Arrivé à 4 ans, il en est reparti à 6.

Pour sa petite chapelle qu'il avait installée dans sa chambre, Olivier lui rapporte de Lourdes une petite statue phosphorescente de Marie. Peu satisfait de ne la voir briller que la nuit, il la place dans les toilettes, seule pièce noire de la maison, et vient nous chercher un par un pour réciter un « Je vous salue Marie »... agenouillé dans les toilettes.

Un jour, Olivier — le responsable de la communauté - descend à la chapelle. Il tourne en rond, essuyant les taches de bougie etc., Emmanuel l'arrête :

— T'es pas venu pour faire le ménage !

Olivier et Emmanuel sont en prière devant le Saint Sacrement. Au bout d'un moment, Emmanuel se tourne vers Olivier :

— Tu *pries*... ou tu *réfléchis* ?

12. « Une heure et demie à parler à Jésus et le prier avec une soixantaine d'enfants... Les catéchistes n'y comprenaient rien quand ils voyaient à la fin tous les enfants calmes et en oraison, centrés sur leur cœur, écoutant les pulsations de l'Amour. Je les avais disposés autour de l'autel avec moi. Quelle couronne pour Jésus adoré. » (D'un jeune père Carme).

Il remarquait toujours ceux qui n'étaient pas allés faire leur temps quotidien d'adoration. Très délicatement, parfois au cours du repas, il allait le rappeler à chacun d'eux :
— Il y a Jésus qui veut te parler... N'oublie pas que Jésus t'attend !
Et de le prendre par le bras. Et de descendre à la chapelle, et de demeurer avec lui, tout le quart d'heure d'oraison, pour être sûr qu'il ne partirait pas avant. Certains jours, il a ainsi dû faire 6 ou 7 quarts d'heure « d'accompagnement priant », dans la journée.

Un jour, il voit Olivier tendu :
— Si tu avais été voir Jésus tu serais moins énervé !

Un soir, il râlait. Olivier lui dit d'être gentil, car Marie est triste de le voir comme cela. Il dit sa prière, et avant de s'endormir, rappelle Olivier :
— Tu sais, j'ai compris : il faut que *j'offre ma tristesse à Marie pour maman* ; comme ça elle connaîtra Jésus. C'est pas de sa faute si elle ne le connaît pas !
Juste après sa première communion, après avoir communié au Sang du Christ :
— C'était fort, c'était fort, drôlement fort ! J'en pouvais plus !

Le Livre du Bonheur !

BRUNO, 5 ans, serrant la Bible contre son cœur :
— Oh ! çà, çà, c'est le livre du Bonheur !

Un enfant juif de 13 ans, lors de sa Bar'Mitsva, applique son oreille sur le rouleau de la Torah :
— J'entends un cœur qui bat !

Lors d'une rencontre de catéchèse, il était question de Jésus à la Synagogue, lisant le passage des Écritures qui le concernait : « l'Esprit de Dieu repose sur moi, Il m'a envoyé proclamer la Bonne Nouvelle aux pauvres... Et un enfant me demanda : « Mais Jésus savait à quelle page on parlait de lui dans le livre ? » Je répondis : « Non, Jésus ne savait pas. Il m'arrive moi aussi, d'ouvrir le Livre de la Parole de Dieu, et le Seigneur me donne la Parole dont j'ai besoin pour mieux vivre avec Lui. » Je pris l'Évangile, et l'ouvris. Le Seigneur me donna le passage : Luc 4/16-21, Jésus à la synagogue. Ce passage de la vie de Jésus dont nous venions de parler. Les enfants furent surpris et émerveillés. Je dis aux enfants : « C'est un signe de Dieu qui veut que nous croyons qu'Il nous donne sa Parole. Certains enfants auraient voulu qu'à nouveau j'ouvre l'Évangile — un peu comme le ferait un magicien — je n'ai pas accepté. L'un d'eux me demanda alors : Jésus, quand il a dit à la femme : va, et désormais ne pèche plus, Il savait bien qu'elle allait recommencer à pécher, puisque nous sommes pécheurs ? (Nous avions parlé de la femme adultère, quinze jours avant). J'essayais de répondre, et priant je me trouve avec l'Évangile ouvert, au chapitre de Jean 8/1-12 : la femme adultère. C'était vraiment une grâce du Seigneur. Je dis alors : « Dieu nous montre une deuxième fois que nous devons croire en sa Parole, et qu'il veut nous la donner. »

Ensemble, nous décidâmes d'ouvrir chaque lundi, le Livre de la Parole de Dieu, après avoir prié, pour connaître ce que Dieu veut nous dire pour mieux vivre notre semaine. Depuis, chaque lundi, un enfant ouvre l'Évangile après avoir prié, et nous lit la Parole. Et les semaines passant, je loue le Seigneur car Il nous conduit avec délicatesse et Amour.

Plusieurs fois, la Parole est venue confirmer la catéchèse de la semaine précédente. Par exemple, après avoir parlé dans la semaine de « Jésus et des malades », des guérisons qu'Il opérait et aussi de la résurrection de la fille de Jaïre, le lundi suivant nous avons reçu : Luc 9/1-6, précisément le passage suivant la résurrection de la fille de Jaïre et dans lequel Jésus envoie les Douze proclamer la Bonne Nouvelle et faire des guérisons. Ainsi, les enfants crurent que Jésus guérissait nos maladies (nos corps, nos cœurs) si on le lui demandait. J'ai pu citer des témoignages vécus dans les groupes de prière. C'est alors qu'un enfant, Olivier, a demandé que nous priions, tous ensemble, pour sa petite cousine, âgée de deux ans et demi, hospitalisée depuis plusieurs mois parce que gravement malade. Comme le Seigneur avait affermi la foi des enfants, ceux-ci n'hésitèrent pas à prier, pendant plusieurs semaines pour qu'elle soit guérie. Or, un lundi, Olivier nous a annoncé que sa cousine était revenue chez elle et qu'elle allait très bien. Les enfants ont alors remercié le Seigneur.

Le Seigneur nous a conduits aussi, un samedi, à faire une mise au point sur notre attitude d'accueil, les uns envers les autres.

L'un des enfants était rejeté par les autres, parce qu'il voulait toujours commander, avoir raison, être le premier partout. Ses camarades ne l'acceptaient plus dans le jeu, ils lui disaient des méchancetés. Je me suis aperçue, que sans le vouloir, j'étais fautive, puisque j'avais dit en classe à ce garçon : « Tu n'as pas à inventer un nouveau jeu pour commander, quand il y en a déjà d'organisé. » L'ambiance était devenue telle, que cet enfant faisait exprès de mal travailler alors qu'il était dans les meilleurs et voulait quitter l'école à cause de ses camarades.

Nous avons fait la lumière, la vérité. Et sept ou huit enfants se sont déplacés pour aller faire la paix avec lui, car ils reconnaissaient l'avoir blessé. A la récréation suivante, l'enfant fut très entouré et le jeu se passa dans la joie et l'amour.

Et le lundi suivant, le Seigneur nous montra que ce que nous avions vécu le samedi venait de lui, en nous donnant la Parole : « Une discussion s'éleva entre les disciples pour savoir qui était le plus grand parmi eux... Celui d'entre vous qui est le plus petit, c'est celui-là qui est le plus grand. (Lc 9, 46-48).

Prière, sauvegarde des âmes,
Prière, toi qui empêches de s'enfoncer dans le mal,
Prière, toi qui soulages du fardeau,
Prière, soleil levant sur les hommes,
Prière, eau limpide des sommets,
Prière, pénétrante comme le bonheur,
Prière, habitera un jour tout le cœur des hommes,
Prière, vaste étendue de lumière qui nous guide,
Prière, eau qui coule doucement sous la fraîcheur des sous-bois,
Prière qui éveille notre nature endormie,
Prière qui se répercute de cœur en cœur,
Prière plus belle qu'un joyau,
Prière, quand aurons-nous tous soif de toi ?
Prière, faisceau lumineux qui éclaire notre chemin,
Prière, sous le vent arrive et nous emporte près de Dieu,
Prière qui arpente difficilement certains cœurs,
mais qui décroche la fertilité enfouie
Prière qui ne se révolte jamais,
Prière, maison qu'il faut construire,
Prière saturée d'amour et de paix,
Prière, paix intérieure,
Prière, silence qui s'unit à la paix,
Prière, palier du bonheur,

Prière, barque ballottée au son de l'eau,
Prière, réconciliation,
Prière, esprit toujours ouvert,
Prière, miroitement de l'iris sur la face de l'eau,
Prière, le salut du monde,
Prière, soleil du firmament.

CHRISTINE, 13 ans.

Je crois en l'Église une, sainte, catholique, apostolique.

XII
DANS TA MAISON, UN GRAND FEU

... à la robe gaie et brillante

J'ai soigné une jeune femme juive, profondément croyante. Sa fillette de 4 ans, Rachel, grimpe sur mes genoux et regarde ma croix de bois. J'étais en train de me demander si je lui dirais de la baiser, n'osant pas trop à cause de la maman. Rachel prend la croix dans sa petite main et me regardant :
— *Ça, c'est l'Église !*

— Merci, Jésus, d'avoir changé ton filet en l'Église !

JACQUELINE, 9 ans.

Tu es dans le Temple du Seigneur quand ta vie et ta conduite sont vraiment *dignes du nom* qui désigne l'*Église*.
Origène

— L'Église est l'Épouse de Dieu, et si elle n'est pas digne de ce rang, elle ne peut le proclamer.

JEAN-BAPTISTE, 12 ans.

Christelle, 4 ans, va à la messe pour la première fois :
— Dis maman pourquoi ils sont tristes ?

Où donc est l'*Esprit* du Christ, sinon dans le *corps* du Christ ? Il nous faut donc *entrer dans son corps* pour avoir part à son Esprit.
Augustin d'Hiponne

Seigneur ne permets pas que la robe de l'Église se déchire. Il faut qu'elle redevienne *gaie et brillante* comme la colombe sur une branche d'olivier. Il faut que les bons pasteurs aident les mauvais pasteurs *à changer leur cœur*.
Il faut que le hurlement de l'Église cesse. Il faut qu'elle retrouve *tous ses enfants dispersés* dans le monde.

FABIENNE, 12 ans.

... à consoler de ses hurlements

Dans une école de Bretagne, à propos de la dissidence de Mgr. Lefèbvre : prières spontanées de plusieurs élèves :

Oh ! Mère Église, pense aussi aux autres bergers qui essayent de te consoler. C'est dur, je le sais... Je suis sûr que tu guériras. Toi qui souffres tant, je te donne mon cœur plein d'affection pour toi et je te servirai jusqu'à la fin de mes jours.

YANNICK, 7 ans.

Mère ne hurle pas. Jésus rappelle-toi, est feu. Il peut tout, maman Église, Jésus est avec toi et moi aussi je suis là pour te défendre. Pauvres, mauvais bergers, arrêtez-vous, vous faites mal à ma maman chérie. Ne hurle plus maman Église, Jésus est plus fort que le plus mauvais de tous les péchés. Car moi aussi je sais que tu pourras être heureuse.

MAËLLE, 11 ans.

Pour les croyants il n'y a d'autre demeure que l' ***Église une...*** **Croit-il qu'il demeure uni au Christ, quand il agit contre les prêtres du Christ, quand il rompt avec... son peuple ? Il tourne ses armes contre l'Église, il lutte contre les ordonnances divines... Serviteur désobéissant... il ose au mépris des évêques et des prêtres de Dieu dresser un autre autel, articuler en termes illicites une autre prière, profaner... cette véritable victime, notre Seigneur.**
Cyprien de Carthage

Seigneur, aide l'Église, sauve-la.

Toi Jésus feu, plus grand plus fort que tout le monde, aide les mauvais bergers à revenir vers toi, vers son troupeau. Toi Seigneur jaillissant de flammes viens brûler nos péchés, viens nous envoyer la lumière du feu. Aide la mère Église *à se consoler de ses hurlements*, de tout ce qu'elle va souffrir aujourd'hui, toi qui peux tout Seigneur. Viens nous donner à tous la joie, la force, la foi pour croire en toi, Sauveur.

ARMELLE, 11 ans.

— Moi je te prie, Seigneur, pour qu'il n'y ait pas de berger qui conduise les brebis vers les loups.

PRISCILLE, 5 ans.

— J'ai prié pour que le berger aille chercher de la bonne herbe pour que les moutons ne soient pas morts de faim.

JEAN-BAPTISTE, 5 ans.

La maison de nous

Monique 7 ans et sa sœur Sylvaine 5 ans reviennent de la messe, un dimanche d'hiver.

— Maman, on a eu froid à l'église aujourd'hui !

— Pourquoi, on n'a pas chauffé ?

— Si, il y avait bien quelques bougies, mais ça chauffait pas beaucoup !

Tout à coup, dans les arbres, les oiseaux se mirent à chanter, et mon cœur fut soulevé de joie en entendant leurs voix se mêler à celle des cloches. Je dis à mon père :

— Tous les oiseaux sont dans leur Église ; pourquoi n'allons-nous pas, nous aussi, à la nôtre ?

THOMAS MERTON, 5 ans[1].

Les petites filles du C.P. (5 à 6 ans) savaient que la sœur qui s'occupait d'elles, après la récréation de 16 heures allait prier à la chapelle.

Un soir, CATHERINE : Maintenant c'est à vous d'aller à l'école.

Armelle : Que tu es bête !

Catherine : Mais si, c'est vrai, la chapelle, c'est *l'école des sœurs* !

1. *La nuit privée d'étoiles,* p. 17, Albin-Michel.

L'Église, c'est-à-dire le peuple qui est dans l'Église, et qui, fermement, fidèlement, persévère dans la foi, ne pourra jamais être séparé du Christ mais lui restera attaché par un amour qui des deux *ne fera qu'un.*
Cyprien de Carthage

Fynn, il y a plusieurs Églises au ciel, parce que, au ciel, chacun est dans soi-même. (...) Ce sont les bouts hors de soi qui font qu'il y a des églises, et des synagogues, et des temples, et des mosquées.

ANNA, 6 ans.[2].

Matthieu, 4 ans, non baptisé, habite juste en face de l'Église depuis trois mois. Tous les jours il va y faire une visite... Je lui demande :
— L'Église, c'est la maison de qui ?
— De nous.

— Hier, je suis allée me promener avec maman. De loin, j'ai vu quelque chose de pointu, comme ça (faisant le geste de ses mains), j'ai demandé à maman ce que c'était. Elle ne m'a pas répondu ! Elle m'a simplement mené voir ce que c'était. Je suis rentrée avec maman, c'était tout noir, il y avait des bancs, et puis des bougies qui brûlaient. Je voulais prier Jésus, mais maman n'a pas voulu.

TIPHAINE, 4 ans.

Au retour d'un voyage nous nous arrêtons dans une église et Hélène (6 ans 1/2) se met à faire le tour en faisant de grandes prosternations jusqu'à terre. Revenant vers sa maman :
— Comme Jésus doit être content, j'ai béni toute l'église !

— Depuis que je vais à l'église, je n'ai plus beaucoup peur du noir.

DENYS, 8 ans, (non catéchisé).

— Je n'aime pas les églises ! Que les gens parlent de Dieu autrement !

Anonyme garçon, 10 ans[3].

2. Fynn, *Anna et Mister God*, p. 192, Seuil.
3. P. Jacquemont, p. 17.

La Sainte Église est une icône de Dieu, puisqu'elle accomplit l'*union des fidèles* comme le fait Dieu.
Maxime le Confesseur

Lu sur un panneau fait par des 7-9 ans à Chavagnes, Vendée : « L'Église, c'est l'amour-ensemble. »

Étant enfant, à partir de 5-6 ans, mon père m'emmenait avec lui chaque dimanche matin à la messe. Je n'appréciais pas la chose, car dans l'église j'avais peur ; en effet, je sentais très fort une Présence que j'étais incapable de définir. Présence toute autre que celle des gens qui étaient là. Et comme j'étais incapable de demander de qui il pouvait s'agir (avec mes parents je ne parlais jamais de ces choses) j'ai gardé pour moi tout ce que je ressentais jusqu'à ce que j'ai su au catéchisme *qui* habitait les églises et comment[4].

GABRIEL, 5 ans, m'explique son dessin :
— J'ai fait une église qui se fait *animer* par un prêtre... et Jésus prie pour les prêtres.

2. Les ouvriers de l'Évangile

Le Pape : Jésus quand même !

A la mort de Paul VI

Il représentait pour nous, la terre entière, il était bon, aimait les enfants, les pauvres, les malades, et, arrivant dans un pays, ce geste qui nous intriguait, il baisait la terre, qui avait fait cela ? Mais c'est notre ami !

VALÉRIE, 13 ans.

4. De la mère d'un missionnaire.

Devant une photo de Paul VI

Ce visage me remplit le cœur de gaité.
Il est beau, rayonnant, plein de bien.
Ce visage prie beaucoup, car cela se voit !
Il aide les enfants et sa prière est plus forte que la bombe atomique !
Ce visage a beaucoup travaillé et a mené une vie simple...
Je voudrais bien avoir ce visage car il est beau et bon !

CORINNE, 10 ans.

Un après-midi de septembre 1978, pendant la prière qui ouvrait le cours, GILLES 7 ans :

— Seigneur je te prie pour que le Pape aille au ciel !

Je reprends cette prière qui me semblait insolite :

— Mais non voyons, il faut demander au Seigneur qu'il donne une bonne santé au Pape, et qu'il continue à diriger l'Église.

Mais Gilles ne démord pas :

— Non, pour que le Pape aille au ciel !

Le lendemain matin, le monde entier apprenait la mort subite de *Jean-Paul 1er*.

STÉPHANIE, 5 ans, a suivi assidûment à la télévision le voyage de *Jean-Paul II* à Paris ; et pourtant personne, dans sa famille, ne parle de Dieu, de l'Église. Sa mère est célibataire et l'enfant voit plusieurs papas au foyer.

Regardant intensément l'écran :

— Maman, qui c'est le monsieur en blanc ?

— C'est le Pape.

— Non, c'est pas le Pape.

— Mais si, Fanny, on l'appelle le Pape.

— Non, c'est Jésus.

— Non c'est pas Jésus, je te dis qu'on l'appelle le Pape.

Alors l'enfant se redresse et fixant gravement sa mère répond d'un ton sans réplique :

— Non maman, tu comprends pas dans ton cœur, mais *c'est Jésus quand même.*

Au moment de la visite du Pape en France, DIDIER 7 ans écrit sur son cahier de catéchisme :
— Le Pape porte la France et change les cœurs.

Apercevant sur le mur une photo de Jean-Paul II, ERIC 6 ans :
— Qui c'est ?
Je cherche le mot qu'il puisse comprendre, mais lui sans plus attendre :
— Je sais qui c'est : c'est *le roi de tous les curés* !

13 mai 1981. Le Pape Jean-Paul II vient de subir un attentat sur la place Saint-Pierre à Rome. Nous sommes tous très émus mais prenons garde de ne pas laisser transpirer les premières nouvelles alarmantes en présence des jeunes enfants de la Communauté.
Or, au coucher, après que JONATHAN 3 ans, ait prié pour Camille en prison et William paralysé, j'ajoute sans aucun détail :
— Et ce soir, prions pour notre Pape.
Jonathan : — Bah ! il est au ciel avec Jésus, le Pape !
Maman : — Oh ! non, il est vivant sur terre. C'est lui qui dirige l'Église.
Jonathan : — Non, il est couché.
Mathias : — Oui, il est en pyjama.
Jonathan : — Non, Mathias, il est tout nu !
A cette heure précise, le Pape était couché, nu, sur la table d'opération.

Le même 13 mai 1981, ma belle-sœur, bouleversée s'exclame :
— Mais pourquoi veut-on tuer le Pape ! Il n'a jamais fait de mal à personne !
YANNICK 8 ans, son fils, comme surpris de cette question :
— Maman, Jésus non plus n'a jamais fait de mal à personne !

Dans une classe de maternelle avec des enfants de 5 ans nous faisions la prière ensemble comme chaque jour, en terminant par un temps d'intercession. Alors que j'allais interrompre la prière, un enfant lève le doigt et formule cette intention :
— Sainte Marie, priez pour que le pape soit pas mort !
Aussitôt après un autre enfant :
— Sainte Marie, priez pour que le pape ait fini tout son travail.
C'était le mercredi matin, 13 mai 1981.

Le prêtre, qui rend les gens heureux

— Les prêtres, maman, c'est pour retourner les gens.

STÉPHANE, 10 ans.

Un prêtre traverse le bourg. LUCILE, 6 ans :
— Maman, voilà la messe qui passe.

A un jeune prêtre qui doutait de sa parole :
— A la messe on t'écoute, mais Jésus dans ton cœur, *répond de ta parole.*

LAETITIA, 7 ans,
(non baptisée).

— Merci pour le prêtre qui dit que la joie c'est Dieu.

ALEXIS, 4 ans 1/2.

Je ne *supporte pas de cacher tes merveilles* par mon silence... Et la richesse inépuisable de ton amour pour les hommes, je ne supporte pas de ne pas la raconter à l'univers, ô toi mon Rédempteur.

Syméon le Nouveau Théologien

Samuel ! Samuel !

Je veux devenir prêtre parce que l'amour de Dieu est si grand qu'il faut que je témoigne de cet amour.
Je ne peux pas me taire. Quand on voit *les merveilles* du Seigneur quand on voit son amour, on ne peut pas se taire. Il y a des gens qui ont besoin de notre parole, de la parole du Seigneur. Il faut témoigner. Témoigner partout où l'on va. Il suffit d'amener une

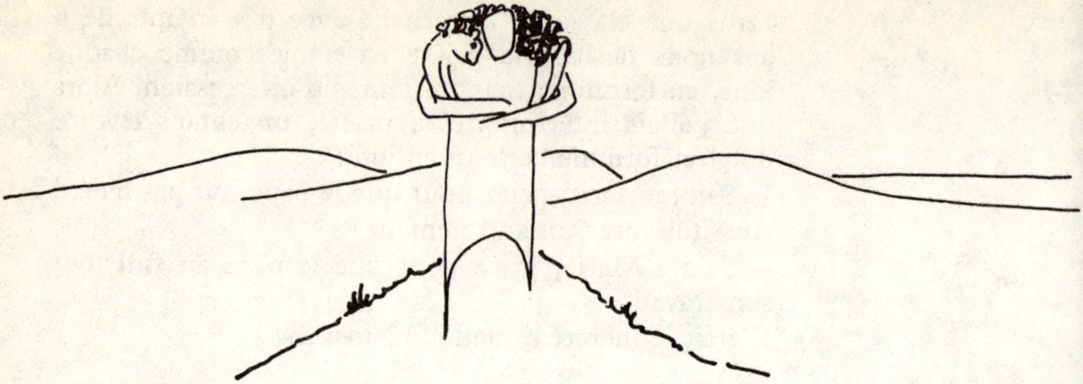

personne au Seigneur, et c'est suffisant, une brebis perdue du Seigneur. Il a besoin de retrouver toutes ses brebis. Il a besoin que toutes ses brebis l'aiment. S'il y en a une qui manque à l'appel, il est triste, donc il faut les ramener à lui. Je veux être prêtre pour annoncer cette Bonne Nouvelle, la parole du Seigneur. *Pour que le Seigneur rende heureux plus et plus de gens*. Devenir prêtre, c'est déjà une grâce. C'est un don du Seigneur, incroyable.

Personne n'en est digne ! Qu'on soit appelé par le Seigneur, c'est un des plus grands bonheurs. Mais on est tous appelés, tous appelés dans l'Église, dans le monde. On est tous appelés à témoigner. Les prêtres et les religieuses ne sont pas des privilégiés, non bien sûr. Ils sont appelés. Mais tout le monde est appelé. Chacun d'une façon ou d'une autre. Mais il faut être à l'écoute du Seigneur.

JEAN-EMMANUEL, 13 ans.

Les prêtres, il faut les aimer après le Seigneur, eux qui nous purifient par les saints mystères, et qui prient pour nous.

Evagre

JEAN-CLAUDE, 24 ans (retardé mental) pour la visite d'un prêtre chez lui, informe joyeusement le voisinage :

— Soir, Jésus, vient maison !

J'aimerais me faire prêtre, ou frère, parce que Jésus nous a donné la vie pour qu'on parle de lui. Et un professeur nous a dit : « Prendre la vie c'est un péché, mais *donner la vie* c'est le plus grand don ».

TONY, 14 ans.
Libanais

J'aimerais arriver à me faire prêtre pour avoir *la joie* de pouvoir porter le corps et le sang de Jésus notre Sauveur, à mes frères. J'aimerais les évangéliser plus profondément et plus saintement.

JEAN-PHILIPPE, 12 ans[5].

Je n'ai pu dormir de la nuit. J'entendais tout le temps : « Et si tu devenais prêtre... » Et le matin, en disant le Notre Père, j'avais oublié la fin. J'ai dû m'arrêter sur : Que ta volonté soit faite ! Mais tu sais, je ne pleure pas parce que je suis triste !

BERNARD, 12 ans.

Qu'est-ce que je peux faire pour Jésus, dès maintenant ? Je veux être prêtre, mais tout de suite, tout de suite ! Les hommes attendent le pardon !

DENYS, 11 ans[5].

Depuis que j'ai sept ans mes parent sont séparés et cela fait trois ans qu'ils sont divorcés. Je vis avec ma mère, mais même maintenant que j'ai treize ans mon père me manque. Mais je pense que pour moi, c'est un obstacle à franchir et je crois que par là je dois aider mes frères qui sont dans le même problème que moi. Je vois par là que *je ne dois pas arrêter ma vie ici*, je dois même louer le Seigneur par là car je crois que grâce à cela je dois continuer à aimer Dieu... Mais j'ai souvent de la peine quand je me trouve à côté d'une famille entière et je me dis : tant pis, ta vie est comme ça, la leur est autrement. Et je m'en sors, j'ai des amis, et je te dis : Dieu est en parfaite harmonie avec moi. J'essaie tant bien que mal *de marcher pas à pas avec lui*, ça marche bien. Des fois il y a des vides mais je le retrouve, je demande pardon, je repars à zéro avec Jésus pour Berger, et je suis dans la joie, l'allégresse. J'ai vraiment ressenti la parole de Dieu en moi, me demandant de faire quelque chose pour lui, et j'ai tout de suite répondu : Parle Seigneur, ton serviteur t'écoute ! Alors je me suis senti aimé de Dieu, et me voici tel quel. Merci Seigneur !

FRANÇOIS, 12 ans.

5. Cité dans *Les Saints de l'an 2 000*, pp. 87-88, St Paul.

Le moine : juste pour aimer Jésus

(D'un groupe en visite dans un ermitage)

L'ermitage pour moi c'est un lieu pour prier avec Dieu, pour être avec Dieu et penser à Dieu. C'est tout petit, il y a un endroit pour prier, une petite salle de bains, un petit lit et une petite table pour manger. Ils font cela parce que c'est des amis de Dieu et qu'ils donnent leur vie à Dieu...

OLIVIER, 11 ans.

Le matin dans l'ermitage, il fait le lit, se lave, déjeûne, fait la prière du matin, puis après lit sans bruit car peut-être que Dieu est dans son cœur.

CAROLE, 9 ans.

L'ermitage est une petite maison. Il y a des moines qui viennent prier Dieu en silence pour mieux l'adorer. Ce sont des hommes qui restent souvent seuls dans leur cellule, mais *Dieu reste avec eux pendant toute la journée* et aussi pendant la nuit. Les moines prient parce qu'ils aiment Dieu.

CHRISTELLE, 11 ans.

Vous savez que des gens viennent quelquefois habiter l'ermitage. Eh bien savez-vous ce qu'ils font ces gens ? Ils prient toute la journée et ils restent seuls pour que Dieu leur pardonne tous leurs péchés (car ils ont des péchés à pardonner).
On va dans l'ermitage pour *contacter Dieu*.

CAROLE, 10 ans.

Tu ne peux devenir moine, si tu ne deviens tout entier comme un feu qui se consume.
Sentences des Pères du désert

Un moine ça ne sert à rien, qu'à aimer Jésus.

BÉATRICE, 4 ans 1/2.

Le moine est dans l'ermitage pour parler à Dieu (ou à Jésus), et il lui répond.

RENÉ, 10 ans.

La consacrée : mariée avec Jésus

LOUISA, 11 ans : — Pourquoi les religieuses ont une bague au doigt ?
SYLVAIN, 3 ans : — Mais... elles sont mariées avec Jésus !

OLIVIA est ravie par la perspective d'assister à mon « mariage » avec le Bon Dieu. Elle l'a déjà annoncé autour d'elle :
— Mais, le Bon Dieu, il en a des femmes alors... ?

Une dominicaine en habit croise dans la rue une petite fille de 4 ans, qui la regarde :
— Oh ! tu es belle avec ton Seigneur !

Jeune religieuse, j'ai effectué un stage dans un hôpital pour malades mentaux. Un matin je prends mon service dans la salle des adolescents. A peine entrée, l'un d'eux m'apercevant du fond de la salle, sort de son lit et crie : Jésus !`Jésus !

L'apôtre : témoin du feu

Un matin, un homme rentre dans une église pour prier Dieu, il y resta au moins deux heures. Il y vient tous les jours. Ce jour-là quand il sortit de l'église, il était comme en feu. Alors les gens qui ne croyaient pas en Dieu *se mirent à le suivre* et à lui demander de leur parler de Dieu.

PASCAL, 12 ans.

C'est son haleine qui vivifie l'univers. S'il retenait son souffle, l'univers s'effondrerait. C'est par ce souffle, ami, que tu parles. C'est par *ce souffle* que *tu respires*.
Théophile d'Antioche

Ces hommes qui *respirent*
ton souffle.
Ces hommes qui suivent
la trace de tes pas.
Ces hommes sont brûlants
de toi,
sont brûlants d'amour
envers leur prochain
Ces hommes sont tes fils.

CATHERINE, 13 ans.

DOMINIQUE 12 ans, vient au micro dans une église comble, ouvre simplement l'Évangile, et commente :

Qu'est-ce que je vous demande ? Des hommes qui volent de tous côtés selon le souffle du Saint Esprit, toujours prêts à courir, à tout souffrir pour vous, comme les apôtres. Comme autant de saints Dominique, qu'ils aillent partout, le flambeau luisant et brûlant du saint Évangile dans la bouche, éclairer les ténèbres du monde comme des soleils
Louis-Marie de Montfort

— Il vient me dire : « Fais quelque chose pour moi » car en moi je sens qu'il a tellement fait quelque chose pour nous, que nous , *il faut que nous fassions quelque chose pour lui aussi*. Il faut que nous soyons présents en lui et présents en nous. Et il ne faut pas toujours faire retomber sur lui les fardeaux. *Il faut que nous en prenions un peu nous aussi*. Si je sais un peu l'Évangile, *il me demande de l'enseigner à mes frères, tout de suite*. Il me demande de ne pas le garder pour moi. Il veut que je parle de lui comme l'ont fait d'autres avant moi, comme l'ont fait tant de saints aussi. Jean le Baptiste fut dans le désert, comme je le suis maintenant. Et son Esprit est venu l'accueillir, comme il m'accueille maintenant. Et je me sens visé dans tout ça. Je me livre à Israël, je me manifeste à Israël. C'est pour moi maintenant, moi qui vous parle, là. C'est comme quand Jean le Baptiste s'est manifesté à Israël. Je me manifeste à vous pour vous dire que vraiment Dieu est présent en nous. Amen.

— Qu'on nous dise qu'il y a des saints, des martyrs ! Je dois *regarder de leur côté* et voir combien j'en suis loin, et sentir que je peux beaucoup mieux avancer, et tendre vers le meilleur. Je sais que le Seigneur m'aime, mais aussi qu'il me demande beaucoup mieux.

CARLA, 14 ans.

— Que ferais-tu s'il y avait une guerre ?
— Le Seigneur dira : « Si vous m'invoquez, je serai là ! »
— Pourra-t-on l'annoncer, s'il y une persécution !
— Si, il existera encore des gens qui chantent dans les rues, qui annoncent partout la Bonne Nouvelle, rien ne pourra les arrêter de chanter, dans la persécution... S'il y avait une grande persécution, *je me jetterai dans la gueule du loup*. Tout homme ne peut être martyr. Il faut des hommes de grande foi.

JEAN-BAPTISTE, 12 ans.

BENOÎT, 10 ans : — Moi, je pense qu'il faut évangéliser. Il faut faire connaître la Bonne Nouvelle à tout le monde. Il faut bien leur dire que c'est notre travail de faire connaître Jésus. Et si on y croit, on n'a pas de raison d'avoir peur. Ou on évangélise un petit peu et on y croit, ou alors pas du tout. Parce que si on y croit, on croit aussi que Dieu va nous protéger.
— Donc tu n'as pas peur, toi?
— Du moins il ne faut pas. J'aurai peut-être peur, ça ne m'arrive pas souvent, mais c'est un acte de foi assez difficile, quand on se trouve entre quatre cents gamins qui font un mètre de plus que soi, c'est plutôt dur !
— Mais tu prends ta force où alors ?
— En priant, en louant le Seigneur, en lui demandant

et en lui faisant totalement confiance . Et c'est là qu'on se regonfle. A ce moment-là, on a la force.

— Qui t'a appris ce que tu dis maintenant ?

— C'est que j'ai vu beaucoup de gens qui ont le courage de faire ça. Je leur ai demandé comment ils ont fait. J'ai fait comme eux et j'ai vu que ça marche.

VINCENT, 14 ans : — Il y a des moments très durs. Ce qui fait notre force, c'est l'Esprit-Saint qui nous aide dans ces moments-là, qui nous aide à parler.

CATHERINE, 10 ans : — Moi je n'arrive pas à faire comme vous. Je n'ai peut-être pas ce charisme.

— Un charisme c'est quoi ?

BENOÎT :— Un charisme, c'est un don de Dieu. Par exemple, il y en a beaucoup qui sont faits pour évangéliser, qui n'ont pas peur, qui y arrivent, qui sont faits pour ça. Il y en a d'autres qui ont le charisme d'aide, d'autres de sourire. Il y a plein de charismes qui servent. Et ce n'est pas obligé que chacun ait un charisme le plus fréquent, qui est celui de l'évangélisation. Celui-là est très fréquent. Beaucoup n'ont pas peur, parce que souvent ils le demandent.

VINCENT : — Je crois que tout le monde peut être évangélisé. Le Seigneur, il m'a bien trouvé, moi, alors pourquoi il ne trouverait pas les autres ?... Pour en revenir à Catherine, il faudrait qu'elle demande à Jésus de lui envoyer son Esprit-Saint pour qu'elle puisse parler librement, sans rien qui la gêne et qu'elle puisse dire tout ce qu'elle a sur le cœur. C'est surtout l'Esprit-Saint qui parle en elle. Il faut qu'elle le demande, et si elle le demande, je pense que le Christ le lui accordera.

BENOÎT : — Il faudrait voir en groupe dans la prière ce qui se passe, ce qui la bloque. Ce n'est pas obligé que tout le monde ait ce charisme.

VINCENT : — Ce n'est pas à nous de décider. Il faut prier, on verra bien ensemble ce que le Seigneur voudra pour elle.

GWENAËLLE, 10 ans : — Mais la démarche, c'est entre seulement elle et Dieu. Il faut qu'elle réfléchisse avec Dieu.

BENOÎT : — D'accord, mais on ne peut pas se débrouiller tout seul. Le Renouveau est fait pour avoir des frères, on est tous frères, alors il faut demander à nos frères, il faut leur demander l'aide. Évidemment il y a Jésus, mais on n'a peut-être pas tous les contacts, parce qu'on ne peut pas être parfait et avoir un contact parfait avec Dieu.

VINCENT : — Je crois que dans le Renouveau il ne faut pas cheminer seul, parce qu'on risque de s'écarter un peu. C'est justement à quoi sert une communauté, c'est à garder tous les frères et sœurs dans le contexte, qu'ils ne s'écartent pas trop du groupe en voulant en faire trop. Et je crois que les frères sont là justement pour s'unir à la prière et pour demander aussi à Jésus les grâces que veulent certains. Et c'est pour ça d'ailleurs qu'il y a souvent des frères ou des sœurs qui demandent qu'on prie pour eux et comme ça la communauté entière prie pour cette personne, et je crois que ça touche plus Jésus que si c'est une seule personne qui demande ça toute seule[6].

MIKAËL ET OLIVIER, 7 ans, un matin sortent sur un grand boulevard de leur ville et, tout seuls — suivant la rythmo-catéchèse du Père Jousse — chantent le récitatif du grain de sénevé.

Et si les *aveugles* ne voient pas, est-ce à dire que le *soleil ne brille plus ?*... En toi aussi, mon ami, les *yeux de l'esprit sont aveuglés* par les fautes et les désordres.
Théophile d'Antioche

MARC, 12 ans, seul chrétien de sa famille, devant toute sa classe :
— Vous êtes tous *aveugles* ! Comment expliquer les couleurs à un aveugle ? Moi aussi j'étais aveugle, mais

6. Extraits d'une interview faite par le journal *Écho de Lausanne* à Paray-le-Monial en juin 1979.

depuis deux ans je ne peux pas dire que *le soleil* n'est pas le soleil ! Que Dieu *vous ouvre les yeux*!

La *Bonne Nouvelle* que les Apôtres répandent de sa part dans toutes les nations, *c'est la joie* de ceux qui attendent l'immortalité qu'il a promise.
Justin

On a fait de l'évangélisation et j'ai eu la joie de prier pour un paumé alcoolique qui avait perdu la joie de vivre. Il est parti avec l'Esprit de Dieu et nos prières, mais également avec des larmes aux yeux. On espère recommencer à Noël une pareille expérience si Dieu le veut.

Tu peux dire aux « grands » qu'ils n'hésitent pas à organiser des expériences de ce type, même si poussées. Nous sommes avides de cela, et je vous assure que l'on va drôlement évangéliser dans nos écoles et que *l'on n'a pas peur des moqueries*. Nous porterons fièrement notre croix et de nouvelles âmes seront repêchées pour la Gloire de Dieu. Mais *priez pour nous* au lieu de toujours blâmer les jeunes ; donnez-leur de ce Jésus dont ils ont besoin. Ceci est une prière, une supplication de la part des jeunes.

JEAN-EMMANUEL, 13 ans.

---

3. Chez les martyrs d'aujourd'hui[7]

Je suis la maîtresse de mon cœur !

— Pourquoi es-tu seule à vouloir te distinguer dans toute la classe ?

— Je ne veux pas jouer la comédie : je veux *être celle que je suis* !

Alors qu'on essayait de lui mettre de force l'écharpe des pionniers, l'enfant se dégage violemment en criant :

— C'est moi qui suis *la maîtresse de mon cœur !*[8]

7. Je pense à ces douze enfants d'un sana, au-delà du rideau de fer, baptisant clandestinement la petite *Krystina* une nuit de Pâques. A ces autres, cachant dans leurs lits les crucifix qu'on veut arracher aux murs, refusant de se lever tant que la direction n'aura pas cédé. Leur foi est telle que Jésus Enfant n'hésite pas à montrer à la classe entière, pour relever le défi de l'ironique maîtresse : Si vous l'appelez, il ne viendra pas ! (cf. Maria Winowska, *Les voleurs de Dieu,* pp.122, 138).

8. Cité dans Sergiu Grossu, *Les enfants du Goulag,* France-Empire.

Une fillette à qui l'on arrache le rosaire :
— J'ai dix doigts pour remplacer les grains du chapelet, et je pourrai continuer à réciter le rosaire entre les cours, au lit et même en voyage ![8].

A la veille de Pâques 1975 :
— Tu vas trop souvent à l'église, comme une authentique bigote !
— Cela, personne ne pourra m'en empêcher !
— Maîtresse, intervient alors l'élève Sileikyté, elle n'est pas la seule à se comporter ainsi. Le jour des Vigiles de Pâques, je resterai toute la nuit en adoration devant le reposoir du tombeau du Christ. Si vous ne me croyez pas, venez voir...[8]

— Promettez de ne plus jamais aller à l'église.
— Je promets... d'y aller ![8]

Après une sévère perquisition, le fils de Dimitri Doudko, MICHA, s'exclame :
— Je serai prêtre !
— Mais ne vois-tu pas tout ce qui m'arrive ?
Ses yeux d'enfant étincellent de courage et c'est une conviction qu'il répète :
— Je serai prêtre ![9]

Aux pères, aux mères, aux adolescents, à tous les orphelins de l'Église souffrante et persécutée... Chers enfants de Dieu ! Nous, vos petites sœurs en Christ, avons été séparées de nos chers parents, de deux petits frères et d'une sœur — bien que nous soyons encore très jeunes — parce que ceux qui nous sont chers nous ont enseigné d'attendre le salut au nom de Notre Seigneur Jésus-Christ. Depuis le 20 avril 1966, nous sommes séparées d'eux et internées dans l'orphelinat... Chaque jour, nous nous agenouillons près de nos lits, et nous prions pour vous tous. Nous sommes toujours terrorisées, car ils nous menacent de *nous envoyer dans un camp de travaux forcés...*

8. Cité dans Sergiu Grossu, *Les enfants du Goulag,* France-Empire.
9. Dimitri Doudko, *A temps et à contretemps*, p. 117.

Chères mères, chers pères, vous qui avez votre consolation dans le Seigneur, quand vous vous réunissez dans vos familles heureuses et que tout va bien pour vous, souvenez-vous de nous ! Nous vous demandons, quand vous vous rencontrez dans vos réunions de prière, de rappeler notre cas au Tout-Puissant, en le suppliant de nous aider à supporter cette terrible épreuve et de rester fidèles jusqu'à la mort à Notre Seigneur qui nous aime tous !

CHOURA ET GALIA, 12 ans[9].

Il nous reste l'Eucharistie !

C'est donc le monde entier, tous les anges à droite et à gauche, tous les hommes, *ceux du parti de Dieu* et *ceux des autres partis* qui nous entendront combattre le combat pour le christianisme.

Origène

Pologne, automne 1982.

Au cours d'une messe, dans une église comble, à l'homélie le prêtre demande aux enfants — Qui gouverne, dirige notre vie ? Dieu ou le démon ?

TADEK, 9 ans : — Le démon, par l'intermédiaire du Parti !

Dans une classe de 8-10 ans, je pose la question :

— Quel message voulez-vous transmettre aux jeunes des pays de l'Ouest ?

MAREK, 8 ans : — Ne croyez jamais les Russes !

LECHEK, 9 ans : — Que jamais ce qui se passe chez nous, n'arrive chez vous !

— Aimez toujours l'Eucharistie. Si ça devient pire ici, il nous restera toujours l'Eucharistie.

TADEK, 9 ans.

Une alliance de sang et de louange

Les enfants martyrs d'aujourd'hui, ils ont été précédés. Ils ont des aînés. Entre des milliers :

1521. Au petit matin, TERESITA et RODRIGO son frère, six et dix ans, franchissent les portes d'Avila.

9. Dimitri Doudko, *A temps et à contretemps*, p. 117.

Un espoir fou les entraîne sur la route vers le pays des Maures : Avoir la tête tranchée pour *Jésus*. Avila n'avait-elle pas déjà ses enfants martyrs ? Trois petits qui n'avaient cessé de louer le Seigneur jusqu'à ce que les Romains fassent éclater leur tête sur des pierres.

1597. ANTOINE COSAKI a douze ans. Sur la croix fichée dans le sol de Nagasaki, il chante : Enfants, louez tous le Seigneur ! alternant les versets avec « *Jésus ! Marie !* » Un coup de lance l'interrompt, mais en transperçant son cœur...

1897. KIZITO, treize ans, est baptisé par *Charles Lwanga* le premier jour de cette longue marche vers le bûcher. *Il est gai, enjoué* : Il va bientôt le voir, son *Jésus* ! Le voilà conseillant à SEBUTTA, d'un an son aîné, de se tourner vers le *Père* pour oublier les écorchures des entraves. Petit Kizito, aux avances d'un roi pédéraste tu as préféré ces noces de feu avec le Roi du Ciel. Sa gloire sur toi !

La démonstration que donne le *témoignage des martyrs* est plus claire que tous les discours pour ceux qui gardent sain le regard de leur cœur.
Athanase d'Alexandrie

1900. Au village de *Tchou-Kia-Hô* — quatre petites orphelines offrent leur cou aux boxers : elles se tiennent par la main. Quelques jours plus tard, ANNE WANG, quatorze ans, déclare : — J'attends la volonté de Dieu, et bien volontiers je mourrai martyre. Un coup de sabre lui tranche la tête. Son petit frère ANDRÉ WANG-TIÊN-KING est égorgé à sept ans d'un coup de couteau sous les yeux de sa mère. Avant d'être elle-même égorgée, n'avait-elle pas dit : — Je suis chrétienne. Comment mon fils pourrait-il cesser de l'être ? Tuez-le d'abord, moi ensuite.

A Taï-Yuan-Fou, les séminaristes emprisonnés jouent et rient. Le Père Elie les reprend :
— Ce n'est pas l'heure de jouer mais de se préparer à la mort.
Le plus jeune, seize ans :
— Mais pourquoi, Père ? Si nous mourons martyrs nous irons tous au ciel.

1902. MARIA GORETTI se laisse torturer à coups de poinçon par ce garçon qui veut la violer. Elle n'a que douze ans. De sa vie offerte, il deviendra l'enfant. Il assistera à sa canonisation.

Les martyrs... ces hommes captifs des chaînes qui sont des diadèmes pour ceux qui ont vraiment été choisis par Dieu et notre Seigneur.
Polycarpe de Smyrne

1918. Attachés l'un à l'autre, AKILINA ET GEORGES chantent le *Trishagion* à genoux dans la neige. Le gel finira par paralyser leurs lèvres, mais déjà ils sont blottis au Cœur de Dieu.

1964. Dans la pénombre de cette église perdue dans l'immense Chine, je vois la petite LI. Chaque soir, elle vient communier aux Hosties jetées à terre par les miliciens. En prenant la dernière, la voilà lâchement fusillée. Quelqu'un l'a trahie, mais le Roi est fier de la présenter à ses Anges[10].

Dans ta maison il y a un grand feu
Qui nous donne la joie, la paix.
Tout le monde est heureux
On chante, on danse pour toi.
Il n'y a plus de haines, plus de guerres.
De partout on te loue, Seigneur !
Oui, de partout !

MARIE-PIERRE, 13 ans.

Avant tout, *prie* pour que les portes de *la lumière* te soient *ouvertes,* car personne ne peut voir ni *comprendre,* si Dieu et son Christ ne lui donnent de comprendre.
Justin

Seigneur, *aide* ceux qui ne croient plus en toi.
Mets la lumière dans les cœurs et nous brûlerons
comme un feu ardent qui ne se consumera jamais.
Tu nous montreras notre chemin et nous serons tous dans la joie.
Seigneur, aide-nous à *prier le plus possible pour l'Église.*
Et un jour peut-être, le monde *rayonnera de lumière et de joie.*
Merci Seigneur !

MARIE, 12 ans.

10. Maria Winowska, *Les voleurs de Dieu*, p. 151, St-Paul.

Je crois en un seul baptême.

XIII
POUR JOUER TOUJOURS AVEC LUI !

Un cœur tout beau !

Le jour de son baptême, MATTHIEU, 2 ans (sourd et autistique), saisit la petite croix à mon cou et — rayonnant — se précipite devant chaque personne pour qu'elle l'embrasse. (Lui qui ne se manifestait jamais sinon pour se taper violemment la tête contre les murs !) Certains furent très gênés et se détournèrent, d'autres, bouleversés.

ALEX sourd, 2 ans 1/2, le lendemain de son baptême, va trouver tout le monde pour montrer sa croix.

Le soir du baptême d'Antoine, son petit frère, ALEXANDRA, 5 ans 1/2, alors que ses parents remerciaient le Seigneur que leur fils ait été baptisé :
— Merci, Jésus parce que *tu as donné ton âme* à Antoine.

GEORGES, 10 ans (préparant son baptême) :
— Le baptême ne changera rien à ton visage ?
— Si, ça changera quelque chose dans mon cœur et dans ma vie.

CHLOÉ, 3 ans (au baptême de sa sœur) :
Avec le cœur de Catherine, Jésus a fait *un beau cœur tout beau*, tout délicieux.

— C'était quoi ton baptême ?
— Jésus priait pour moi, *pour que je joue toujours avec lui !*

NADÈGE, 4 ans.

Un groupe de 4-5 ans :
— Qu'est-ce que Dieu t'a donné pour le baptême ?
THIERRY : — Sa présence.

JOËLLE, 11 ans, milieu très pauvre, se prépare à recevoir le baptême. Sa catéchiste lui demande pourquoi elle désire être baptisée :
— Parce que c'est Jésus qui me donne *la joie de vivre.*

Une seule parole suffit !
Pas besoin d'autres.
On va répéter :
Laisser venir à moi les petits enfants !

LUC, 7 ans.

Plusieurs mois après son baptême, CATHERINE, 4 ans, joue dans la salle de bain en faisant couler fort de l'eau dans ses mains... Très fort elle dit :
— *Je suis Jésus, le Fils de Dieu !*
L'eau risquant d'éclabousser, je m'approche, ralentis le robinet en demandant, surprise :
— Pourquoi tu dis ça ?
Elle continue comme si elle ne m'avait pas entendue :
— Il viendra demain ! Puis se mit à protester :
— Non, n'arrête pas l'eau de Jésus !

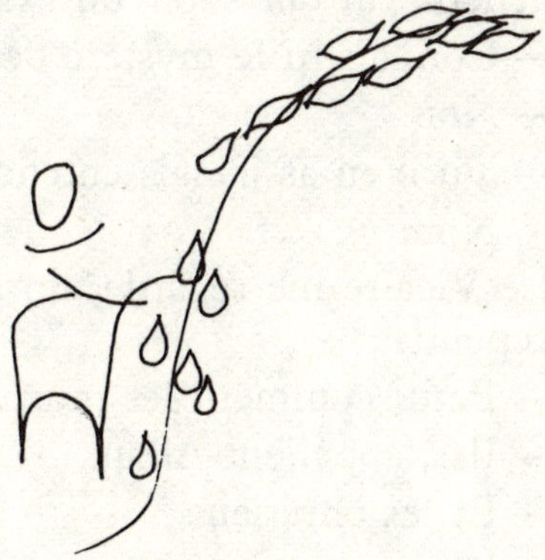

Si ! tu es encore un enfant !

— Il va amener le petit enfant, il va le bénir, il va lui mettre une goutte d'eau et comme ça il va grandir.

FRÉDÉRIC, 4 ans.

JEAN-LUC, 3 ans 1/2 (après son baptême) :
— Papa, est ce que tu es encore un enfant ?
— Je ne sais pas...
— Mais si ! tu es encore un enfant puisque tu es un enfant de Dieu !

Ainsi, nous-mêmes, sommes-nous tous devenus... enfants du Père, *frères du Christ,* une fois baptisés dans l'Esprit très saint.
Syméon le Nouveau Théologien.

LAETITIA, 7 ans (non baptisée) :
— Qu'est-ce qui se passe au baptême ?
— On devient *frère et enfant de Jésus...* (Et se ressaisissant) Mais... je dis des choses que j'ai jamais pensées !

CATHERINE, 3 ans 1/2, a été baptisée le même jour que son frère et sa maman. Quelques jours après, un matin au réveil :
— Dis, maman, t'es contente d'être baptisée ? On est des petites sœurs de Jésus ? Dis, Maman !

Je serai « kif-kif » avec Jésus !

J'avais préparé un petit kabyle au baptême. Un Vicaire général lui fait subir un examen :
— Connais-tu le mystère de la sainte Trinité ?
— Non.
— Tu n'en as jamais entendu parler ?
— Non.
Le Vicaire me regarde, un peu surpris, mais continue cependant :
— Petit, comment les musulmans appellent-ils Dieu ?
— Ils l'appellent Allah.
— Et les chrétiens ?
— Père.
— Toi, comment l'appelles-tu ?
— Aujourd'hui, je l'appelle Allah, mais demain, quand je serai baptisé, je l'appellerai : Père.
— Pourquoi l'appelleras-tu « Père » demain ?
— Ah, demain, quand je serais baptisé, je serai « kif-kif » avec Jésus ! *...comme la branche, elle est « kif-kif » avec l'arbre.* Alors, Jésus qui est le Fils de Dieu, il l'appelle Père, moi aussi, son Père il sera mon Père.
— Et puis qu'est-ce qu'on fera encore ?
— On me donnera *l'Esprit de la famille.*
— Pourquoi ?
— Je serai enfant de Dieu, *je serai de la famille.*
— Qui est-ce que tu auras encore ?

Je vais porter toute tes faiblesses. Use de moi à volonté, dans tous tes besoins.
Aelred de Rielvaux

— La sainte Vierge. Elle est la maman de Jésus, ce sera la mienne aussi.

— Et puis encore ?

— Encore *tout ce qu'il a, je pourrai le prendre quand j'en aurai besoin*[1].

Cette envie de tout donner

Catéchiste : — Alors quel est le plus cadeau à offrir ?
Tous : — *Jésus.*
Catéchiste : — Et comment faire ?
RÉGIS, 7 ans : — *Il faut le communiquer à Dieu.*

Catéchiste : — Marie a offert Jésus... et nous, qu'est-ce qu'on peut offrir à Dieu :
FRANCK, 8 ans : — Nos péchés.
LAURENT, 10 ans : — On peut *lui offrir tout*.

Le prix de l'amour, *c'est toi-même* ! Veux-tu acquérir l'amour ? Cherche-toi, trouve-toi toi-même ! Aurais-tu peur, *en te donnant*, de te perdre ? Tu te perds, au contraire, en refusant de te donner.
Augustin d'Hippone

— Je ne suis jamais seule. Je Le retrouve toujours... aucun livre ne me satisfait s'il ne me parle pas de Dieu... Il y en a qui ont peur d'être prises par Dieu, moi, je trouve qu'on n'est pas plus malheureuse, au contraire ! *Quand on pense à tout ce qu'on a reçu, on a envie de le donner...*

ISABELLE, 12 ans.

CÉCILE, 3 ans, sa maman lui donne une clémentine. Sa sœur (8 ans) la lui prend. Cécile pleure :

— Elle m'a tout pris, elle m'a pas demandé.

On lui en donne une autre. Sa sœur :

— Dis, tu me donnes ?

Et à chaque fois, Cécile donne sa clémentine jusqu'à ce qu'il n'en reste plus pour elle. Comme on l'interroge sur son geste :

— *Elle m'a demandé, je lui ai tout donné.*

1. P. Monier, *Seigneur je cherche ton visage*, p. 117, Salvator.

En tes saints mystères, chaque jour nous *t'étreignons*, en te recevant dans notre corps. Accorde-nous *d'expérimenter* en nous-même *la résurrection* que nous espérons.
Ephrem de Nisibe

CLAIRE, 6 ans, est en colonie de vacances lorsqu'arrive un drame : son grand frère de 17 ans, qu'elle aime beaucoup, vient de mourir, renversé par un camion.

Pour la préparer à cette épreuve, l'éducatrice l'emmène. Elles s'assoient au bord de la rivière :

— Si on priait un peu, Claire, toutes les deux. Pendant la journée j'ai eu tellement de travail que je n'ai pas assez pensé à Dieu.

Après un moment de prière :

— Claire, si le bon Dieu te demandait quelque chose, est-ce que tu le lui donnerais ? (et de voir ensemble ce que Dieu pourrait bien lui demander... pour en arriver à la terrible question). Et si le bon Dieu te demandait Emmanuel ?

Après un grand silence, d'un regard profond :

— Je crois que je lui dirais oui !

— Eh bien, tu sais, le bon Dieu est venu chercher Emmanuel...

Le lendemain, de grand matin, elle se réveille.

— Tu vas à la messe ? (Claire a fait sa première communion).

— Oui.

— Je voudrais y aller avec toi. Je voudrais *communier* pour *retrouver* Emmanuel.

Donner de la joie à Dieu !

Si on a un sourire, c'est *un don qu'on reçoit* de Jésus et qu'il faut faire fructifier pour le ciel.

ADELINE, 8 ans.

Nous allions déjeuner chez les Petites Sœurs de Jésus, on se demandait ce que nous pouvions apporter, elles ont dit :

— Votre joie !

Alors, PHILIPPE, 5 ans :

— Eh bien, je m'apporte moi-même !

Faire un sacrifice, ce n'est pas s'imposer une rude épreuve ou une corvée très difficile. C'est *se donner*

une grande joie car en faisant des sacrifices nous *donnons de la joie à Dieu* qui voit que nous voulons *le rendre heureux* et l'implorer.
Or, lorsque Dieu est satisfait de nous et qu'Il est heureux, c'est *la plus grande joie que le Saint Esprit puisse nous donner*. Le sacrifice nous donne *beaucoup de joie* parce que Dieu est *heureux*.

JEAN, 11 ans.

Pendant le Carême :
— Demoiselle, j'ai mangé tout aujourd'hui, et aussi de la viande qui a du poivre dedans et que je n'aime pas. Ça piquait... mais c'était pour *faire plaisir à Dieu* !

MARC, 5 ans.

— Ce matin, j'ai aidé maman pour le déjeuner. J'ai mis les bols toute seule : pour maman, pour Karine et pour Valérie aussi, et puis j'ai mis le pain, et puis toute la table ! C'était pour *faire plaisir à Dieu*, parce que moi, je veux lui faire plaisir !

MURIEL, 6 ans.

— Maintenant, je fais toujours un petit silence avant de me coucher, pour *faire de la joie* à Dieu... Des fois, Karine le fait avec moi, et puis des fois je suis tout seul. C'est difficile... et puis, avant j'oubliais, pas maintenant !

FRÉDÉRIC, 6 ans.

La maman de DAMIEN et de FLORENCE nous explique :
— A la maison, Florence répète souvent : Il faut être très gentil, c'est le Carême. Maman, tu n'achèteras plus de bonbons ; il faut faire plaisir à Dieu, tu sais !... Souvent Damien s'arrête au milieu d'un jeu qui le passionne, et il explique à son frère et à sa sœur : « Je vais voir Dieu... Je reviens ! » Il part dans la salle à manger et là, il s'assied et prie, seul ! L'autre jour, nous avons été stupéfaits : Damien aime beaucoup tremper un sucre dans notre café, après le dessert. Comme d'habitude, il prend son sucre et, au moment de le tremper dans le café, d'un geste énergique, il le repose sur la table en disant, rayonnant : « C'est le Carême, non ! aujourd'hui, je *fais plaisir à Jésus* ! »

Tu est toujours avec moi
Tu es mon gardien
Tu es mon sauveur
Tu es mon amour
Tu es toute ma joie
Tu es tout pour moi !

ARMELLE, 11 ans 1/2.

Il reste fidèle à nous

Le Christ pour moi, il est mon Sauveur. On m'a appris à le connaître et *jamais quelqu'un ne me séparera de lui* comme ma mère qui me dit que quand je serai grande, je n'y croirai plus, mais moi je ne l'écoute pas. J'aime le Seigneur parce qu'il a souffert pour moi et tous mes frères et sœurs, aussi parce qu'*il reste fidèle à nous* et il nous regarde pour nous dire qu'il nous aime tous, quand je demande au Seigneur un vœu, il me l'exauce, moi du lundi au vendredi, je vais à la chapelle pour louer le Seigneur, pour chanter son cœur, moi chrétienne qui ne suis rien à côté de lui, je l'adore de tout mon cœur, car je sais qu'il me rendra le bien que j'ai fait sur terre. Il me le rendra dans les cieux bénis. Et la sainte Vierge, elle, ma mère du ciel qui m'aime, elle aussi comme tous, elle nous aime et elle nous le montre.

En allant à la chapelle, et, à chaque fois que je vais la louer, elle me semble ouvrir les bras et les yeux pour me parler. Voilà comment le Christ je l'aime et comment je le loue ainsi que tout le monde. Moi je suis scout, j'aime être en liberté, parler au Seigneur mon Dieu, lui dire *que je sois sainte*, rester toujours fidèle à lui et de toujours le louer.

MARIE, 12 ans.

Je viens de lire ton enseignement sur les saints de l'an 2000 et en écoutant toutes ces merveilles de Dieu je me suis dit que je ne peux pas continuer à vivre comme ça, une vie banale où il n'y a que des plaisirs factices.

J'ai été au calme office des carmélites. Et vraiment, j'ai vu où est le Seigneur et sa puissance. J'en suis émerveillée. J'ai compris que le bonheur est là, qu'il me tend la main.
Je veux ce bonheur. Je veux vivre, vivre et aimer Jésus. Je sais aussi que pour suivre Jésus il faut être une enfant et je perçois déjà le bonheur que j'aurai quand je serai enfant, à me laisse porter dans les bras de mon bien-aimé Père.
Dis-moi comment peut-on être une enfant ? C'est ça ma vie. Ma vie, c'est Jésus. J'ai compris combien c'est beau avec lui.
J'ai faim de sa volonté, toute sa volonté, car je crois que *sa volonté c'est le bonheur*, puisqu'il est un Père aimant.
Je ne sais pas si je vais me marier avec lui ou avec un homme, mais j'attends avec impatience le moment où je le saurai. En tout cas, je suis de plus en plus attirée par la vie religieuse et missionnaire.
S'il te plaît, dis-moi vite le secret de l'enfance.

BÉATRICE, 13 ans.

Je suis heureux ! heureux ! Le Seigneur vit en moi, je ne vis plus, c'est Jésus qui vit en moi. J'ai des moments de dépression, de fatigue, mais Dieu est là, son Esprit me soutient, me guide, me transporte !
Ma vie est pleine de merveilles, et je ne peux plus dire que : Jésus je t'aime ! Alors un amour infini, un amour débordant vient m'ensevelir dans la grâce miséricordieuse du Sauveur pour lequel je me suis offert, comme nous l'a demandé la petite Thérèse.

EMMANUEL-MARIE, 13 ans.

Je crois au pardon des péchés.

XIV
LIBRE DE MOI, POUR LA JOIE DE JÉSUS !

Satan est obligé de perdre

A propos de la Genèse : nous avons raconté à Cécile, 2 ans 1/2 les jours de la création. Nous reprenons l'histoire avec elle :
— Et le sixième jour, Cécile, qu'est-ce qu'Il a créé, le Seigneur ?
— Il a créé le papa et la maman.
— Oui, et qu'est-ce qu'Il leur a dit ?
— Il leur a dit : Faut pas toucher à mes affaires ! et ils ont désobéi.

— La chute, c'est la faute du serpent.

GRÉGOIRE, 11 ans.

Le Sauveur, qui a pouvoir de remettre le péché, dit à ceux qui sont *dans les liens : « Sortez ! »*
Ambroise de Milan.

— Cette nuit, j'ai rêvé à Jésus et au diable. J'ai ri, parce que *le diable veut nous attacher, mais Jésus nous détache, oui, Jésus nous détache.*

NATHALIE, 6 ans.

Un jeune séminariste ayant sans doute mal assimilé un cours, nous enseignait :
— Le péché, on sait maintenant que c'est un mythe !
— S'il n'y a pas de péché, alors il n'y a pas de Jésus !

YOHANNI, 13 ans,
(Catéchumène au Rwanda).

... Si quelqu'un fait quelque chose de mal, il le sait, que ce soit un athée ou un chrétien. Satan est venu dans son esprit et l'a complètement bouleversé. Quand un chrétien a fait quelque chose de mal, il peut surmonter ce mal, en demandant pardon à Jésus et Satan est vaincu. Comme Jésus sur la croix, Satan est obligé de perdre.

Qui t'a saisi pendant que tu fuyais ? Et le démon ne vous répondra que ces mots : le corps crucifié.
Jean Chrysostome.

Tout ce qu'on fait pour évangéliser les gens, c'est très bien parce qu'*une personne qui croit fortement est blindée contre Satan.* Bien sûr, Satan peut faire *des entailles* mais elles ne servent à rien. Cet être revient toujours vers Jésus. S'il continue à croire en Jésus, il ne perdra jamais rien.

JEAN-BAPTISTE, 11 ans.

Face à son professeur niant Satan, MICHÈLE, 15 ans (libanaise) ose rétorquer :

— Monsieur, vous êtes un menteur !

— Quel toupet ! J'ai fait des années de philo et de théologie !

— Pardon, Monsieur, je n'ai fait que mon catéchisme.

— Tel et tel livre l'ont prouvé : Satan n'est qu'un mythe !

— Je n'ai lu qu'un seul livre, c'est l'Évangile. Mais je sais que Jésus n'est pas un menteur.

Du feu dans le noir

— Cette nuit j'ai rêvé que j'étais en enfer... C'est parce qu'hier, j'ai donné un coup de pied à Blandine.

— Et comment était l'enfer ?

— Il n'y avait rien, rien, rien, que du noir et pas de lumière.

SÉGOLÈNE, 4 ans.

— Le péché, c'est comme une branche morte. Ce n'est pas très utile, mais si tu la jettes dans le feu, ça fait de la lumière.

CLAIRE, 11 ans.

Mon ami Jésus, merci parce que tu vas nous faire rentrer dans le cœur de Marie. *Enlève tous les petits coins noirs* de notre cœur et mets dans notre cœur tout plein de lumière. Merci mon ami Jésus.

HÉLÈNE, 5 ans.

Si nos ennemis nous trouvent *joyeux* et réfléchissant que tout est aux mains du Seigneur, *ils battent en retraite.*
Athanase d'Alexandrie.

A la première confession de RACHEL, 3 ans, le prêtre n'en revenait pas. Elle avait confessé ses deux défauts dominants : la bouderie et le refus de céder. Elle lui a dit ensuite :
— Tu sais, quand on fait le mal, Jésus pleure et Satan, lui, il est très content. Mais quand on fait le bien, Jésus rit et *Satan s'en va vite.* Il est furieux !

— Si Jésus n'avait pas dit : Père, pardonne-leur, qu'est-ce qui se serait passé ?
— Tout le monde y serait triste !

CHRISTINE, 10 ans.

Voici que ce Jardin est l'haleine vivifiante de ce *monde malade* : le voyant dépérir, cette haleine annonça qu'un *remède de vie* nous serait envoyé.
Ephrem de Nisibe.

— Pourquoi Jésus est-il venu ?
NATHALIE, 5 ans : — Parce que j'étais malade !

— Je ne vais pas me confesser pour entendre le prêtre me dire : « Mais c'est normal ! Aujourd'hui tout le monde fait ça ! C'est pas grave, ne t'en fais pas ! »... Pourquoi me comparer à ceux qui pèchent, au lieu de me donner en *exemple les saints* ? Si j'y vais, c'est parce que je sais que j'ai péché. Me dire le contraire c'est me dire : « Tu n'as pas besoin de la Miséricorde ! »

SAMIA, 14 ans.
(Libanaise).

Ceux qui ont reçu le pouvoir de Dieu de lier ou de délier, se comporteront en médecins *attentifs* à trouver *le remède* que réclament chaque pénitent et sa faute, car le péché est la *maladie de l'esprit.*
Concile in Trullo - (692).

Le Père, lui aussi blessé

Je vous ferais voir, si vous le désirez, celui qui se tint debout dans l'accablement... Notre Seigneur Jésus-Christ, qui était vivant dans sa mort même, et qui, son corps brisé sur la Croix, se tenait dans sa divinité aux *côtés de son Père,* d'une part priant avec nous, de l'autre nous prenant *en compassion avec son Père.*
Bernard de Clairvaux.

— Jésus peut pardonner, lui, parce qu'il a souffert. Si le Père pardonne, c'est qu'*il doit lui aussi être blessé.*

MARC, 11 ans.

— Dieu a laissé son fils mourir pour nous sauver. Il s'est laissé mourir pour nous pardonner tous nos péchés.

JEAN, 10 ans.

Comment le péché peut-il offenser Dieu, il est esprit et il est ressuscité ?

PAUL, 6 ans. — *A travers les hommes comme par ricochet.*

Je *te blessais* et *t'affligeais* continuellement, mais Toi, Seigneur, dès que je t'ai appelé, tu m'as donné de connaître ton immense tendresse.

Silouane.

A 7 ans, je trouve CÉCILE en larmes dans une pièce de la maison :
— Qu'as-tu ?
— Jésus a de la peine. Je t'ai dit un mensonge.

A la prière du soir en famille, notre fils de 5 ans disait avec nous le Notre Père. Et voici ce que j'ai entendu :
— ... pardonne-nous *nos enfances,* comme nous pardonnons à ceux qui nous ont *enfoncés...*

Je demandais à une petite Suissesse :
— Quand Jésus te dit : Je suis l'Agneau qui se charge du monde, qu'est-ce que cela veut dire ?
— Cela veut dire : *Ton péché à toi, c'est ma faute à moi, ne t'en occupe pas*[1].

— Jésus est le *pardonneur* de toute la terre.

AGNÈS, 6 ans.

Te voir avec un cœur tout neuf !

Seigneur Jésus
Toi qui es devant moi
Et qui me regardes
Enlève le péché du cœur.

ANNE, 10 ans.

— Seigneur Jésus, aime-moi quand mon cœur est vilain, aide-moi, Seigneur, à le faire redevenir juste.

CLAUDE, 8 ans 1/2.

1. P. Monier, *Bâtir sur le roc,* p. 71, Salvator.

— Jésus, on va jamais te tacher !

LYDIA, 5 ans.

SIMON, 3 ans, après une punition :
— Maintenant, j'ai un cœur tout neuf !

CHANTAL, 5 ans, était ce jour-là, insupportable. La sœur l'emmène prendre l'air. Elle joue un moment, puis vient trouver la sœur :
— Jésus vient de faire le miracle de Cana. A Cana, il a changé l'eau en vin. Moi, j'étais méchante, maintenant je ne le suis plus. Il a changé mon cœur !

Sur le fils prodigue, GISON, 4 ans :
— Pardon ! *Que je te voie avec mon cœur !*

Quand il n'est pas bien, ou s'il a fait une bêtise, ANDRÉ, 6 ans :
— Guéris-moi, Jésus !... Seigneur, enlève toutes les taches noires qui sont dans mon cœur. (Il a les yeux fermés).
Et au bout d'un moment :
— Je vois la lumière !... les taches sont parties !

Comme une toile...

Qu'aucune image n'atteigne la pureté de ton cœur si ce n'est la très pure icône du Christ notre Dieu et Sauveur.
Dimitri de Rostov.

— Qu'a fait Jésus pour Zachée ?
— Il lui a redonné un cœur de chair.
— Et nous, comment changer notre cœur ?
— Il faut se mettre en face du Seigneur, *comme une toile est devant un peintre* et lui demander de nous aider.

PATRICIA, 11 ans.

CATHERINE, 10 ans arrive de se préparer au sacrement du pardon :

— Maman dis, tu vas faire comme Zachée, rencontrer Jésus ? Après ta vie sera toute changée...
A la fin d'une lutte intérieure de huit jours, la maman est revenue à Dieu après de nombreuses années.

LIONEL, 3 ans, a un voisin (Monsieur Potier). Un dimanche à la messe, au moment de la célébration, au lieu du « Seigneur prends pitié », on entend tout fort : Seigneur, prends Potier !

DENIS, 14 ans, handicapé, se prépare avec ses camarades et ses catéchistes au sacrement de réconciliation. Il est tout joyeux en revenant de recevoir le pardon, bat des mains, saute ! Il s'approche de l'un d'elles :
— Michèle, tu y vas ?
— Non pas aujourd'hui.
— Vas-y, il le faut, le Père Claude te dira : Dieu t'aime et je te pardonne au nom du Père et du Fils et du Saint-Esprit. Tu dis « Amen », t'es fou de joie comme Zachée... Vas-y !

Nous racontons à CÉCILE, 3 ans 1/2, l'histoire de Zachée. Le lendemain nous la reprenons avec elle, en suivant sur un dessin.

— Alors, Jésus est venu chez Zachée. Et qu'est-ce qu'il a fait après, Zachée ?

— Eh bien ! Il a grandi !

Seigneur,
Tu es en nous comme le sang
Tu nous pardonnes tous nos péchés
Et tu veilles sur nous chaque jour !

VALÉRIE, ANDRÉ, DIMITRI, MARTHE, 11 ans.

Je dis mon acte de construction !

Pendant la prière du soir, THIERRY, 6 ans, dit comme par routine :

— Pardon pour les bêtises que j'ai faites.

Sa maman :

— Pourtant, tu n'as pas fait de bêtises aujourd'hui...

— Si, *parce que je ne suis pas comme DIEU.*

Je suis en train de taper à la machine. ALEXANDRE, 6 ans, est intrigué par le papier correcteur.

— Dis, ça c'est pour quoi faire ?

— Je m'en sers pour corriger les fautes. Regarde ! (Et je lui montre comment la lettre blanchit).

— Oh ! Ça fait partir la faute ?

Comme un éclair, sa réponse me branche ailleurs :

— Tu vois, quand tu demandes pardon, dans ton cœur aussi Jésus fait partir la faute...

— Mais comment il fait, *il souffle* ?

Les démons ont été chassés par l'*Esprit de Dieu*. Le diable a perdu son pouvoir en présence de l'*Esprit*. Les *péchés sont pardonnés* dans la grâce de l'*Esprit*.

Basile de Césarée.

CÉDRIC, 9 ans, avait volé. Tout le monde dans la classe était au courant. Puis, le petit bonhomme s'était

confessé. Je le savais et pourtant, quelques jours plus tard, j'ai eu la maladresse de lui dire :
— Tais-toi, après ce que tu as fait !
— Comment ? vous m'en reparlez ? J'ai dit mon péché à Jésus, et maintenant, *c'est comme si je ne l'avais pas fait !*

— Qu'est ce que tu dis quand tu te confesses ?
HÉLÈNE, 5 ans : — Moi, quand je me confesse, je dis *mon acte de construction* !

— Merci, Seigneur, de nous pardonner tout le temps !

VINCENT, 8 ans.

Quand je vais à la messe, mon cœur est rempli de joie car je me dis : « c'est bien NICOLAS tu es allé à la messe pour lui faire plaisir. » Moi, c'est surtout quand je me fais confesser. Monsieur l'Abbé, je le prends pour le Christ, je crois qu'il est à côté de moi après la confession, je me sens *libre de moi*, être dans les soucis cela me rend nerveux et quand je suis nerveux, j'ai encore plus de soucis, donc la *joie de Jésus* en nous voyant confesser est immense dans les cieux.

NICOLAS, 11 ans.

— Qu'est-ce qui s'est passé au retour du fils prodigue ?
PASCAL, 7 ans : — Le père a dû pleurer autant que le fils, ils se comprenaient sans rien dire...
Au moment de l'absolution, deux larmes coulent de ses paupières closes :
— Justement *je pleure de joie* : Dieu est *content* que je me confesse !

Entre le corps et la tête, il y a place pour *aucun intervalle* ; le moindre intervalle nous ferait *mourir*.

Jean Chrysostome.

Au cours sur le péché, j'enseignais aux enfants : un seul péché mortel commis et nous n'avons plus Jésus en nous.
Plus tard, au confessionnal, l'un d'eux, intrigué, me questionne :
— Mais Jésus alors, *où y s'en va* !

FRANÇOIS, 8 ans, attend son tour au confessionnal. La grille formée de multiples petits trous est l'occasion d'un jeu passionnant : compter tous ces trous où passe allègrement son petit doigt.
Brusquement le guichet s'ouvre. Sursautant de surprise, tel un ressort il s'écrie :
— Y en a vingt !

A travers la grille obscure d'un confessionnal, LOUIS, 8 ans :
— Je prends la ferme *révolution*, avec votre sainte grâce...

— Merci, Seigneur, d'être toujours avec nous, même quand on fait des péchés !

BENOIT, 7 ans.

Seigneur Dieu,
Je me suis éloigné de toi.
Mais *je veux* être ton ami.
Pardonne-moi par ton Fils Jésus.

GAËL, 8 ans.

Si tu veux chanter Alleluia !

ANNIE, 8 ans, à CÉCILE même âge :
— Il faut que tu pardonnes à Claude.
— Non, je ne peux !
— Écoute, tu as déjà vu un barrage ? Eh bien ! dans ton cœur il y a tout l'amour de Jésus qui voudrait te jeter dans le cœur de Claude et toi *tu mets un barrage et Jésus est malheureux* et toi aussi. Viens, on va prier ensemble... Et le pardon a été donné.

Prends sur toi le mal dont on te charge sans te préoccuper de persuader les gens qu'il en est autrement. Tout au contraire, *prie* pour obtenir de pardonner.

Isaac le Syrien.

Quand elle n'arrive pas à pardonner, HÉLÈNE, 10 ans dit :
— Père, pardonne-leur, ils ne savent pas ce qu'ils font !

MAGALI, 7 ans 1/2, à VÉRONIQUE, 12 ans :

— La colère que tu as faite tout à l'heure, c'était pas tout à fait de ta faute. Tu as cédé au mal. T'en fais pas, Jésus t'aime quand même. Tu vois, Il nous aime si nous sommes gentils, si nous sommes méchants. Il nous aime tout le temps. C'est lui qui nous sauve, *on peut pas tout seul.*

Moi c'est pareil. Je sens des fois la colère qui monte. Je le sens dans mes jambes, j'ai envie de tout casser avec mes pieds. Alors des fois, je dis — Jésus, Jésus, aide-moi — et *la colère s'en va de mes jambes.* Mais toute seule, ça n'est pas possible.

L'autre jour, je n'arrivais pas à pardonner à ma copine, j'ai pensé à Jésus sur la croix et je lui ai dit : c'est fini viens jouer.

GABRIELLE, 10 ans.

SYLVAINE, 4 ans, entre dans une église avec sa mère et crie tout fort :

— Cher Bon Dieu, je vous pardonne toutes les méchancetés que j'ai faites à ma maman !

En pardonnant, tu retrouveras le calme et la paix : le calme de la vie, la paix de la prière.
Augustin d'Hippone.

A des petits camarades qui se disputent et ne veulent pas se pardonner, l'une d'elles (6 ans 1/2) :

— Dépêche-toi de pardonner parce qu'*on pourra pas chanter Alleluia...*

On dit : « Je ne veux pas pardonner ; il m'a fait trop mal ; il m'a été trop hostile ! » Tu es envers toi-même pire que lui, en lui refusant le pardon. Je t'en prie, pardonne ! Mais, diras-tu, « il ne me le demande même pas ! » Eh bien ! toi, demande-le à sa place !
Augustin d'Hippone.

TURIN, 1854. A la Porta Susa, deux jeunes, enragés, s'apprêtent à se battre en duel. Leurs pierres déjà en mains, un garçon s'interpose. Tirant le petit crucifix qu'il porte à son cou, il s'agenouille devant chacun : « *Commence par moi.* Tire-moi un bon coup de pierre sur la tête. » Ils sont bouleversés.

— Comment, vous êtes tous les deux prêts à tout risquer pour me défendre, un pauvre garçon comme moi, et vous n'êtes pas capables de *vous pardonner* une insulte pour sauver votre âme, celle qui a coûté le sang du Sauveur ? » Ce garçon ? Domenico Savio. Il a 12 ans[2].

Sa mère vient demander pardon en pleurant, à EMMANUEL, d'une faute qu'elle avait faite envers lui. Emmanuel, très grave, *lui pose la main sur la tête,* en silence, en attendant qu'elle cesse de pleurer. (Il n'avait jamais vu ce geste ailleurs).

Je suis *comme le soleil* qui à chaque instant surgit en eux pour les yeux de l'intelligence.

Syméon le Nouveau Théologien.

BRIGITTE, 10 ans, devant 2 000 chrétiens réunis pour la prière du soir, (lors d'un rassemblement du Renouveau à Paray-le-Monial) explique la croix qu'elle a faite. Un pétale rouge y représente un cœur. Un dalhia jaune est à l'intersection des branches :
— Quand il est monté au ciel, le Seigneur a laissé sur la croix une petite fleur, la fleur du pardon. Et cette fleur, tu vois, c'est *comme un soleil : c'est du bonheur pour une vie*[3].

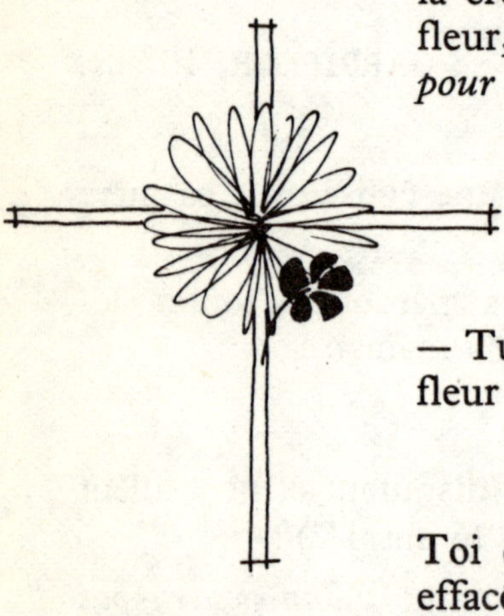

— Tu as été offensé par cette injure, alors va mettre une fleur à Jésus crucifié. Tu sauras comment pardonner.
KARINE, 10 ans, à un adulte.

Toi qui as marqué le soleil sur le sable, la mer l'a effacé !
Toi qui as marqué le soleil sur un papier, le temps l'a effacé !
Toi qui as marqué le soleil dans ton cœur, et tu l'as conservé !

FRANÇOIS, 11 ans.

2. Don Bosco, *Domenico Savio,* pp. 60-63.
3. Voir le contexte bouleversant où cette parole a été prononcée dans : *Baume est ton Nom,* p. 133.

XV
LA MESSE,
C'EST TA MAISON !
JÉSUS T'Y PROTÈGE
COMME UN PETIT OISEAU !

Ton cœur bat pour nous !

— Jésus, où qu'y dort ?

FATIMA, 8 ans.

— Où il est le corps de Jésus ? Il est dans le prêtre ?

JEAN-BAPTISTE-MARIE, 2 ans 1/2.

— Maman, Dieu, il a une maison, c'est le corps du Christ sa maison.

JOSEPH, 4 ans.

Avoir le Christ dans son cœur, c'est plus que l'avoir dans sa *maison*, car notre cœur nous est plus intime que ne l'est notre *maison*.

Augustin d'Hippone

Lors de ma dernière messe au Québec, dans une famille d'enfants portant de lourds handicaps physiques ou mentaux, FRANÇOIS, paralysé, 3 ans 1/2 ;
— La *messe*, c'est *ta maison* !

ROZEN, 4 ans, m'accompagne à la messe (première fois qu'elle met les pieds dans une église catholique), me montre le tabernacle :
— Il y a une petite maison avec une clé... C'est la maison de Jésus, c'est la Maison de Jésus, il y a une lampe à côté...

MOUNDOU, gitan de 4 ans, dort dans la caravane. Chaque fois que celle-ci passe devant une église ou un calvaire, il se réveille, se redresse, dit « *Jésus* », et se rendort.

Toi que nul ne peut contenir tu te fais tellement petit, et au creux de mes mains comme sur mes lèvres tu te laisses voir comme un sein lumineux et une douceur brillant et tournoyant. Oh ! étrange mystère.

Syméon le Nouveau Théologien

— Oh ! moi je sais ce qu'il y a à l'intérieur. Tu vois si un jour, la sœur qui a la clef du tabernacle la perdait et que toi tu puisses ouvrir la porte eh bien ! tu sais ce qu'on verrait ? *Jésus* qui s'est *fait tellement petit*, tellement *petit*, qu'Il est rentré dans le tabernacle et tu vois, tout le monde croirait.

FRÉDÉRIQUE, 9 ans.

CÉLINE, 5 ans : — Comment Dieu qui est si grand peut-il être dans l'hostie ?

THÉRÈSE MARTIN, 4 ans : — Mais parce qu'*il est tout-puissant* !

Le prédicateur habitué aux vastes auditoires, cette fois n'a qu'une seule retraitante : BABETTE, 6 ans, qu'il prépare à sa première communion. La veille, il a cherché à développer le sens de l'émerveillement devant ce chef-d'œuvre : Le Pain de Dieu descendu du ciel ! Mais ce matin à l'heure prescrite, point de Babette. Où est-elle ? Le père la cherche en vain. Poussant par hasard la porte de la chapelle, que voit-il ? Babette debout sur une chaise... Elle est allée chercher la clef du tabernacle ; elle en avait repéré la cachette. Elle a ouvert tout grand la porte du tabernacle et, les coudes poussés à l'intérieur, elle reste immobile.

— Que fais-tu là, Babette ?

Tournant vers le père des yeux limpides :

— *J'admire...*[1]

CHRISTIAN, 6 ans, et sa maman vont à l'Église. La maman s'assoit en priant devant le saint Sacrement. Au bout d'un moment, Christian en a assez :

— Dis maman, quand la petite lumière passera au vert, on pourra s'en aller ?

Dans la petite église de la Mure, Marie-Anne sa sœur aînée déniche un jour son petit frère PIERRE-JULIEN (Eymard). Il est comme blotti derrière l'autel, agenouillé sur un escabeau, la tête penchée contre le tabernacle :

— Depuis le temps qu'on te cherche !... A quoi penses-tu ?

— A Lui... C'est que je l'écoute, et je l'entends mieux ici ! (Plus tard, il fondera les prêtres du Saint Sacrement et sera canonisé).

1. V.F. n° 112.

Un matin, pendant que nous priions, un enfant s'était approché sans bruit du tabernacle et y avait collé son oreille. D'un seul coup, il se retourne tout bouleversé :
— Il est *vivant* ! J'ai entendu du bruit, *il bouge* !
Alors d'un seul bond, les enfants se sont précipités vers le tabernacle au risque de renverser icônes, fleurs et bougies. Et tous, ils entendaient et ils étaient ravis. Il faut dire qu'aucun des enfants n'a vu le tabernacle ouvert. Ils savent bien qu'il y a Jésus, mais pour eux cela reste un grand mystère. Souvent ils essayent de voir dans le trou de la minuscule serrure, de voir Jésus !
Alors le lendemain matin LAURA nous dit au cœur de la prière :
— Je sais ce qu'il y a à l'intérieur : c'est *le Cœur de Jésus qui bat pour nous.*

Après un moment d'adoration silencieuse devant le saint Sacrement, CHRISTINE, 8 ans :
— Pendant que je priais Jésus, j'ai senti tout à coup comme *une boule dans mon cœur*. C'est peut-être Jésus ?

Au moins les miettes !

CHRISTIAN, 2 ans 1/2, veut communier. Son oncle prêtre lui fait baiser la porte du tabernacle. Mais cela ne lui suffit pas :
— Donne-moi la clef !

A l'église au moment de la Communion CLAIRE-MARIE, 3 ans, quitte la main de sa Mamie et court vers le prêtre en criant :
— *Je veux Jésus* aussi, je veux Jésus !... Je veux Jésus !
Elle retourne en larmes à sa place, parce qu'on la trouve trop petite...

En voyant les autres communier, RACHEL, 3 ans 1/2, laisse couler deux grosses larmes, alors que d'habitude elle crie quand elle veut quelque chose. Après la messe, elle refuse les gâteaux, de tristesse de n'avoir pu communier.

Celui qui s'approche de la communion doit la prendre comme un homme affamé prend la nourriture, comme un homme mourant de soif prend une boisson ; comme quelqu'un qui *ne peut supporter d'attendre* et de voir retarder une si grande grâce.
Baudoin de Ford

A propos de la messe à la télévision, AGNÈS, 5 ans
— Dieu ne vit pas à la télé... et puis on ne peut même pas recevoir le Corps du Christ !

Ouvre-moi **à deux battants** ***la salle des noces*****, mon Dieu, oui, ne me ferme pas la porte de ta lumière, ô mon Christ !**
Syméon le Nouveau Théologien

— Papa, j'entends monsieur le curé dire « Heureux les invités au repas du Seigneur ! » Mais je ne peux pas être heureux comme vous, moi, puisque je ne suis pas invité !

PAUL, 5 ans.

Devant le refus de le communier, BENOÎT, 4 ans :
— Mais au moins des miettes !

RACHEL, 4 ans, de sa petite voix flûtée, continue après l'*Agnus Dei* :
— Agneau de Dieu, donne-moi la patte !...

Mon cœur : un ostensoir !

Le curé de notre paroisse ne voulait pas que CLAIRE, 6 ans, fasse sa communion car elle n'avait pas l'âge. Comme elle réclamait toujours cette communion, nous avons essayé de lui expliquer que pour recevoir Jésus il fallait bien le connaître afin de pouvoir bien l'aimer. Dans un cri de foi formidable, elle a répondu :
— *Qui c'est qui peut dire que je l'aime pas Jésus ?*

Te tenir, t'embrasser, te voir, te manger, te posséder dans mon cœur, ô Christ, comment en suis-je jugé digne ?
Syméon le Nouveau Théologien

Durant la causerie sur Dieu, un petit garçon de 5 ans 1/2, visiblement n'écoute pas. Il paraît absent. Tout à coup il s'exclame :
— Oh, le Seigneur Jésus, je l'aime tant ! Je voudrais le mordre, je voudrais le manger !

A la prière du soir, au moment où approchait sa première communion, SAMUEL 4 ans :
— J'ai un ostensoir dans mon cœur.
— Pourquoi, Samuel ?
— Parce que j'aime Jésus de plus en plus.

Après une Eucharistie célébrée à la maison, MATTHIEU, 6 ans, à sa mère :

— Sens, Maman, tu ne trouves pas que depuis que Jésus est venu sur la table de la salle à manger, on respire l'amour ?

OLIVIER, 5 ans : — Je voudrais aussi recevoir Jésus.

— Mais pourquoi ?

— Parce que je l'aime !

Il est dans le pain ! On me l'a dit !

Saint Pie X a prescrit de demander seulement aux enfants, pour communier, qu'ils distinguent le pain eucharistique du pain ordinaire. D'où alors ces petits enfants que je connais, ils communient à quatre ans. Il n'y a rien à faire pour les en empêcher. Un jour petit PIERRE me dit :

— Moi, je vais manger Jésus !

— Tu es trop petit !

— Je suis trop petit ? Et pourquoi ?

— Tu ne sais pas ce que c'est.

— Je ne sais pas ce que c'est ? Quand tu es bien habillé pour la messe, je sais bien que ce n'est plus le Père Monier, que c'est *Jésus* qui dit « Ceci est mon Corps », et c'est pour le manger...[2]

Tu dis peut-être : C'est mon *pain ordinaire* ! Mais ce pain est du pain avant les paroles sacramentelles ; dès que survient la consécration le pain devient la chair du Christ... C'est donc *la parole du Christ* qui produit ce sacrement.
Ambroise de Milan

Premier gros chagrin avec Jésus de JEAN-LUC, 3 ans 1/2. Une personne en visite lui avait parlé du pain, du respect qu'il faut porter au pain parce que « Jésus est dans le pain ». Quelques jours après, je trouvai sur la table un pain tout creusé dans l'intérieur de la mie comme si un régiment de souris l'avait assiégé... et un petit garçon le visage baigné de larmes, à côté ! Je cherchai à comprendre et m'entendis répondre désespérement : On m'a dit qu'Il était dans le pain Jésus, c'est pas vrai ! *Moi je veux le voir, Jésus* !

2. P. Monier, *Seigneur je cherche ton visage*, p. 148, Salvator.

Nous assistions à une conférence au séminaire de X... avec MARIE (8 ans). Elle jouait en nous imitant à prendre des notes assise derrière une tablette de l'amphithéâtre.
Le conférencier, pas sûr de son sujet, parlait de présence « symbolique » dans l'Eucharistie.
Marie nous tendit un papier bourré de fautes d'orthographe et qui disait ceci : « Tu es un menteur. Jésus est vraiment présent dans l'hostie. »

A table, alors que toute la famille s'apprête à commencer le repas, grand-père met le pain et le vin sur la table, et JULIEN, 4 ans, crie très fort :
— Le pain, le vin, le Seigneur !... et se met à rire, le visage illuminé.

Je le veux dedans moi !

C'est le *pain de Dieu que je veux*, qui est la chair de Jésus-Christ, de la race de David, et pour boisson je veux son sang, qui est l'amour incorruptible.
Ignace d'Antioche

Au cours de la vigile pascale, se vivaient deux baptêmes d'adultes de la communauté ; j'étais au premier rang avec à côté de moi, une sœur « athée» d'un des baptisés ! Mon fils était avec sa mère et lui disait sans cesse : — *Je veux avoir le corps de Jésus dedans moi !* Elle me l'a envoyé, ne sachant plus quoi répondre ! Et l'enfant, après m'avoir cherché dans toute l'église, me répétait la même question et a fini par dire : — Eh bien, va demander au prêtre, que j'aie le corps de Jésus dedans moi !... Il me tirait la manche, il avait soif de Jésus ! Et cette femme, athée, à côté de moi, me disait :
— Mais qu'est-ce que c'est que la messe ? Je disais à NATHANAËL, 4 ans, dans le respect et l'obéissance à ce que me disait l'Église : — Écoute, le prêtre ne veut pas, ce n'est pas moi qui peux te donner le corps de Jésus ce soir ! Mais au-dedans de moi, quelque chose me déchirait de voir cette soif du Christ ressuscité !... Et comme il insistait toujours, en plein milieu de la procession eucharistique, je n'ai pas pu tenir, j'ai dit : — Eh bien, on y va ! J'ai interrompu la procession de tous les communiants et j'ai dit au prêtre : — Que fait-on avec cet enfant ? Il avait tout vu et tout entendu pendant la messe. Alors il a rougi et m'a dit : — On

lui donne ! Mon fils a donc communié pour la première fois et nous sommes revenus à notre place tous les deux avec en nous le Corps du Christ ressuscité et j'ai vécu là un des moments les plus intenses de ma vie de père et je dirais même de ma vie d'enfant de Dieu : J'ai pris mon fils sur mes genoux et j'ai senti la jubilation intérieure de cet enfant qui ne cessait de répéter avec une explosion de joie que j'ai moi-même vécue authentiquement avec lui : — *J'ai le Corps de Jésus dedans moi... J'ai le Corps de Jésus dedans moi...* et il riait !... et à ce moment-là, la personne athée qui était à côté de moi s'est mise à pleurer ! Je ne sais pas ce qu'elle est devenue, mais il est probable qu'elle a vu ce qu'était le Corps du Christ ressuscité au travers de la vie de foi de cet enfant[3].

Lorsque vous venez de recevoir le Seigneur, puisque vous avez devant vous la personne elle-même, tâchez de fermer les yeux du corps, d'ouvrir ceux de l'âme, et regardez dans votre cœur... et vous pouvez tant le désirer qu'il se manifestera pleinement.

Thérèse d'Avila

— Depuis l'âge de sept ans, Mariam d'Abbelin, en Galilée, se confessait tous les samedis. Et déjà la faim de l'Hostie la tenaillait. Mais comment faire pour devancer l'âge officiel de la communion ? Comment tenir sans Jésus dans le cœur ? Comment résister à des élans de plus en plus brûlants et violents ? Après chaque confession hebdomadaire, elle demande au prêtre la grâce de communier. Chaque fois le prêtre lui répond : — Je le veux bien, mon enfant, mais un peu plus tard. Quelques mois se passent. Voici qu'un samedi à la demande renouvelée de l'enfant, le prêtre, distrait sans doute, oublie sa restriction « un peu plus tard ». Mariam se croit exaucée. Enveloppée dans son grand voile qui dissimule sa jeunesse, elle se glisse dans la foule des communiants. Tenant en main, selon le rite byzantin, le calice où trempent des parcelles de pain consacré, le prêtre tend à Mariam la petite cuillère qui contient les saintes espèces. Elle communie au Corps et au Sang du Christ. Elle rayonne de bonheur. Elle avouera qu'elle a vu Jésus se donner à elle sous les traits d'un magnifique enfant... Je l'ai vue, revenant de communier, se jeter à genoux avec force en disant : — *Maintenant, j'ai tout !*[4]

Il est notre *hôte* et *notre demeure* : quel bonheur de l'avoir pour refuge et d'être sa demeure ! A un tel *bonheur* qui pourrait *manquer* ? Plus rien ne peut subsister, plus rien ne peut être introduit en notre cœur lorsque le Christ l'emplit de sa présence... et *nous enveloppe de toutes parts*.

Nicolas Cabasilas

3. P. Pingault, *Communauté du Pain de Vie.*
4. Amédée Brunot, *Mariam, la petite arabe*, Salvator.

Ma tête contre ta poitrine

Ces vérités sublimes, c'est sur la poitrine du Seigneur que mon pêcheur les a apprises... Pour mieux nous entretenir avec Jésus-Christ, reposons-nous sur la poitrine du Seigneur.
Hilaire de Poitiers

PIERRE-YVES, 4 ans, pleure parce qu'il ne pouvait pas manger Jésus. J'essaie de le consoler mais les mots me manquent. Quand je reviens de communier il me demande :

— Tu as mangé Jésus ?

— Oui je l'ai mangé.

— Alors il est dans ton cœur ?

— Oui il est dans mon cœur.

A ce moment il se serre très fort contre moi en appuyant sa tête contre ma poitrine :

— Eh bien ! puisque Jésus est dans ton cœur si je me serre bien fort contre toi je serai tout près de lui...

Je vais à l'Eucharistie tous les matins avec MARIE, 2 ans 1/2. Après la communion, elle vient toujours sur mes genoux faire un calin à Jésus dans le cœur de sa maman.

Et ce jour-là, elle me repousse en disant avec fermeté :

— J'ai pas besoin, maman, Jésus, il est aussi dans le cœur de Marie !

Jean buvait au cœur du Seigneur le secret des mystères.
Augustin d'Hippone

Avant sa première communion, j'emmenais quelquefois CÉCILE à la messe en semaine (elle réclamait souvent). Après la communion elle voulait toujours *poser sa tête contre ma poitrine*, et elle fermait les yeux et restait là silencieuse :

— Comme ça, je suis tout près de Jésus, je l'écoute et il m'écoute.

Entraîne-nous après toi, nous courrons après l'odeur de tes vêtements, afin de *sentir l'odeur de la résurrection*.
Ambroise de Milan

PIERRE-JULIEN EYMARD, le petit pressureur d'huile de la Mure, près de Grenoble, n'a pas 6 ans. Un matin, de retour de l'église où elle a communié, Marie-Anne, sa grande sœur, qui remplace sa mère si tôt perdue, le prend sur ses genoux. Et lui, de s'appuyer câlinement contre elle :

— *Oh ! tu sens Jésus* !

C'est moi ! C'est l'amour !

MARTHE, 2 ans, assiste à la messe avec ses parents dans les bras de son papa. Au moment de la consécration, elle chuchote à son oreille un mot qu'elle n'avait jamais utilisé jusqu'à présent.
— C'est *l'alliance* !

Votre âme... sans amour ne saurait vivre. Sa nourriture ? C'est l'amour... Cet amour qui s'approche pour recevoir la lumière douce et glorieuse, celle que je vous ai donnée pour nourriture.
Catherine de Sienne

ÉMILIE, 5 ans, n'a jamais entendu parler du Seigneur chez elle. Dimanche, elle est venue à l'Eucharistie car elle ne pouvait rester seule à la maison.
Au moment où le célébrant commençait à prononcer les paroles consécratoires, elle dit à Papy :
— Qu'est ce qu'il dit le Monsieur ?
— Il dit... il dit... euh ! (Comment lui expliquer ? Que lui dire ?) Mais aussitôt elle, d'un ton très assuré :
— Il dit : C'est l'Amour de Dieu !

Je demande à CATHERINE, 5 ans, ce que veut dire Jésus, le Jeudi saint, quand il dit : Ceci est mon corps, ceci est mon sang.
— Eh bien, cela veut dire : *C'est Moi* !

Reste avec nous pour qu'on te reconnaisse !
NININE, 12 ans.

LYONNEL, 4 ans : — Pourquoi le prêtre dit à la messe « Jésus crie Seigneur », alors que c'est lui le Seigneur ?

JOËL, 4 ans, à la messe, pour une fois, écoute attentivement le prêtre parlant de la promesse. A la fin, à ses parents :
— La promesse, c'est nous !

Ils ne comprennent rien !

Au cœur de ton Église ton sang sacré *protège* l'Épouse. Ton corps est vivant.
Liturgie Syrienne

L'Eucharistie, c'est Jésus qui te *protège* comme un petit oiseau.
JEAN EMMANUEL, 12 ans.

Marie fut couverte d'ombre par la chair de son propre Fils. De même pour moi, la chair du Fils est une ombre *protectrice* lorsque je Le mange dans le sacrement.
Bernard de Clairvaux

Le voici Lui-même qui se laisse non seulement voir, mais encore *toucher*, manger et qui se laisse recevoir au-dedans de vous !
Jean Chrysostome

Dans ce qui est vu et dans ce qui ne l'est pas, Que *ton Église te voie* comme te vit ta mère !...
Ton pain l'emporte, ô mon enfant, sur ton corps
Car, ton corps, même les incroyants l'ont vu ;
Mais ils ne peuvent pas *voir ton pain de vie*.
Ephrem de Nisible

Ils ne s'examinent pas : ils *ne comprennent pas* ce que c'est que de *communier* à l'Église.
Origène

Quelle différence entre celui qui va au festin pour le festin et celui qui va y rencontrer le Bien-Aimé !
Yahya
(mystique de l'Islam)

L'Eucharistie, c'est la purification de notre corps. Si on n'en mangeait pas, c'est comme si on était morts !

SYLVIE, 13 ans.

Jésus, *comme un malade ou un handicapé*, a besoin d'être *touché*... L'eucharistie c'est un acte, un geste de Jésus qui sauve plus qu'une parole !

JEAN, 12 ans.

VIRGINIE, petite mongolienne, vient de recevoir Jésus pour la première fois. Entendant autour d'elle des adultes normaux s'indigner plus ou moins discrètement :
— N'écoute pas Maman, ils ne comprennent rien !

J'expliquai à MARIE-ANNE (trisomique) que sa mère ne sortait plus que pour aller à l'hôpital... Alors me dit-elle, il faut qu'un prêtre vienne. Elle ne peut pas rester sans manger le pain de Dieu[5].

Quelques jours avant la première communion de BENOÎT (mongolien) une parente téléphone. Benoît décroche :
— Benoît ! C'est justement toi que je voulais. Dis-moi, que désires-tu comme cadeau pour ta communion ?
Stupéfait, Benoît de répondre :
— Mais !... Je veux *Jésus*, tiens !

Une grande lumière qui grandira

Que faut-il pour recevoir Jésus ? Commencer à communier ?
NICOLAS, 6 ans : — Croire en Jésus !
GEORGES, 7 ans : — C'est lui faire confiance...

5. Georges Hourdin, *Le Malheur innocent*, p. 169.

Il dépend de vous de *croître en amour*, et c'est avec cet amour que vous vous approcherez de cette douce et glorieuse *lumière*, que je vous ai donnée en nourriture. Plus vous apporterez *d'amour*, plus vous participerez à cette *lumière*
Catherine de Sienne

— Qu'est-ce que cela va changer pour toi de recevoir le Corps de Jésus, car il est déjà et toujours en toi ?
— Depuis que je suis petite, j'ai dans le cœur une moyenne lumière. En mangeant le Corps de Jésus, j'aurai une grande lumière, et à chaque fois que je recevrai Jésus, *cette lumière grandira*. C'est comme pour mon corps : chaque fois que je mange, mon corps grandit. Avec Jésus c'est pareil : chaque fois que je mangerai son Corps sa lumière grandira dans mon cœur.

AURÉLIE, 5 ans.

— Quel a été l'événement le plus grand, après ta rencontre avec Jésus ?
Le visage soudain éclairé, CERDA, 12 ans :
— L'Eucharistie !

Reçois *chaque jour* ce qui doit te profiter *chaque jour*. Vis de telle manière que tu mérites de le recevoir *chaque jour*.
Ambroise de Milan

— Seigneur, Ton repas, on veut le recevoir *tous les jours* ! Aide-nous à transfigurer les hommes, les femmes ! Tu es là !

LINDA, 9 ans.

Exaltons notre corps, *faisons-en un autel*, déposons dessus toute notre pensée, demandons au Seigneur de nous envoyer du ciel ce feu invisible et grand qui consumera l'autel et tout ce qu'il porte.
Pseudo-Macaire

— Nos malheurs, nos espoirs, nos désespoirs, tout le sang coulé, on offre ça, tout, tout, tout, sur l'Eucharistie de notre christianisme.

DOUNIA, 14 ans, Libanaise.

O Epoux *plus beau que tout*, qui à ton repas de noces as mélangé joyeusement le breuvage de ton sang.. Qui ne serait stupéfait, qui donc, même s'il a un cœur de pierre, ne s'émerveillerait de ce spectacle admirable ?
Jean de Dalyatha

— Jésus, dans son plus grand amour, a changé mon cœur, il l'a façonné à son image. Jésus m'a comblé et me comble encore quand je le reçois dans l'Eucharistie qui est *le plus beau visage du monde* ! Regard si profond, si intense de Dieu Père, Fils et Saint Esprit.

PIERRE, 13 ans.

J'y suis obligé !

Mes deux petits-fils ont fait leur première communion à 7 et 8 ans.

Pour FRANÇOIS, l'aîné, aucun problème. En revenant de la communion, tout timide et ému, il s'est précipité vers moi, sa vieille grand-mère, et il a grimpé sur mes genoux où il est resté blotti et calme jusqu'à la fin de l'office. Il ne pouvait pas être mieux.

Quand au second, DOMINIQUE, huit jours avant Pâques, il a déclaré à ses parents qu'il ne se sentait pas prêt à faire sa première communion et qu'il leur dirait quand il serait décidé. Très sagement, ses parents ont accepté, et à la Pentecôte, Dominique leur a dit vouloir faire sa première communion à condition de passer la veille de ce jour-là tout seul avec moi, ce que ses parents ont encore accepté. J'ai donc fait comme toujours. Nous sommes partis tous les deux pour la Basilique, la petite main de mon petit-fils dans la mienne et, en silence, nous avons arpenté la Basilique comme un cloître.

Pendant une demi-heure, ce petit homme ne se décida pas à parler et je craignais pour lui une tension trop grande, quand il m'a déclaré textuellement :

— Tu vois, Mamie, je ne sais pas si je peux faire ma première communion parce que *je suis content que Jésus soit mort* et c'est peut-être mal. Mais si Jésus n'était pas mort, il ne serait pas ressuscité et alors nous non plus. Je ne sais pas quoi faire[6].

On demandait aux enfants de dire pourquoi ils vont communier. FRÉDÉRIC, 8 ans :

— J'y vais parce que *j'y suis obligé.*

Catéchistes suffoquées, les autres enfants ne comprenaient pas bien... Je fais sortir tout le monde et garde Frédéric qui avait l'air tout troublé et j'essaie de lui faire expliquer.

— Non ce n'est pas mes parents, ni les catéchistes, ni

6. *Fêtes et Saisons,* n° 341.

Nous sommes *invités* à un festin au cours duquel nous recevons vraiment le Christ entre nos mains... nous le fusionnons avec notre âme, nous l'unissons à notre corps, nous le *versons dans nos veines.*
Nicolas Cabasilas

le Père... Mais... (au bord des larmes et se tapant sur la poitrine) *c'est lui, là, qui me pousse* !
Tout d'un coup, il s'est détendu, et m'a dit d'un trait à l'oreille :
— Tu sais, *il m'invite tellement.*
Je l'ai embrassé, je l'ai remercié de m'avoir dit cela, je lui ai dit que je n'oublierai pas son secret, mais que Lui non plus ne l'oublie pas. Il s'est levé :
— Oh non, je ne peux pas.
Il a couru rejoindre les autres, qui jouaient au ballon...

Lui parler, là !

MYRIAM, 6 ans :
— Devine ce qu'il y a de plusse bon !
— Jésus !
— Mais non ! de plusse bon à manger !
— Euh ! Je ne sais pas !
— Ben ! Le Corps de Jésus !

— A chaque fois qu'on mange un petit morceau du Christ, à la fin on l'a mangé tout entier !

VÉRONIQUE, 6 ans.

Quand en tes propres mains tu l'as reçu, tu adores le Corps... Avec un amour grand et sincère, *tu y attaches tes yeux*, et tu le baises.
Théodoret de Cyr

— Tu sais, Thierry, quand on communie, il vaut mieux tout de suite manger l'hostie, parce que si on te bouscule...
— Oui, maman, je sais, mais j'aime bien lui parler, là... (en montrant sa main) un petit moment avant.

THIERRY, 7 ans.

Le jour de sa première communion, HERMAN, 6 ans :
— Petite mère, demain je pourrai encore communier ?
— Oui, demain et tous les matins.
— Oh ! maman, *que c'est un grand bonheur* !

Même maintenant, des miracles se font au nom du Christ, soit par ses *sacrements*, soit par les *prières* ou les reliques de ses saints.
Augustin d'Hippone

— Les miracles est-ce possible ?... quand j'ai communié, je ne peux pas m'arrêter de parler à Jésus ! Est-ce que tu crois que c'est un miracle ?

MARGUERITE, 5 ans.

Ce qui est au Christ nous *touche de plus près* que ce que nous possédons par nature, parce que le Christ nous est plus *apparenté* que nos parents mêmes.

Nicolas Cabasilas

Je disais à un groupe d'enfants : — Quand vous avez reçu Jésus, si vous vous figurez qu'il n'est pas plus grand que vous... il ne serait pas plus haut qu'une botte... Il est plus grand que vous, Il passe à travers votre peau, Il passe à travers tout, quand vous le portez à la maison ou quand vous le portez à l'école.

Deux jours après, je vois une petite qui vient :

— Qu'est-ce que tu as aujourd'hui ?

— Aujourd'hui, *j'ai fait communier mon papa* et je viens vous le dire.

— Tu as fait communier ton papa ? Tu l'as emmené à l'église ?

— Oh non ! Il ne voudrait pas, mais moi je suis venue communier ce matin, et j'ai couru chez nous, tout de suite j'ai sauté au cou de mon papa et je l'ai embrassé tant que j'ai pu...

— Et qu'est-ce qu'il t'a dit ?

— Il m'a dit : — Qu'est ce qui te prend aujourd'hui ? J'ai répondu : — Je t'aime bien papa, et je l'ai fait communier et *il n'a pas fini !*[7]

Il ne m'a jamais quitté !

Quelle grâce ne recevra pas au ciel cette âme qui, ici-bas, est déjà si bien traitée qu'elle se sent *étreinte* par *le bras de Dieu* et *serrée sur son cœur*.

Bernanrd de Clairvaux

OLIVIA, 5 ans 1/2, me fait mille réflexions sur les saints, sur *la terre qui souffre pour l'offrir à Dieu*. Un jour, au moment de la communion :

— J'ai senti que *Dieu me serrait dans ses bras !*

Quinze jours après sa première communion, STÉPHANE, 7 ans :

— Depuis ma première communion, *Jésus et moi, on est serrés.*

— Maintenant que je communie, j'ai Jésus dans mon cœur, mais *moi aussi je suis dans le cœur de Jésus.*

CHRISTIAN, 3 ans 1/2.

7. Père Monier, *Seigneur, je cherche ton visage*, p. 145, Salvator.

Divisés en quelque sorte en personnalités bien tranchées... nous sommes *fondus* en un seul corps dans le Christ en nous nourrissant d'une seule chair.
Cyrille d'Alexandrie

JÉRÔME, 7 ans 1/2 : — La communion, c'est ne faire *qu'un* avec Jésus.

Dans une école de Rome : pendant toute une année, à chaque classe de catéchèse, MASSIMO, 6 ans, ne cesse de refaire le geste du prêtre, en mélangeant l'eau et le vin. Il en est comme fasciné. Et rien ne peut l'en détourner. Le dernier jour de l'année, il a un seul mot qui, tel un éclair, révèle ce qui l'habite :

— Un peu d'eau, beaucoup de vin, pour que *je me fonde en Jésus* !

Quand donc dans le calice l'eau se mêle au vin, c'est le peuple qui *se mêle avec le Christ*... Ce mélange, cette union du vin et de l'eau dans le calice du Seigneur est indissoluble.
Cyprien de Carthage

BRIGITTE, le jour de sa première communion :

— Il m'efface !

— Que veux-tu dire ?

— Pour moi, il m'efface[8].

Ne voudrais-tu pas encore communier ?

— Mais... Il ne m'a jamais quitté !

EMMANUEL, 9 ans.

Je vois les pauvres !

C'est la maison du pain, il fait bon *y demeurer*. Là où est le Verbe de Dieu, ne manque pas le pain qui fortifie le cœur.
Bernard de Clairvaux.

En sortant de l'église qu'il visitait avec ses parents, RAPHAËL, 3 ans :

— Maman ! Je voudrais habiter ici, parce qu'ici il y a la messe.

Que personne ne diminue l'Église en ne s'y rendant pas, pour ne pas diminuer d'un membre le corps du Christ.
Didascalie des Apôtres

Un soir dans la prière, SABINE, 9 ans :

— Seigneur, tu es mon bonheur !

Un mercredi matin, elle proteste : son papa ne l'a pas réveillée pour aller à la messe.

— Mais pourquoi veux-tu y aller ?

— Parce que je veux prier avec d'autres.

8. Cité par Maurice Zundel.

Lourdes, Pâques 1981. Pèlerinage de Foi et Lumière : ce matin, une célébration de Pâques avait duré près de deux heures. L'après-midi, grande fête de ponchos également pendant plus de deux heures... Puis la procession eucharistique avait duré longtemps aussi : le temps que Seigneur bénisse vingt ou vingt-cinq mille personnes. Et voilà un enfant mongolien de 7-8 ans, accroché à la jupe de sa mère :
— Maman, est-ce qu'il y a une messe à la basilique ?
Six heures auprès de son Seigneur, et il réclamait encore une messe !

Les pauvres ont *revêtu le visage* de notre Sauveur. Le Seigneur, en sa bonté, leur a donné son propre visage, afin qu'à son aspect rougissent les durs de cœur, ennemis des pauvres.
Grégoire de Nysse

— J'aime aller à la messe, car Jésus parle à mon cœur, et mon cœur lui parle. Je suis joyeux quand je communie, et en sortant *je vois les pauvres*.
DOMINIQUE, 15 ans (trisomique 21).

Que ça dure jusqu'à la fin du monde !

Mamie emmène JEAN-CHRISTOPHE, 5 ans, à la messe. Craignant que ce soit trop long pour lui, elle sort sitôt la communion. Alors. comme pour la retenir :
— Mais mamie ! Le Seigneur il a pas fini !

ALEXIA, 6 ans, non baptisée, ayant fait l'expérience d'une liturgie bien célébrée dans un groupe de prière et revenant d'une messe bâclée :
— Je veux plus aller à la messe assis-debout, assis-debout, assis-debout !

Après une messe rapidement expédiée, NATHANAËL, 4 ans 1/2, proteste tout fort !
— Papa ! elle est toute petite cette messe !

MARIE-NOËLLE, 9 ans, vient de vivre un week-end dans une communauté. A la prière du soir :
— Tu sais, maman, quand j'étais à la messe à Sichem, j'ai compris que Dieu il n'est pas triste. Il est gai.

Expliquant leur dessin à la maîtresse,

LIONEL, 4 ans 1/2 : — Lui, il sort de l'Église parce que c'était fini. Avant, il priait parce que c'était commencé, et dans son cœur... il répétait la messe.

ANNE, 5 ans : — C'est la messe... ça sonne. Maman pense à Jésus, et moi *je regarde la prière*... et j'aimais.

Chez les enfants handicapés à Québec, à la fin de la messe, d'une bonne heure, le même FRANÇOIS, 3 ans 1/2, paralysé :

— Déjà fini ? Oh ! dis, recommence ! Encore la messe ! Encore la messe !

CLAIRE-MARIE avait environ 8 ans. Un dimanche à la fin de la messe qui était longue :

— C'est déjà fini ! Oh ! c'est trop court. Maman, je suis si heureuse, si bien là avec Jésus ! Je voudrais *que ça dure jusqu'à la fin du monde.*

Après une belle cérémonie, PHILIPPE, 4 ans 1/2, voit l'église se vider :

— C'est la messe qui est toute vide... ! Mais il y a un vase où il y a une fleur... et *elle pense à Dieu*.

Des choses si belles, si belles !...

Quand se trouve fermée l'église de Morialdo, le curé voit un petit bonhomme s'agenouiller sur le seuil, baisser la tête et joindre les mains. Il n'a que cinq ans. A douze ans, DOMENICO SAVIO sera toujours aussi amoureux. Dans les rues de Torino, s'il rencontre un prêtre portant le viatique, il s'agenouille, fût-ce dans la boue. A son camarade qui s'étonne : « Mes genoux et mes pantalons appartiennent totalement au Seigneur ; ils doivent donc totalement servir à lui rendre honneur et gloire. En passant près de lui, je ne me jetterais pas seulement dans la boue, mais je me précipiterais même dans le feu, car je participerais ainsi au feu d'amour infini qui l'a poussé à instituer ce grand sacrement. » Voyant un jour un soldat rester debout, dans les mêmes circonstances, il a ce geste exquis : il déplie sur le sol boueux son petit mouchoir et lui fait signe de s'en servir. Comment résister ?

Il lui arrivait d'être saisi après la Communion jusqu'au-delà de midi, manquant classes et repas. Un jour DON BOSCO (la sainteté serait-elle contagieuse ?) l'y surprend : « J'allais sortir de la sacristie quand j'entendis dans le chœur comme la voix de quelqu'un qui discutait. Je vais voir et je trouve Savio qui parlait, puis s'arrêtait, comme pour donner le temps de répondre. Entre autres, je distinguai nettement ces mots : Oui, mon Dieu, je vous l'ai dit et je vous le redis : je vous aime et je veux vous aimer jusqu'à la mort. Si vous voyez que je vais vous offenser, faites-moi mourir. Oui, plutôt la mort, mais ne pas pécher. Je lui ai parfois demandé ce qu'il faisait quand il était ainsi en retard, et il me répondait en toute simplicité : « Pauvre de moi, j'ai une distraction, et alors, je perds le fil de ma prière, et il me semble *voir des choses si belles que les heures passent comme une seconde.* »[9]

Quand ses yeux se laissent voir

Et maintenant dernière et plus formidable chose : l'apparition ou la vision de la *Face du Christ*. Je vais te raconter tout en détail. Nous avions décidé de faire une adoration du Saint Sacrement pour préparer l'évangélisation des deux jours suivants. Cela devait durer deux heures. Je pensais qu'une heure serait suffisant pour moi car j'étais fatigué.

Donc nous étions à la chapelle où l'on sentait la présence du Christ et de Dieu. J'étais triste, dans une tristesse qui appelle à la repentance. Je demandais un texte au Seigneur et je reçus Osée 6. Alors la joie de Dieu vivant m'emplit le cœur. Je me mis à genoux pour rendre grâce et pour « admirer ». Alors, peu à peu, se forma le visage du Christ sur l'Hostie. Il avait

9. Don Bosco. *Dominique Savio*. Ch. 2, 12 et 20, Apostolat des éditions.

un visage de souffrance qui me plongea dans une tristesse immense de pitié. Puis il sourit : un sourire mi-compassion (des hommes) mi-résignation, mais en même temps rayonnant et céleste. Alors cela me rendit heureux, j'eus une joie intense qui faisait éclater mon cœur. Et je me mis à adorer, à admirer sans fin, à contempler ce visage meurtri : *c'était beau* !

C'est le Christ lui-même qui apparaît à qui le contemple, lumière dans la lumière... Car c'est dans la lumière de l'Esprit que ceux qui le contemplent le voient. Et ceux qui voient dans cette lumière, c'est le Fils qu'ils contemplent.
Syméon le Nouveau Théologien

Puis mon regard fut attiré par ses yeux, des yeux bleus immenses, qui grandissaient. Cela ressemblait à deux grands lacs calmes et purs. J'avais envie de m'y plonger et de me laisser bercer par l'eau. Peu à peu, doucement, la vision disparut mais elle restait présente à mes yeux.

Puis je vis une scène beaucoup plus humaine, qui ressemblait à un tableau : la présentation de Marie à Jean et de Jean à Marie. Puis il fut l'heure de partir. Je serais resté encore longtemps. Du moins tout ma nuit fut douce et pleine de paix. Amen !

Je sais que cela te plaira de lire ce récit mais c'est le Seigneur qui a mis ces mots au bout de mon stylo.

EMMANUEL-MARIE, 13 ans.

XVI
SE SAVOIR AIMÉS EN FRÈRES DE LUMIÈRE !

S'aimer en frères de pureté

Qu'est-ce que c'est s'aimer les uns les autres ?
— C'est quand on est heureux d'être à deux... quand on est heureux d'être à plusieurs, parce que c'est triste d'être à tout seul.

FRANCIS, 6 ans.

— Le paradis, c'est quand tout le monde s'aime.

FRANÇOIS, 8 ans.

— Si un jour, Seigneur, l'enfant tient le serpent, le léopard ami avec le renard, la chouette inséparable amie de la souricette, la belette compagne de la taupinette, le chat fidèle ami du rat, le lièvre et le furet ne faisant que s'aimer, oui Seigneur, si un jour cela se passe, *tu y seras pour quelque chose.* Bravo Seigneur !

LIONEL, 9 ans.

D'une jeune libanaise de 14 ans, engagée dans *Foi et Lumière* :
— Je suis des cours de secouriste, comme ça, quand il y aura la guerre, je pourrai *aimer* tous les combattants qui seront tombés.

Cher papa,
Quand tu penses à moi pour moi la vie est belle. Oublie pas moi ton fils Guy, qui veut te dire qu'il t'aime énormément, et pour moi tu es le seul au monde. Et je pourrais cent fois te dire plus. Tu es ma maman, tu es ami, tu es mon papa, tu es mon frère. Je veux te faire une devinette : dis-moi la différence entre toi et moi. Je voudrais que tu me le dis, svp...

GUY, (Trisomique 21).

Il y a un moment où l'on partage la gloire de Dieu : c'est dans *l'Eucharistie*. Si Dieu nous a donné son corps ce n'est pas pour rien : c'est pour nous faire comprendre qu'il nous aimait et *c'est par son amour que nous existons* c'est merveilleux ; et si Dieu arrêtait de nous aimer, eh bien, *nous n'existerions plus* mais je crois que Dieu continuera d'aimer tous les hommes. Pourquoi ? Eh bien ! parce qu'il ne serait pas le Dieu en qui nous croyons et qui nous a dit : Aimez-vous les uns les autres comme je vous ai aimé. Cela veut dire que si Dieu ne nous aimait plus *entre nous il n'y aurait plus de lien d'amour* qui nous unit et nous rend fort.

JEAN-BAPTISTE, 11 ans.

Tout nombreux que nous sommes, par l'amour du prochain, nous sommes *un seul pain*, et par l'amour de Dieu, un seul corps. Un seul pain pour Dieu, *qui se plaît à l'amour fraternel* dont nous nous aimons les uns les autres, et se nourrit pour ainsi dire de nous.
Baudoin de Ford

ROSE, 12 ans : — Je vous aime !
TINTIN, 13 ans : — Je vous aime les uns et les autres.

BERNADETTE, 33 ans, trisomique, un lundi matin arrive très joyeuse à l'atelier. Je lui dis :
— Tu as de la joie plein le cœur !
— Non, j'ai de l'amour plein le cœur.
Un autre matin, alors qu'elle a été prise de vieillissement précoce depuis deux ans (un ralentissement de

tous ses gestes et pensées) elle se met à faire quelques pas de danse au milieu de l'atelier, donc avec des adultes, gars et filles, pas bons chrétiens, et à chanter :
— Seigneur fais de nous des artisans de paix
— Seigneur fais de nous des bâtisseurs d'amour.

Dans un bus bondé, beaucoup de personnes sont debout. Une place est pourtant vide... face à un petit mongolien assis près de sa maman. Une étudiante monte et va s'y asseoir. Elle sourit à l'enfant. Tourné vers sa maman :
— Maman, elle est belle la dame !

Nul ne doit vivre pour soi seul, c'est pour tous qu'il faut vivre. Malheur à qui a reçu la grâce de penser juste et de *bien parler de Dieu* s'il ne se *met pas à la portée des humbles* !
Bernard de Clairvaux

ROSELINE, très pauvre, très fragile, vint un jour s'asseoir près de moi. Son « problème » était immense : je crois que le matin elle n'avait pas retrouvé sa savonnette... et aussi une histoire de brosse à dents... Je l'écoutais avec patience, puis avec agacement, me raconter toute l'affaire point par point... Un moment donné, j'arrêtai délibérément en moi-même de l'écouter, préoccupé de *trouver la « bonne parole »* que je pourrais bien lui dire en la raccompagnant à la porte. Mais bien vite, elle s'arrêta net, pointa son doigt vers la grande croix qui nous dominait, et me demanda : « Il écoute ? » Surpris, je répondis : Oui, bien sûr !... et Roseline, sans rien ajouter, s'en retourne toute joyeuse ! Moi je me trouvais tout bête, tout confus de n'avoir pas écouté jusqu'au bout[1].

Ton cœur, que s'y donnent rendez-vous et la misère des pauvres et les larmes des orphelins, et la détresse des pauvres, et la peine des abattus et les besoins de ceux qui vont par les chemins... *A tous*, ouvre un cœur plein d'amour.
Aelred de Rielvaux

FABRICE a passé toute sa vie dans des centres d'éducation spécialisée. Il en reste profondément perturbé. Un matin je lui demande :
— Qu'aimerais-tu faire de ta vie ?
— *Aimer* et *protéger tout le monde.*

*

Dieu, ta présence est toujours dans mon cœur,
Nous sommes plus forts
Avec l'Amour et la Paix.
Qu'il est bon d'habiter ensemble !

GWENAËLLE, 10 ans.

1. *Lettre de l'Arche*, n 8.

Que c'est beau d'être un enfant
Un enfant toute la vie entière.
Que c'est beau de savoir garder
La fraîcheur de l'enfance.
Que c'est beau !
De danser, jouer, chanter toute la vie entière
Que c'est beau ! de chanter sans fin
Car le bonheur n'est pas loin.
Que c'est beau ! aussi
De savoir s'aimer toute une vie entière
en frère de pureté et de lumière
Que c'est beau !
De redécouvrir cette vie
Que l'on nous a donnée.
Vivre c'est tellement merveilleux !
J'aime ! J'adore !
Je veux vivre.

EMMANUELLE, 12 ans.

Ma famille : vous qui aimez Dieu !

FRANCESCO, 5 ans : – Qui aimes-tu le mieux ? Dieu ou moi ?
Sa mère répond immédiatement qu'elle le préférait à tout le monde, à quoi l'enfant répond gravement :
– Je crois que c'est là, la grande erreur ![2].

La maman de GENEVIÈVE, 8 ans, voit passer un tout petit bébé fourmi sur le plancher et le lui fait remarquer. Celle-ci, sans surprise, de répondre :
– Ça fait longtemps que j'en vois, moi !
– Comme se fait-il alors que je n'en ai pas vu avant ?
– Parce que tu es beaucoup trop grande pour les voir !

Alors que je suis en colère, MATTHIEU, 5 ans :
– Maman, tu es une maman du Bon Dieu ! et tu as Jésus dans ton cœur ! Et il se jette dans mes bras. Une douce paix m'enveloppe.

2. Sofia Cavaletti.

— Ma famille, c'est vous qui aimez Dieu.

GILBERT, 10 ans.

Un soir de printemps, au-dessus de Vevey, devant le soleil couchant sur le lac, une petite fille se jette dans les bras de sa mère :

— Maman, tu es *née dans mon cœur* ![3].

Merci Jésus de nous avoir fait naître dans une famille heureuse.

LUC, 10 ans.

Mon Dieu, faites que les parents soignent bien leurs bourgeons.

VINCENT, 4 ans 1/2.

Un soir, penché sur le berceau de Fabienne, sa petite sœur, HERVÉ, 5 ans :

— Maman, ma petite sœur, c'est le sourire de Dieu[4].

— Mon papa il ne doit pas savoir que Jésus aime la vérité, il trompe les clients, je le lui dirai.

JEAN-CHRISTOPHE, 10 ans.

GENEVIÈVE, 13 ans, dont les parents ne vivaient plus en accord :

— Ils ne peuvent sûrement plus dire « Jésus » maintenant. On ne peut dire Jésus, si le cœur est double. A la rigueur *Seigneur*, mais pas *Jésus*. Ça fait trop mal.

Un homme sans cœur
C'est comme une voiture sans essence.

ARNAUD, 7 ans.

3. Cité par M. Zundel.
4. V.F. n° 112.

Je faisais la queue au self-service à Paray-le-Monial. Devant moi, deux fillettes de 8-9 ans :
— Je viens de vivre une grande joie !
— Ah ! et quoi ?
— Mes parents ne s'aimaient plus. Moi, j'ai beaucoup prié, et maintenant ils s'aiment de nouveau. Tu te rends compte de ma joie !

Voyant ses parents se dispurer, XAVIER, 12 ans, avec force :
— Arrêtez ! Souvenez-vous de votre mariage !

J'explique au groupe des 7-8 ans, le passage de la maison bâtie sur le sable. Après la leçon, VIRGINIE vient me chuchoter à l'oreille :
— Tu sais, j'ai bien compris ce que veut dire bâtir sur le sable. Mon papa et ma maman sont séparés parce qu'ils ont bâti leur maison sur le sable !

CORINE, 3 ans. Son premier sourire : quand on lui a fait une croix sur le front. Son premier mot : *Alleluia* ! Enfant marquée du signe de Dieu (qui l'a protégée d'un avortement envisagé). Elle envoie des baisers devant le saint Sacrement.
Alors que nous nous disputions, mon mari et moi :
— Écoutez, écoutez ! maintenant on arrête et on va dire *tous* une prière à Jésus !
Et Jésus nous a tous réconciliés devant sa croix.

Je t'aime jusqu'au Bon Dieu...

— Maman je t'aime beaucoup.
— Et qu'est-ce que cela veut dire : je t'aime beaucoup ?
— Cela veut dire que même quand tu seras seule, tu ne sera plus jamais seule !

JEANINE, 6 ans.

AURIANNE n'a jamais manifesté de réciprocité à la

tendresse de son papa, et ceci dès ses premiers mois. Un soir, c'est la surprise (elle a 2 ans et 8 mois) :

— Papa, je t'aime !

— Moi aussi je t'aime...

— Avant je t'aimais pas !

— Pourquoi ?

— Parce que *je voulais pas* !

— Et pourquoi tu ne voulais pas ?

Appuyant sur chaque syllabe :

— Parce que je voulais pas !... Mais, maintenant, *je veux* !

— Maman, je t'aime.

— Grand comment ?

— Comme la terre qui monterait tout doucement, tout doucement jusqu'au ciel.

CORALIE, 5 ans.

— Moi je t'aime jusqu'au ciel !

— Jusqu'au ciel, t'es pas fou ?

— Mais le bon Dieu est au ciel, alors *je t'aime jusqu'au Bon Dieu !*

SERGE, 5 ans.

J'ai encore mon cœur pour t'aimer !

En descendant de sa chambre, un dimanche matin, JONATHAN, 3 ans, trouve sa mère encore couchée et son père lui dit :

— Maman n'est pas bien ce matin. Elle a beaucoup de frissons et une violente migraine (ophtalmique).

— Nous allons déjeûner tous les deux sans faire de bruit et puis nous irons jouer ensemble dans la salle de jeux.

— Oui papa, mais il faut prier pour maman.

— C'est bien Jonathan, tu as raison. Viens, on déjeune ; ton lait est chaud et après on prie pour maman.

— Non, il faut prier pour maman tout de suite !
Et il se niche sur son lit près de moi, tout en prière.

SÉBASTIEN, 9 ans, dont la maman totalement paralysée, ne peut bouger que les paupières, mais entend et comprend tout ce que l'on dit autour d'elle : Chère maman, toi ma rose, j'espère que tu vas bien, moi je vais très très bien. L'autre jour j'ai rêvé que tu étais guérie et tu me tenais la main et on courait tous les deux ensemble.
Je continue à croire que tu vas guérir et que le Seigneur veille sur toi et que ta guérison est proche. Je pense à toi, tu sais, tu me manques beaucoup. Des fois j'aimerais tant que tu me tiennes dans tes bras.

Françoise est assise dans sa cuisine, accoudée à table, et prie le Seigneur, très découragée (son mari est à l'hôpital, dans un service de psychiatrie : forte dépression et menace de suicide). PASCAL, 6 ans, se lève tout d'un coup de ses jeux, s'approche de sa maman et sans un mot lui trace doucement une croix sur son front et retourne à ses jeux. Surprise, Françoise lui demande pourquoi il a fait cela :
— Mais c'est parce que je t'aime, Maman, alors je te donne Jésus !

VINCENT, 6 ans, presque aveugle, paralysé. Quelques jours avant sa mort :
— Ne pleure pas, Maman ! J'ai encore un cœur pour aimer ma maman[5].

ROBERTO (enfant équatorien adopté à 3 ans) souhaitait un petit frère. Comme je lui expliquais que c'était difficile et qu'il fallait prier le Seigneur, il s'est levé brusquement en plein repas, a levé ses bras très haut et a crié :
— Seigneur Jésus, qui es dans ton ciel et qui peux tout, donne un enfant dans le ventre de ma maman ! Merci !
J'étais enceinte de très peu de jours à ce moment-là...

5. Jean Vanier, *La communauté, lieu du pardon et de la fête.*

Me marier avec tous les malheureux

En parlant de son frère — grand infirme moteur et cérébral — MYRIAM, 12 ans :
— Stéphane, c'est *le Bon Dieu chez nous*.

Les enfants ont aussi été comblés par la visite des pauvres de l'Arche de Jean Vanier. Quand ils sont allés à leur rencontre pour dire bonjour, ce fut un peu difficile. PIERRE, 2 ans 1/2, est revenu en courant, criant :
— Le Monsieur ! Le Monsieur ! Il était très impressionné de voir Alain ne pouvant pas marcher comme les autres. Alors, le prenant dans mes bras, je suis allée embrasser Alain. Pierre tout rouge d'émotion, m'a regardée puis s'est élancé dans ses bras. La peur était vaincue. Le soir à la prière, Pierre demandait à Jésus de guérir Alain pour qu'il marche. TIMOTHÉE, 4 ans, lui dit alors très sérieusement :
— Ah mais non ! *Jésus, il l'aime comme ça* !

THOMAS, 6 ans, était devenu tout triste parce que sa tante était handicapée. Rien ne pouvait le consoler. Un jour il a trouvé tout seul, la seule réponse au problème du mal :
— Tantine, c'est toi que j'aime le plus *parce que* tu as mal !

A Lourdes, je demande à une jeune polio :
— Pries-tu pour ta guérison ?
— Non, mais pour celui qui est là-bas.

Car le Christ... nous soigne plutôt comme des malades. Il bande nos fractures, il relève ce qui est tombé comme un bon pasteur qui donne sa vie pour ses brebis.
Cyrille d'Alexandrie

— Je n'oublierai jamais ce que cet enfant m'a dit quand il avait cinq ou six ans et que nous admirions ensemble une vieille statue très mutilée du Bon Pasteur :
— Tu vois, Mamie, la vieille brebis, c'est toi. Tu n'as

plus de pattes, tu n'as plus d'oreilles, ta figure est toute griffée, *c'est pour cela que le Christ te porte sur ses épaules*[6].

AURÉLIEN, 3 ans :
— Raconte-moi une histoire de méchant loup.
ÉLISE, 10 ans :
— Mais non, il n'y a pas de méchant loup, il n'y a *que des loups malheureux*.

A celui qui aime les malheureux, le Seigneur donne une prière ardente pour les hommes. Il prie avec des larmes pour le peuple qu'il aime et pour lequel il souffre, mais cette douleur est agréable à Dieu.

Silouane

— Maman, je vais te dire mon secret, mais ne le dis à personne : Quand je serai grand, je ferai ce que le bon Dieu voudra... (temps de silence) *je ferai du bien à tout le monde* !

BENOÎT, 7 ans.

Chez les fils de Dieu il y a une *bonté inaltérable du cœur* et de l'âme, une ressemblance de la bonté de Dieu... Celui qui la possède baigne sans cesse dans *la joie du Saint Esprit*.

Guillaume de Saint-Thierry

— Pendant la messe, aux prières universelles, j'étais poussé à dire : Seigneur, je te prie pour les prisonniers, les pauvres, les malades ! Je n'avais pas encore eu l'appel du Seigneur. C'est pendant que le prêtre disait « Sanctifie ces offrandes... » que j'ai eu le *cœur touché* par une pensée qui disait : Tu consacreras ta vie pour les malades. Et j'en ai le *cœur plein de joie* !

JOSEPH, 11 ans.

La sœur arrivait toujours avec un quart d'heure de retard et on devait l'attendre en révisant nos cahiers. J'avais mis à jour mon cahier et je ne savais quoi faire. Isabelle me cria : « Aide les autres ». C'est comme si on m'avait dit : « Pars, offre-toi aux autres. » Puis tous ont quitté leur place et se sont rassemblés autour de moi. On a trouvé alors la joie. J'ai pensé : « Revenir sur mes pas, c'est un péché. » Et aussi : « Il faut faire des actes de foi, ils détruisent les murs. »[7]

Il ne faut jamais lessé un homme sel.

CHRISTINE, 8 ans.

6. *Fêtes et saisons*, n° 341.
7. *Dans la lumière de la Bible*, n° 4.

Moi je vais me marier avec tous les malheureux.

STÉPHANE, 7 ans.

Jésus, j'aimerais donner ma vie à des enfants qui souffrent.

EMMANUEL, 10 ans.

Un petit garçon emportait toujours deux mouchoirs à l'école maternelle. Sa maman lui demande pourquoi :
— Il y en a un pour se moucher, l'autre, c'est pour essuyer les yeux de ceux qui pleurent.

Un jour où j'avais deux ateliers en charge, j'étais énervé de devoir faire travailler vingt jeunes en deux pièces différentes...
JEANINE, 30 ans, trisomique, me dit avec beaucoup d'aplomb, de vérité et d'affection :
— Hervé, pourquoi tu es dur comme ça !
Merci Seigneur qui brises les murs de haine, la violence par le regard des petits, le chant des enfants...

D'une handicapée mentale ayant entendu à la radio une émission sur l'avortement, dont on devait profiter pour éliminer les futurs handicapés :
— Nous, les pauvres filles, nous sommes malades de la tête, mais eux sont malades du cœur, ils tuent les tout-petits, les handicapés comme nous. Ils se pensent bien portants ! Nous ne le ferions pas, nous ne tuerions pas ! Ils ont le cœur vraiment trop malade, c'est abominable d'être si méchant ! Ce que nous, les pauvres filles, nous ne ferions pas, eux, les malades du cœur le font ! Que Dieu leur pardonne leurs crimes ![8].

Refuser l'amour de Dieu,
C'est fermer la porte aux pauvres.

JEAN-CHRISTOPHE, 10 ans.

8. Cf. *La Croix*, 10 août 1979.

Aime les pauvres ; à travers eux tu découvriras la miséricorde. Ne *fuis pas la laideur, des maladies* du mal-portant car toi aussi, tu es revêtu de chair.

Isaac le Syrien

— La vie est belle, à condition que chacun ouvre sa porte au pauvre qui lui tend les mains, que chacun accueille le blessé qui souffre de tortures pour le bonheur de ses frères, et enfin, surtout, que chacun aime ses frères, même *le plus laid*, même *le plus malade* ou *handicapé, même le plus méchant*.

SYLVAINE, 14 ans.

Quand est-il venu, sinon lorsque les *boiteux* ont marché, que les *bègues* ont parlé avec aisance, que les *sourds* ont entendu et que les *aveugles-nés* ont recouvré la vue !

Athanase d'Alexandrie

Jésus, merci si nous sommes dans ton royaume,
C'est que tu l'as voulu.
Jésus, merci si les *aveugles* et les *exclus*
ne sont pas renvoyés,
C'est que tu l'as voulu.
Jésus, merci si les *pécheurs*
ont le Royaume de Dieu ouvert,
C'est que tu l'as voulu.

SOPHIE, 9 ans.

Un samedi matin nous étions en pleine préparation d'un week-end pour couples. On nous annonce qu'il y a des étrangers à la porte et qu'ils voulaient nous voir. On n'en avait pas envie et nous commencions à répondre que nous n'avions pas de temps, quand notre fils RAPHAËL, 5 ans :
— Si vous n'allez pas les accueillir, vous pouvez pas dire que vous aimez Jésus !

On partage parce que c'est mieux !

Si j'étais grand et puis riche, j'en garderais un petit peu pour moi et je donnerais tout le reste aux pauvres.

JEAN-LUC, 6 ans.

SHANTÎ-PAUL, 4 ans 1/2, regarde manger père Guy, qui prend son repas seul avant les autres. Père Guy est touché de la compagnie silencieuse de l'enfant et veut lui faire plaisir. Il lui propose de manger son dessert, une glace, dessert préféré de Shantî-Paul. Celui-ci refuse.
— Tu veux qu'on partage ?
— Oui parce que c'est mieux.

Si tout le monde était chrêtien, il n'y aurait même plus besoin d'argent. Si un président demandait tout à Jésus, tout finirait bien. Si vraiment la France était chrétienne, il n'y aurait plus de guerre en France.

JEAN-BAPTISTE, 12 ans.

CAROLE, 7 ans :

— Pour Noël on ne peut pas s'acheter des cadeaux alors qu'il y a eu le tremblement de terre. Dis papa fais leur un chèque ils s'achèteront des lits.

Les parents l'ont fait et elle saute, toute en joie.

— Cette nuit j'ai rêvé que la maison était remplie de grains de blé partout, jusqu'au plafond, et nous on appelait les pauvres et on distribuait tous les grains de blé à tous les pauvres. Mais les soldats sont venus. Ils ne voulaient pas qu'on les donne. Alors, nous, on les a donnés en cachette.

HERVÉ, 5 ans,
(Haïtien, vit en communauté depuis 6 mois).

Dans une communauté déjà très pauvre, GABRIEL, 4 ans :

— Papa, on a encore trop de choses... Il faut donner !

On voulait donner dix francs à MARC.

Refus :

— Si j'accepte, le Seigneur me renverra les mains vides.

Un dominicain faisait le catéchisme à des petits noirs. L'un d'eux lui dit :

— Finalement, être chrétien, *c'est se faire avoir* !

Depuis un an, DAMIEN, 5 ans, avait envie d'un jouet cher. Il attendait de voir cette année si ce serait moins cher. Mais c'est aussi cher et fragile. Sachant qu'il comprendrait je le lui ai expliqué. Acquiesçant :

— On va remplacer par une petite auto (5 F).

Quand on lui propose un jouet plus gros :

— Non, non ! c'est l'auto qui remplace.
Et il en a préparé quatre pour donner en Pologne.

Être pauvre et avoir Jésus

Merci Seigneur, toi qui es la puissance du monde. Donne-nous un cœur de pauvre, un cœur prêt à recevoir ton amour, tes signes.
Je te remercie Seigneur Jésus-Christ.

MURIEL, 11 ans 1/2.

Pourquoi nous *abandonner aux plaisirs*, tandis que pleurent nos frères ? Ah ! ne jamais m'enrichir tant que subsistent de telles infortunes, ne jamais être en bonne santé, si je ne dois venir bander leurs ulcères, ni manger à ma faim, ni être chaudement vêtu, ni dormir sous un toit, si je ne dois autant que je puis les nourrir, les vêtir, les héberger.

Grégoire de Nazianze

— A ton avis, qu'est-ce qui te paraît être le plus riche ?
Empressé et sûr de lui, JEAN-LUC, 6 ans.
— Je vais vous le dire, c'est pas les sous, c'est d'avoir Jésus dans son cœur qui nous dit plein de choses !

Le papa (incroyant) de STÉPHANE, 8 ans, lui a affirmé sa maxime favorite : Il vaut mieux être heureux et riche que malheureux et pauvre.
Alors il est venu me demander ce que moi je préférais.
Je ne savais pas comment lui répondre. Quelques minutes après STÉPHANE m'a déclaré :
— Eh bien, moi, je ne dis pas cela car quand on est pauvre, quand on est content avec ce que l'on a, on a plus de chance de se rapprocher de Jésus. Hein ! Maman, c'est tout de même comme cela...

J'aimerais mieux être pauvre et avoir Jésus dans mon cœur, qu'être riche, prétentieux et avoir le mal !

LAURENCE, 11 ans.

Sa maman lui dit d'être bon avec les pauvres. Le lendemain matin en s'habillant pour aller à l'école DOMINIQUE, 4 ans, était tout pensif, puis en enfilant son manteau :
— Tu sais, maman les petits garçons qui ne connaissent pas Jésus, ce sont eux les pauvres !

Au catéchisme, parlant de la charité envers le prochain, le Curé demande à un garçon d'une famille nombreuse :

— Qui est le prochain ?

— Le prochain c'est celui qui va naître.[9]

Seigneur, Fils de Dieu
Seigneur, ton amour est grand.
Seigneur, j'ai hâte de chanter ta gloire
Mon âme et mon baptême,
Tout est à toi Seigneur. Je t'appartiens.
Tu me donnes la vie. Je veux voir avec joie ton Visage,
Chanter la gloire du Seigneur qui nous sauve.
Toi qui aimes le monde, prends pitié de tous les pauvres
Qui cherchent ta Parole.
Mon Dieu, Père Saint Éternel et Tout-Puissant,
Merci Seigneur ! Merci !

MARGUERITE, 9 ans.

Aimer pour laisser passer la lumière

— Un saint, c'est quoi ?

— C'est quelqu'un *qui a le cœur tout ouvert à Dieu.*

ELISABETH, 7 ans.

— Un saint c'est un homme qui a un cœur pour Dieu !

Entendu par Yves Congar.

— Un saint est *un espèce de Jésus.*

THIERRY, 10 ans.

Montrant un vitrail représentant des saints :

— Un saint c'est celui qui *laisse passer la lumière.*

AURORE, 7 ans.

Le *regard virginal d'un saint* voit dans une poignée d'humus la trace fulgurante de l'Esprit qui, jadis de cette terre humide a sculpté le visage du premier homme, afin d'accueillir *la lumière* du Regard Divin.

L'art de l'icône

9. V.F. n° 112.

On montre à LUC 6 ans, une image représentant Thérèse de Lisieux :

— Ça, c'est Thérèse, *l'enfant de Jésus* !

— Y en a, Jésus, il veut qu'ils soient des saints...
Il leur arrive plein de misères, mais ils sont protégés.

AGNÈS, 6 ans.

Faits à l'image de Dieu, on nous appelle son image et sa gloire. Mais ce n'est pas à cause de nous, c'est parce que *habite en nous l'icône* et la véritable gloire de Dieu.

Athanase d'Alexandrie

MYRIAM, 6 ans, regardant une photo du Père de Foucauld :

— Il ressemble à Jésus.

— Pourquoi dis-tu cela ? Tu as vu Jésus ?

— Non mais je sens que *c'est pareil*. Il y a plein d'amour dans ses yeux. *C'est le même regard*...

Joie pour l'homme qui rayonne de feu
qui éclate de lumière et d'amour profond
pour le Seigneur notre amour éternel.
Joie pour l'homme qui aime Dieu.

GWENAËLLE, 12 ans.

— Dans le ciel je vois Jésus, je veux lui dire : Bravo ! avec toi je fais une chanson pour tous, et je dis : on est bien dans le ciel, et sans peine. Ils sont bien, tous ceux que tu aimes, là-haut, au ciel ! Tout le monde va y aller dans ce village. Ils sont venus de loin, pour voir les montagnes de gloire. Tous ressuscités dans la maison de Dieu, *à cause du sang qui peut guérir*.

THIERRY, 5 ans.

CAMILLE, 6 ans, a fait un très beau dessin pour la fête de la Toussaint, avec beaucoup de cœurs, de très belles couleurs et une silhouette de la Vierge vue de dos :

— Il y a de la joie, il fait beau, c'est joli. Marie, elle regarde la fête. Elle voit les cœurs, et *la pluie s'est mise en couleurs*...

*Ces enfants que je suis**

Nathanaël, né le 1er novembre 1975

A 17 mois. Nathanaël commence à peine à parler et à marcher. Dès qu'il rencontre Claude — un prêtre qui vit avec nous pendant quelques mois — ou quelqu'un qu'il aime bien, il se penche en avant et crie : *Alleluia ! Amen !* en riant au éclats. A chaque fois qu'on prie en langues à côté de lui, il sourit et dit : *Jésus, Jésus !*

Je suis enceinte de Rachel. Nous croyons que ce sera Rachel, cela veut dire : brebis du Seigneur. Un jour que nous étions, Pascal et moi, sur le lit avec Nathanaël, il me caresse le ventre et dit : doux... doux... mouton... bêee... [10]!

A 20 mois. J'ai découvert qu'il savait le *Notre Père*, le « co-père » comme il dit... Il suffit de lui dire le début des phrases pour qu'il dise la fin. Dès la naissance nous disons le Notre Père ou le Je vous Salue Marie, tout haut, à côté du berceau et nous le bénissons en faisant le signe de croix sur le front. A quel âge en fait a-t-il su le *Notre Père* avant de savoir l'exprimer ?

A 2 ans. Il se plaît à répéter : Nathanaël est un cadeau de Jésus pour papa et maman, pour France et Bruno, pour tout le monde... Il prête ses jouets à Rachel... « pour faire plaisir à Jésus ». Dès cet âge-là, il commence à dire tous les soirs : — Merci Seigneur pour ce qu'on a fait dans la journée... Pardon d'avoir poussé Rachel, d'avoir crié très fort... etc...
Vers cette même période, nous étions en difficulté

* Marie-Annick Pingault, Communauté du Pain de Vie.

10. Trois ans après : depuis longtemps les enfants parlaient d'un petit frère ou d'une petite sœur. Au mois de mai, sans le dire aux enfants, nous avons décidé de faire ce bébé. Deux jours après sa conception, alors que nous ne savions pas, bien sûr, si le bébé était là, en rentrant de l'école, Nathanaël me dit : — Tu sais, maman, ça y est, maintenant il pousse le bébé ! La petite graine est dans ton ventre... ! Et effectivement, Jean-Baptiste était conçu !

entre nous dans la Communauté : tensions entre nous... aussi il fallait s'ouvrir dans le partage. Nathanaël chantonnait à côté de nous. Quand on a fait attention à ce qu'il disait, il répétait la même phrase : — Rassemblés comme Dieu te z'aime... Rassemblés comme Dieu te z'aime... Nous en avons été bouleversés !

A 2 ans et 4 mois. Quand papa ou maman se mettent en colère, ou le grondent, on se réconcilie aussitôt après : on se demande pardon et on rit tous ensemble : — Jésus rit aussi !
Il a très bien saisi le sens de la réconciliation et pleure, très malheureux, jusqu'à ce que le pardon réussisse à sortir. Aussitôt après, explosion de joie et de rires : — Merci Seigneur !... Gloire à Dieu !... Le soir, à la prière, il demande pardon pour des faits dont nous n'avons pas été témoins.
Ce même mois, alors que nous venions de nous rassembler après une courte dispersion, il a dit : — Merci Seigneur pour la Communauté ! Et de nommer tous les frères les uns après les autres, avec des soupirs de contentement.

A 2 ans et 7 mois. Il aime venir à la chapelle : danse et frappe dans ses mains. Il demande qu'on lui lise la Bible : le fils prodigue.

A 2 ans et 9 mois. Il prie beaucoup maintenant pour les autres, pour des gens auxquels on ne pense plus.
Un jour, il est allé se mettre à genoux sur son lit, tourné vers l'image de la Vierge et a demandé du soleil, alors que le temps était bouché depuis quinze jours. J'avais peur... mais quand il s'est levé après la sieste, le temps a commencé à se dégager : il a fait beau tout l'après-midi ! Et lui louait Dieu !

A 3 ans et 3 mois. Il commence à beaucoup aimer Marie : — Marie, c'est la Reine du ciel, qui vit avec le Roi du ciel ! Il chante en entier, et avec beaucoup de ferveur *Plus vénérable que les chérubins*... Il aime entrer dans les églises : il faut s'asseoir et chanter. Il a appris à Rachel à faire des génuflexions et le signe de la croix.

A 3 ans et 5 mois. Un soir il nous dit : — Jésus, au ciel, il joue !

— Il joue à quoi ?

— Il fait un puzzle, Jésus ! Et des fois y arrive pas ! Quand on est au ciel, il peut... mais quand on est sur la terre, il ne peut pas !

Ce même soir au cours du partage on s'interrogeait sur l'opportunité de l'accueil d'un autre gars. Et Jean-Marie, un frère de la Communauté, qui ne savait pas, bien sûr, la réflexion de Nathanaël, a cette parole :

— Chacun est important, c'est un morceau du puzzle que Jésus fait. S'il manque, Jésus ne peut plus rien faire !

Au cours de l'office des enfants, Pascal lui demande pour quoi il prie :

— Pour que le diable ne vienne pas dans le pays de Jésus !

Il se préoccupe beaucoup des accueillis dans la maison. Un soir, à propos d'un gars qui venait de faire une fugue : — Tu verras, X..., il va entrer dans la chambre de maman et il va voir Jésus et il aura beaucoup de joie dans son cœur !

Depuis, ce garçon a effectivement rencontré le Christ.

Un autre soir, pendant la prière, il me parle de la mort du frère de sa maîtresse :

— Il faut prier pour que Jésus le prenne au ciel. Oui, attend, on va chanter la chanson de la sainte Vierge. Elle sera contente et il ira au ciel après avec Jésus !

Et le voilà qui se met à chanter la chanson à tue-tête comme d'habitude sans respecter ni l'air, ni le rythme et sans attendre les autres. Et s'il se trompe, il recommence tout au début.

Dans une autre circonstance, il a chanté cette chanson à Marie pour un gars qui était à cet instant précis avec Pascal et qui lui disait qu'il voulait en finir. Juste après, Pascal est entré tout joyeux dans la chambre et nous a annoncé que le gars en question acceptait la solution proposée !

A 3 ans et 7 mois. Une tendre histoire :
Maman — Tu dis merci à Jésus ?
— Pourquoi ?
— Je ne sais pas pourquoi !
Il réfléchit : — ... parce que j'ai pas été sage...
— Ah ben non ! on ne dit pas merci quand on n'a pas été sage !
— ... « pardon » (et avec un beau sourire)... pardon Jésus, j'ai pas été sage, j'ai été méchant.
— Et il t'a pardonné, Jésus ?
Se tournant alors vers Jésus, avec son plus beau sourire :
— Je *l'ai* pardonné !

A 4 ans. A l'heure du repas du soir :
— Tu restes là, maman ?
— Non, je descends au repas.
— Je ne suis pas tout seul moi, hein ?
— Oh non !
— Je suis avec les anges, et les saints et les saintes et Jésus et Marie, et tous ceux qui sont morts !
Pendant un cours de catéchisme :
— Les anges, ils ont la pointe des ailes en bas et les autres la tête en bas puisqu'ils sont au ciel.
......
— La maman, elle enlève la fièvre de son garçon avec les médicaments, et le Bon Dieu, il enlève le reste !
......
— Mon ange, il m'entend parler et il vient. Il ouvre ses ailes et il descend. Il vient du ciel sur la terre. Le garçon il est de la terre et l'ange du ciel !
Maman : — Mais le garçon ne voit pas l'ange ? L'ange le voit, mais lui ne le voit pas.
— Si ! moi je l'ai vu mon ange ! Il est partout et il vole !
Un jour où il s'est coincé les doigts dans la portière de la voiture, mais sans aucun mal, nous lui expliquons que Jésus est vraiment venu le visiter, car quelques instants plus tôt il en parlait en disant qu'on ne voyait pas Jésus mais qu'il était là et que quelquefois il venait nous visiter. Un instant après, très sérieux :

— Dieu a eu peur, hein ? Il m'a créé avec des doigts, il veut pas qu'on les coupe !
Peu après ses 4 ans.
— Dieu appelle des fois les enfants pour aller au ciel ?
Maman : — Oui, mais surtout les vieux...
— Ah ! oui, parce que Dieu, il aime bien les vieux !
......
— Les soldats obéissent toujours à Dieu, mais là, ils ont attaqué Dieu !
Maman — Non, ils n'attaquent pas Dieu !
— Mais si ! Là ils l'ont attaqué, mais il voulait bien. Il a accepté que les soldats le mettent sur la croix.
— Ah bon ! Pourquoi ?
— Parce que comme ça, il est ressuscité et il est allé au ciel !

A 4 ans et 2 mois. Il se préparait au baptême et rencontrait le Père Abbé de la Grande Trappe. Celui-ci lui expliquait le déroulement du baptême et lui faisait répéter « oui, je le rejette ! » Et Nathanaël :
— Oui, je le rejette dans les pompiers !
— Mais... pourquoi ?
— Ben ! c'est le feu !
Et le Père Abbé a compris qu'il fallait repousser Satan dans le feu. Nathanaël était alors tout content.
Le jour de son baptême il avait attrapé froid, le voilà avec 38°9. Pas du tout impressionné, il a demandé à Dieu de le guérir et s'est comporté comme un enfant en pleine forme ! Il s'est approché tout seul du bac et a penché sa tête, puis a crié : Amen, Alleluia ! Il a dansé après. Le soir il n'avait que 37°5, et cela n'a pas remonté.

A 4 ans 1/2, il a vraiment vécu Pâques. Il a voulu jeûner le Vendredi midi et tout au long du Vendredi et du Samedi, a demandé : — Et maintenant, qu'est-ce qu'il fait Jésus ? Cela s'est terminé le Samedi soir par sa première communion[11].
Le Lundi de Pâques, après avoir communié, maman :
— Tu es très gentil maintenant ?

11. Voir au Ch. XV : « *Je le veux dedans moi !* ».

— Oui, tu sais, j'ai été très sage, mais Thomas a marché sur mes pieds et j'ai fait pareil.

— Mais tu es pardonné maintenant, tu as demandé pardon à la messe.

Réfléchissant : — Oui... mais je regrette beaucoup !

.....

— Tu me fais des cadeaux parce que tu m'aimes, hein ?

Maman — Oui, mais Jésus t'aime plus que nous encore !

En riant — Oui... (puis après avoir réfléchi) Mais Jésus ne me fait pas des cadeaux, il me donne de l'Esprit !

A une sœur de la Communauté :

— Tu me dis toujours que tu me mangerais quand tu m'embrasses, mais tu ne peux pas, parce que je serais mort après ! Il n'y aurait plus de Nathanaël ! Mais Jésus, quand on le mange, il est toujours là, il est toujours vivant !

A 4 ans et 8 mois. Un jour à la messe, il fouillait dans son cou et a fini par sortir sa médaille miraculeuse, puis arrête de bouger. A son père qui l'interroge à la fin de la messe : — La Sainte Vierge, elle aime beaucoup assister à la messe !

Nathanaël et son ami Romain (6 ans 1/2), comme tous les enfants de leur âge, aiment jouer aux cow-boys et aux indiens. Mais en même temps ils savent bien que « les amis de Jésus ne font pas la guerre ». Un après-midi, ils ont trouvé la solution : ils chassent les pauvres ! Et quand ils en trouvent un, ils le protègent contre ceux qui les attaquent. Puis, ils se plantent devant un frère ou une sœur de la Communauté et demandent :

— Tu aimes Jésus ?

— Oui !

— Bon, alors tu veux le voir ?

— Ben, oui !

— Alors, pan ! t'es mort !

Un soir il s'est ouvert le front, il pleure et crie très fort pendant qu'on le soigne. Je demande alors à la sœur d'arrêter les soins et dis à Nathanaël :

— Pense à la souffrance de ton Jésus sur la croix. Alors il a donné sa souffrance pour un malade et a cessé immédiatement de crier. Puis il a dit à Pascal :

— Ne le dis pas aux autres hein, que j'ai mal... c'est un secret entre Jésus et moi !

Il a vraiment compris maintenant que le sacrifice trouvait déjà sa récompense si on le disait à tout le monde, et que, par contre, il trouverait sa récompense au ciel dans le cœur de Jésus si c'était secret. Avant, il nous disait tout fier : — J'ai eu mal et je n'ai pas pleuré ! ou encore : — Je ne voulais pas me mettre au milieu dans la voiture et je m'y suis mis quand même ! Maintenant nous le voyons faire et il ne dit rien.

A 4 ans et 10 mois, avec RACHEL (3 ans et 4 mois) ils ont parlé tout l'après-midi d'un voyage au ciel. Le soir avant de se coucher, il m'a demandé de dire à Jésus de lui enfoncer des ailes dans le dos pour qu'il puisse aller au ciel en rêve.

— T'inquiète pas maman, je reviendrai quand je serai un peu plus grand ! Je verrai l'âme de papa et maman là-haut... Peut-être que Jésus viendra me chercher pour me montrer la route !... Il faudrait faire des trous dans ma robe de chambre et dans mon dos, des gros trous même, pour les ailes !

On n'approche pas de l'autel avec des vêtements ordinaires, on prend des *habits blancs*. Vous aussi, pour venir au tombeau de Jésus-Christ, lavez-vous, couvrez-vous de *vêtements blancs* et glorieux afin qu'on vous dise : vous avez revêtu *la confession et la beauté*. Car là où est la confession est aussi *devant Dieu la beauté*.

Bernard de Clairvaux

A 5 ans 1/2 Nathanaël va se confesser à la Trappe. C'est le prêtre qui le confesse d'habitude — un moine — qui entre dans la pièce. Il le suit, décidé à se confesser, puis lui dit :

— Tu sais, je n'aime pas quand tu es en vêtement de travail pour me confesser ! C'est mieux avec ta robe...

Et le Père est allé chercher sa robe et son étole. Nathanaël était tout content et m'a dit après :

— Vraiment, ce n'est pas bien quand on confesse en bleu de travail !

Rachel, née le 1er avril 1977

A 20 mois. Nous racontons l'histoire de Barnabé l'aveugle, et Rachel écoute. Tout à coup : — Y pieure Barnabé ! tout ouge ! y crie ! l'a mal aux yeux ! Jésus ! Jésus ! Vive Jésus ! L'a plus mal Barnabé !

A 2 ans et 4 mois. Rachel, très volontaire et opposante cède très souvent pour que son ange gardien aille vite dire à Jésus qu'elle est gentille. Elle remporte ainsi de grandes victoires sur elle-même.

Elle est baptisée le 13 janvier 1980 avec ses frères. Elle a 2 ans et 9 mois et sait bien qu'elle devient une enfant de Dieu. Elle est allée réciter un Je te salue Marie avec son frère devant l'icône.

Le lendemain : — Maman, je ne peux pas faire de z'effort parce que je suis baptisée, parce que j'ai un rhume !

Un jour où elle avait eu mal aux oreilles, je l'ai emmenée à la chapelle et après , elle n'avait plus mal.

Une autre fois, un nouveau mal d'oreilles :

— Maman, il faut aller à la chapelle.

On y est allé, on s'est prosterné, on a prié et embrassé Marie. Encore une fois plus rien ! Toute la journée elle a loué Dieu en répétant tout en jouant :

— J'ai plus mal aux oreilles ! Jésus m'a guérie !

A 3 ans, elle prie souvent spontanément, dit des Je te salue Marie en jouant, loue aussi spontanément. Par exemple au petit déjeûner : — Il est gentil maman, hein ! Dieu d'avoir tout créé ?

Un soir on avait déjà commencé à manger : — Oh ! on n'a pas dit merci à Jésus pour le repas ! Alors on a demandé pardon de l'oubli et on a béni.

Le 22 février 1981, Rachel fait sa première communion. Depuis, elle fait vraiment des efforts et se convertit très vite. Elle ne boude plus, cède sa place, rend service et si elle s'oppose ou refuse d'obéir, se corrige très vite pour Jésus.

Elle prie souvent dans la journée : chants liturgiques, remerciements. Elle enseigne à ses frères : — Non, ce n'est pas à toi, c'est à Jésus ! Tout est à Jésus ! — Non, ce n'est pas toi le plus fort, c'est Dieu ! Il a tout créé !... — Oui, c'est vrai Mathias, Jésus est mort sur la croix pour nous sauver !

Mathias, né le 8 mai 1978

Les premiers mots distincts qu'il ait prononcé ont été : « ayaya » (Alleluia) et « Jésus », en montrant des images ou la statue de Marie.

Depuis qu'il est tout petit, nous le bénissons en lui faisant une croix sur le front après avoir fait la prière. Un soir, j'ai oublié. Il avait environ un an. Il s'est mis à hurler tandis que je quittais la chambre, ce qu'il ne faisait jamais. Je suis revenue en lui disant de se taire, lui continuait. Tout d'un coup, il a posé sa main sur sa tête en me regardant et j'ai alors compris. Je l'ai béni et aussitôt il a pris son pouce et s'est couché.

Vers 3 ans. Mathias qui parle plus difficilement que les autres n'a pas dit des choses aussi impressionnantes que Nathanaël, mais il aime vraiment de tout son cœur Jésus et Marie.

Si Nathanaël a quelquefois exercé des dons de discernement et de prophétie, et surtout semble savoir qu'il doit offrir ses souffrances en union avec celles de Jésus, si Rachel semble avoir reçu le don du témoignage et de la louange spontanée, Mathias, lui, a reçu en partage la tendresse. Il prie avec tendresse et compassion.

Une fois où j'étais malade, c'est le seul qui, le soir, m'a demandé :

— L'a mal maman ? à la gorge ? un tit peu malade, hein ? un tit peu seulement ?

Et, posant sa main sur ma gorge, tendrement : — Marie va guérir toi !

En promenade il pense à cueillir des fleurs pour les enfants malades et chante souvent à la gloire du Seigneur. Pendant tout un temps il a évangélisé les autres :

— France l'a montré à moi dans le catéchisse. Jésus l'est mort sur la croix. Oui, c'est vrai ! Mais maintenant l'est vivante ! Il a roulé la pierre même, c'est vrai ! L'est morte sur la croix, mais l'est vivante maintenant : il est resscité ! Un coup de lance le soldat, oui ! Marie est là aussi. Elle est triste, elle pleure ! sa fille l'est sur la Croix !

Et si l'on rit un peu, il se fâche et dit :
— Oui c'est vrai ! d'un air indigné !

Un soir à la prière, Pascal explique que le lendemain il doit partir à Lisieux ouvrir avec Alain le refuge pour les clochards. Il parle aux enfants — Nathanaël 5 ans 1/2 — Rachel 4 ans — Mathias 3 ans — des pauvres qui font la route et qui ont besoin d'un toit ou du repas, et des sœurs qui nous donnent le refuge et des meubles pour les frères, qui donnent aussi de la nourriture...

PASCAL : — Alors la nouvelle, c'est que demain je dois partir pour aller là-bas. Qu'est-ce que vous en pensez ?

Les enfants, désappointés : Oh !...

PASCAL : — Est-ce que c'est une bonne nouvelle ?

RACHEL : — Oui, moi je le prête à Jésus, mon papa !

NATHANAËL : — Moi aussi, je le prête à Jésus et aux pauvres !

PASCAL : — Et maintenant on va dire un Je vous salue Marie pour les pauvres et pour papa aussi.

NATHANAËL : — Oui ! Mais c'est déjà pas mal, hein ? Déjà on nous donne des meubles et à manger et puis tout ça !

RACHEL: — Oui, moi je prie pour papa, pour les pauvres... et pour les riches aussi !

NATHANAËL : — Oui, nous aussi on est riches hein ?

PASCAL : — Oui, on est riches de Dieu,... riches de Dieu, parce qu'on n'a pas grand'chose en fait !

NATHANAËL : — Eh ! c'est déjà pas mal ! On a tout ce qu'il nous faut quand même ! On manque de rien !

RACHEL : — Non ! on a trop de chose même ! *et on les vole aux pauvres* ! Il faut donner encore plein de choses aux pauvres !

M. ANNICK : — Qui t'a dit cela, Rachel ?

RACHEL : — Personne ! J'ai réfléchi dans ma tête !

MATHIAS : — Aux pauvres, faut je donne mon nounours !

RACHEL : — Oui, ils sont en bas dans le carton les nounours !

Au dernier office des enfants, chaque enfant a été déposer dans un grand carton, aux pieds de la sainte Vierge, une peluche à laquelle il tenait beaucoup, pour l'envoyer à un enfant pauvre ou malade du Cameroun (dans une mission du diocèse). Chacun a donné vraiment une peluche ou une poupée à laquelle il tenait beaucoup ! Et Jonathan a donné le nounours qu'il avait depuis tout-petit en disant seulement :

— Il fait chaud en Afrique, hein ! Il faut pas que mon nounours soit mangé par un crocodile !

J'attends la résurrection des morts
et la vie du monde à venir.

XVII
CE JOUR DE FÊTE OU LA SOUFFRANCE S'ÉCRASERA CONTRE LA BEAUTÉ

Mort de la vie et de l'espoir tendre
dans le monde déchiré des hommes
la fissure s'est agrandie
elle ne se refermera plus.
Rien n'est plus beau que la vie et l'espoir
sans eux rien ne bouge
rien n'est vie
Vous avez tué, saccagé
le cœur et la joie, l'amour, la pureté,
vous-mêmes.
La vie et l'espoir meurent ensemble
par votre faute, vous les hommes !
Adieu ! tendre vie
espoir de joie adieu !

ISABELLE, 11 ans.

Oiseau perdu
ton chant perdu chante ta mort
Où sera-tu quand ton anneau sera oublié
dans le trésor de la source ?
Oiseau perdu, ton chant triste me fait mourir.
Dis-moi ton secret avant de mourir.
Le royaume de ta mort est-ce un conte féerique
ou un cauchemar que je rêve ?

LUC, 10 ans.

Mort
Toi qui es sombre
Toi qui donnes la tristesse
Toi mort
    Toi qui hais
    Et que l'on hait
Toi mort
    Ton rôle, ton projet ?
Effacer toute vie
Et ta sombre mémoire.

FRANÇOIS, 11 ans.

O source, tu es morte et mon rêve devient un cauchemar.
O rêve où es-tu ?
Ta flamme s'est éteinte et le cauchemar est là.

PIERRE, 12 ans.

Elle est peinte en ta beauté, la beauté du Fils, quand, vêtu de souffrance, les clous l'ont traversé... Mais il règne parce qu'il a souffert. Ainsi, *parce que tu as souffert, ta beauté s'est multipliée*.

Ephrem de Nisibe.

Le Calme s'écoule
C'est la mort qui se querelle
Le temps s'échappe, file
La mort s'évanouira-t-elle dans *les bras de l'éternité*
La vie surmontera-t-elle la mort ?
La joie nous quitte, on ne la verra plus jamais
La nature se cache et meurt
La nuit meurt dans le miroir de l'eau
La souffrance s'écrase contre la beauté[1].

BÉATRICE, 11 ans.

Moi aussi je vais faner...

J'étais petit, j'entendais « mort-mort », ça m'énervait. Alors j'ai demandé ce que voulait dire cela. C'est des pensées qu'on ne peut pas enlever. Enfin, on ne peut pas vivre toujours et il faut profiter du moment qu'on vit ![2]

PIERRE, 7 ans.

La nuit, je me réveille. Cette nuit, à trois heures, il y avait encore une étoile. Elle était toute seule. Est-ce que tu l'as vue, l'étoile ? Tu dormais ? Oh, peut-être elle n'était pas seule !...

A propos d'un voisin, à l'hôpital, pleurant après le départ de ses parents :

— A quoi ça lui sert de pleurer ? je le sais bien qu'il faut venir à l'hôpital pour mourir et elle se reprend pour corriger le lapsus révélateur : « Pour ne pas mourir ». *Moi, je ne veux pas mourir.*

A ma question sur la mort et mourir, Hélène répond :

1. Extraits de poèmes d'enfants d'une école du Havre, qui seront publiés intégralement plus tard.
2. Dr Ginette Rimbault, *L'enfant et la mort,* pp. 77, 84, 86, 191, Privat.

— Mais la mort, c'est un cercueil. *C'est un jardin avec des arbres* et Jésus et ses disciples. Ça ne me fait pas peur, la mort, mais j'aime autant pas mourir. Oh, on verra bien ![2]

HÉLÈNE, 8 ans,
(myopathe).

— Maintenant je vais m'endormir. Je prie le Seigneur de garder mon âme. Si je devais mourir avant de me réveiller, je prie le Seigneur de prendre mon âme[2].

MARTIN, 6 ans 1/2.

Sa grand-mère incroyante, mourant d'un cancer. NICOLAS, 4 ans, lui demande pourquoi elle ne prie pas le Christ. Elle lui répond qu'elle n'y croit pas.
— *Comment tu peux dire que tu ne crois pas au Christ, quand tu regardes les fleurs !* Chaque fois qu'il revenait la voir sur son lit d'hôpital, il lui demandait :
— Raconte-moi l'histoire quand Jésus marche sur les eaux...
A cause de son petit-fils, cette femme a relu tout l'Évangile et est morte dans la foi, récitant son chapelet.

Voyant une fleur de pamplemousse éclose le matin, fanée le soir, ÉRIC, 3 ans, dit à Florence, son infirmière :
— Tu sais, les choses les plus jolies ne durent pas longtemps. Je vais te dire un secret mais y faudra pas le redire : moi je vais aller faner avec la petite fleur[3].

Mon petit frère, ANTOINE, 4 ans, aidait maman à ranger la vaisselle. A un moment donné, prenant un bol il le lance en l'air et crie : *Alleluia* ! (peut-être pour montrer sa joie de vivre ?) Maman n'a pas osé le gronder pour le bol cassé. Ce geste s'est fait l'année de sa mort et il nous a émus car c'était un geste naturel, un geste d'enfant.

On aura la réponse à nos questions

— Pourquoi Jésus qui a fait tant de miracles, il n'a pas guéri la mort ?

HÉLÈNE, 10 ans.

Dans une rue de Moscou, un enfant modèle une église dans un tas de neige. La tante :
— Tu mourrais et il n'y aura plus rien après.
— Après ta mort, tu pourras dire ce qu'il y a là. Pour le moment, c'est trop tôt de dire quelque chose[4].

... Nous, on sait d'où vient le monde et où on va après la mort. Quand on convertit un athée, il sait où il va après la mort. Et ça, c'est quelque chose de magnifique ! Et ça peut changer sa vie. Il a trouvé la réponse. *Il n'a plus besoin d'écrire des paroles scientifiques*, parce qu'il dit : — Alleluia !

JEAN-BAPTISTE, 12 ans.

3. Cité par *La Croix* du 1er novembre 1977.
4. Dimitri Doudko, *Je crie ma foi*, p. 290.

Quelle chance, quand nous serons morts, nous aurons la réponse à toutes nos questions.

PASCAL, 6 ans.

A table, en train de manger du lapin, TRISTAN, 5 ans :
— Maman, ce petit lapin, il est au ciel maintenant ?
— Non, Tristan, il n'y a que les hommes, les femmes et les petits enfants qui vont au ciel.
Mais je veux lui faire entrevoir que toute la création est aimée de Dieu :
— Je ne sais pas que te répondre...
Silence... Tristan donne la réponse :
— Non, le lapin ne va pas au ciel, car quand on meurt, Jésus vient nous chercher en nous *prenant par la main* et le petit lapin n'a pas de main.

Découvrant une souris morte au grenier, CLAIRE, 3 ans :
— Heureusement que nous, on ressuscite !

Le 6 décembre, j'avais déposé un petit paquet dans les assiettes du déjeuner et j'ai dit aux enfants que saint Nicolas était passé dans la nuit. AUDE, 8 ans, haussant les épaules d'un air dédaigneux :
— C'est impossible !
— Pourquoi impossible ?
— Parce que saint Nicolas est mort et qu'il n'est *pas encore* ressuscité ! La sainte Vierge et Jésus, oui, ils peuvent revenir avec leur corps puisqu'ils sont au ciel avec, mais pas les autres !

A 7 ans, FLORENCE perd son papa. Elle n'arrive pas à pardonner à Dieu.
— Pourquoi, Dieu il a pris mon papa ? répète-t-elle sans arrêt.
A 9 ans, elle a un rêve : — J'étais en vélo. J'ai vu Jésus au bord de la route. Je me suis arrêtée. Je lui ai demandé : — Pourquoi tu m'as pris mon papa ?
Il m'a répondu : — Je t'ai pas pris ton papa. *Je l'ai accueilli chez moi.* Depuis ce temps-là, je n'en veux plus à Jésus.

TIPHAINE, 4 ans, à son éducatrice :
— Moi, j'adore les bananes...
— Non, Tiphaine, on adore Dieu, et on aime les bananes.
— Moi, j'adore Dieu et les bananes... (temps de silence) J'aime beaucoup Jésus et Marie !
— Un jour, tu iras les voir.
— Qu'est-ce qu'il faut faire pour voir Jésus ? Il faut beaucoup prier ?
— Oui, il faut prier sur la terre, et un jour tu les verras au ciel.
— Mais Jésus, on ne le voit pas ! Comment je ferai pour le voir ?
— Avant, il faut mourir.
— Qu'est-ce que ça veut dire ?
— S'arrêter de vivre sur la terre... alors on va voir Dieu.
— Qu'est-ce que c'est : vivre ? Quand est-ce que je m'arrêterai de vivre ?
— Quand Jésus voudra.
— Mais comment il fera ? Alors, je verrai plus ma maman ?
— Si, maman sera auprès de Dieu aussi.
— (un soupir)... je languis ! Quand je serai près de Jésus, je lui dirai beaucoup de choses !

— J'aimerais bien mourir pour voir ce qu'il y a, et puis revivre pour dire aux autres quelle est la surprise que Dieu nous prépare...

AGNÈS, 6 ans.

Elle sera toujours jeune

A l'enterrement de son grand-père :
— Comment bon-papa peut-il être heureux si nous sommes tristes ?

OLIVIER, 8 ans.

Pourquoi tu pleures maman. Mamie est avec Dieu, elle chante.

DOMINIQUE, 7 ans.

Au cimetière, après la messe de funérailles :
— Qu'est-ce qu'il y a dans la boîte ?
— C'est le corps d'une vieille dame. Son âme est partie avec Jésus.
— Je veux voir la dame.
— Mon on ne peut pas, on va la mettre dans la terre.
— Alors, quand je serai mort on me plantera ?

JACQUOU, 5-6 ans.

M'ayant surprise à pleurer la nuit, après la mort de son père, ANNE, 7 ans, reprenant les gestes de consolation que j'avais :
— Mais non, maman, ne pleure pas ! Tu le reverras ton Guy. Il est avec Dieu. Ce serait tellement bien si on allait le rejoindre tous les quatre !

ÉTIENNE, 8 ans :
— Maman, préfères-tu vivre ou mourir ?
— ...
— Te rends-tu compre, maman ? que si tu mourais, tu verrais le Royaume de Dieu ? Tu te rends compte, que tu verrais le visage de Dieu !

— Eh bien ! moi, je ne serai pas triste de mourir, puisque je *verrai* Jésus !

CÉCILE, 9 ans.

A l'enterrement de sa grand-mère :
— Ne pleure pas, papa, on l'enterre mais elle repoussera.

ANDRÉ, 5 ans.

Grand-mère, quand elle ressuscitera, elle sera toujours jeune.

JEAN-PIERRE, 5 ans.

MARTIN, 6 ans, donne un grand coup de pied dans des feuilles mortes :
— Ça, c'est la Vie !

DANIEL, handicapé mental, 37 ans. Sa sœur est chargée de lui annoncer la mort de son père survenue un dimanche. Elle va le trouver dans sa chambre en souriant pour ne pas le faire souffrir :
— Tu sais Daniel aujourd'hui c'est un grand jour, Jésus est venu chercher ton papa, ce matin.
Daniel, d'un élan de joie s'est assis sur son lit :
— Mais c'est formidable, c'est un jour de fête !

— Mamie elle est avec Dieu. Elle chante. Quand je lui parle, elle m'entend. Moi, je l'entends pas, mais je comprend.

CLAIRE, 6 ans.

— Si quand on est mort on va au ciel et qu'on est heureux... vite que papy et mamy soient morts !

CATHERINE, 5 ans 1/2.

— Quel est ton rêve pour plus tard ?
GRÉGORY, 10 ans :
— D'arriver au ciel et d'y retrouver tous les miens.

Son cœur m'aime toujours

Une amie de sa maman est décédée. ISABELLE, 9 ans, lui dit :
— Pourquoi tu as trop de peine ? Tonton et Rosette, eux, ils ont moins de peine, ils croient que Babeth est avec Jésus et moi je crois que si Dieu est, Babeth est avec lui parce qu'elle était trop gentille.

— Moi je vais pas à la tombe, y a rien.

JÉROME, 5 ans.

SAMUEL, 5 ans 1/2 (non-baptisé), passant devant un cimetière :

Le Sauveur modèlera de nouveau l'humanité de notre corps, mais c'est à condition que notre cœur ait d'abord été remodelé lui-même à l'image de son cœur.

Bernard de Clairvaux.

— Grand-père n'est pas là. Ça ne fait rien parce que son corps tombe en poussière, ce qui compte c'est comment il a aimé Jésus et Dieu et les autres !

ALBANE, 12 ans, défait les couronnes sur les tombes du cimetière pour en distribuer les fleurs sur toutes les tombes :
— Il y a de pauvres tombes qui n'ont pas de fleurs, c'est pas juste !
— Mais tu as fait de la peine à ceux qui les ont mises.
Albane ne répond rien, elle pleure.

Comment pourraient-ils goûter la mort des membres toujours en communication avec un *cœur vivant* ?

Nicolas Cabasilas.

Mon papa, son corps est dans la terre, mais *son cœur* m'aime toujours.

GUENIÈVRE, 7 ans.

Peu après la mort de mon mari, notre petite-fille CHRISTINE, 5 ans, regarde longuement deux photos sur la cheminée — une de mon mari son bon-papa, l'autre du petit garçon que nous avons perdu à l'âge de 5 ans.
— Bon-papa a retrouvé son petit garçon ?
— Oui.
— Il est content ?
— Bien sûr !
— Il est pas content parce que toi tu n'y es pas.
Christine ne dit pas le cimetière, mais le *vestiaire*... Il y a un certain rapport.

On rentre dans son Cœur...

Maman, un poète pourrait écrire : Si un homme est bon et... (il cherche son mot)... abandonne son cœur à Dieu, *il ne peut pas mourir* !

CHRISTOPHE, 7 ans 1/2.

La catéchiste :
— Jésus est ressuscité, il est vivant pour toujours.
HUBERT, 8 ans, très chahuteur d'habitude, est tout pensif. Il se lève tout à coup et crie dans la classe :

— J'ai compris, *je ne mourrai jamais* !
Les copains :
— Il est fou, qu'est-ce qu'il raconte ?
— La catéchiste :
— Je ne crois pas, Hubert a sûrement quelque chose à nous dire. Explique-nous, Hubert, ce que tu as compris.
Hubert : — Oui (et en se tapant la poitrine), ça, ça va mourir mais *ce qu'il y a dedans ne mourra pas* puisque Jésus est en moi. Oui, ça (toujours en se tapant) ça : mon corps mourra comme les autres, mais *ce que Jésus a mis dans mon cœur ne mourra jamais.*

Dès lors que le Christ est *entré en nous* par sa propre chair, nous ressusciterons entièrement ; il est impossible que la vie ne fasse pas vivre ceux chez qui elle s'introduit... Notre Seigneur Jésus-Christ *cache en nous la vie* par sa propre chair et y met comme une *semence d'immortalité* qui écarte toute la corruption que nous portons en nous.
Cyrille d'Alexandrie.

Quand on meurt, on rentre dans le Cœur de Jésus !
SYLVIE, 6 ans.

Glisse-toi* entièrement avec tout ce que tu es, *dans le cœur* doux et aimant qu'il a ouvert aux siens, à ceux qui veulent bien lui donner leur cœur. Là il veut les accueillir avec amour, et ils le *goûteront éternellement.
Tauler.

GAËL, 5 ans :
— Maman, pourquoi es-tu triste ?
— Odile vient de me dire que son papa est parti retrouver Dieu.
— Alors, s'il est avec Dieu, il est aussi dans mon cœur, puisque Dieu est mon cœur !

Passant devant un cimetière, mon fils de 3 ans 1/2 demande :
— Je voudrais voir ton grand-père.
— Mais il est mort. Il est avec Jésus.
— Mais s'il est avec Jésus, il n'est pas mort !

... comme on plonge dans la piscine !

VINCENT, 8 ans : Tu sais, Jésus c'est la *Lumière,* et quand on meurt on est avec lui dans la *lumière* !

BENOIT, 6 ans : — Oh alors, je voudrais mourir pour être déjà dans cette lumière avec Jésus.

C'est avec ce soleil que vivent les justes sur la terre et à leur mort, *la lumière* ne les quitte pas.
Nicolas Cabasilas.

C'était en Avignon. Un partage avec des enfants. Comment s'imaginaient-ils leur mort à chacun ?

BENOIT, 12 ans ! — Eh bien ! *on verra Jésus tellement beau* qu'on ne pourra s'empêcher de lui demander pardon et lui ne pourra s'empêcher de nous pardonner.

— Mais pourquoi alors, ne pas lui demander pardon dès maintenant ?

Par ménagement pour notre faiblesse... il nous donne cette douce et harmonieuse éducation, nous *accoutumant d'abord à voir* les ombres des corps et à regarder dans l'eau le soleil, de peur qu'en nous appliquant tout de suite à contempler la pure lumière, nous ne soyons *aveuglés*.

Basile de Césarée.

GEORGES, 11 ans : — C'est que le démon cherche à brouiller nos yeux pour ne pas que nous trouvions Jésus beau, et nous empêcher de demander pardon. Comme il est très laid, il se déguise. Il fait semblant d'être beau et *il abîme nos yeux*.

— Et alors, si nos yeux sont trop abîmés ?

MARTIN, 13 ans : — Alors, Jésus devra bien prendre un peu de temps pour *habituer nos yeux* !

DOMINIQUE, 12 ans : — Il faut *saisir la chance tout de suite* ! C'est plus sûr.

— Alors, au ciel on ne regardera pas Dieu, mais on sera plongé en lui comme *quand je me jette dans la piscine.*

YVETTE, 6 ans.

— Le purgatoire, c'est comme pour *l'enfant qui vient de naître.* Il ne *peut pas voir la lumière tout de suite.*

DOMINIQUE, 10 ans.

Car il est impossible de vivre sans la vie et il n'y a de vie que par la participartion à Dieu, et cette participation à Dieu consiste à *voir Dieu* et à *jouir* de sa bonté.

Irénée de Lyon.

— Après la mort, on sera allongés. Jésus sera au-dessus de nous. Je *regarderai* Jésus et Jésus *me regardera.*

DENIS, 4 ans.

Quelqu'un derrière la porte...

— Il y a un trou dans le Paradis.

— Drôlement dangereux ton affaire. Ceux qui sont au paradis, est-ce qu'ils tombent dans le trou ?

— En éclatant de rire : Non ! Jésus a un bouchon.

NATHANAËL, 4 ans.

— T'y crois toi au paradis ?
— Non ! Je crois au Royaume de Dieu !

MARIE, 8 ans.

— Mois je suis dans le royaume de Dieu parce que je suis son copain.

VINCENT, 5 ans.

— Le ciel c'est où ?
— Tout droit !

MOUNDOU, 9 ans,
(Gitan).

— Maman, tu m'as dit qu'on chantera au ciel quand on sera avec Jésus ?
— Oui
— Alors qu'est-ce qu'on chantera si on n'apprend pas des chansons ?

— L'éternité c'est comme *quelqu'un qui est derrière la porte* et qu'on ne voit pas ?

FRÉDÉRIC, 10 ans.

Voyant des flèches blanches sur fond bleu pour indiquer un sens unique, VIOLAINE, 4 ans :
— Maman, c'est pour nous dire d'aller au ciel ?

Viens, mon double !

Tiens, parlons un peu des cieux : moi, j'imagine les cieux comme un peu un jardin immense comme les mers du monde, mais cent fois plus beaux. Il ferait beau tous les jours. On ne pècherait pas. Tout serait... euh... extraordinaire. Voilà le mot. Il y aurait une très grande maison où il y aurait le Seigneur, puis Marie, puis le Père, le Fils et le Saint Esprit, et enfin tous les saints, saintes, anges et archanges qui regardent Dieu.
Mais pour y aller j'ai rêvé qu'il y avait un grand gouffre avec un rire méchant, puis un ange du diable

arrive et me tente à aller dans ce gouffre, puis je monte vite les escaliers et je me trouvais devant une porte immense dont saint Pierre avait les clefs. En première vue on aurait dit une prison. Donc, l'ange et Pierre se disputaient : l'un voulait m'emmener au ciel, l'autre sous terre. Mais tout d'un coup, Jésus arriva, il me regarda d'un air gentil et me dit qui étais-je ? Il savait tout sur ma vie, alors il a dit à l'ange : retourne chez toi ! L'ange du diable ne se le fit pas dire deux fois. Il dit : « *Viens petit enfant* ». Pierre ouvrit la porte, nous rentrâmes. Je fut surpris de voir tous ces gens, ces richesses en nature. C'était merveilleux. Il y avait des anges, des enfants, *personne n'était âgé.* Tout le monde avait l'esprit pur ; cela était merveilleux.

Jésus me présenta son palais, puis il appela saint Nicolas mon patron. Il me dit : *viens mon double,* je veillerai sur toi toute ta vie éternelle.

Mais tout d'un coup ma maman me réveilla. J'étais en larmes qu'elle m'ait réveillé, mais bien content d'avoir pensé à lui toute cette nuit.

NICOLAS, 11 ans.

Jésus a fabriqué quelqu'un
Qui commence par un « A »,
Qui finit pas,
Et qui s'appelle Agnès,
Et qu'il adore...

AGNÈS, 5 ans.

XVIII
CES TROIS QUI SE REGARDENT COMME DES AMOUREUX

Tu as trois personnes en toi
Le Père, le Fils et le Saint-Esprit.
Et moi, je n'en vois qu'un
Car ils se ressemblent de trop
Et ils ont tous les trois
Le même amour envers les hommes
La même bonté envers les prières.
Merci mon Dieu[1].

ÉRIC, 11 ans.

Dieu, il est toujours jeune, tiens !

Le Père est l'Amour qui crucifie, Le Fils est l'Amour crucifié, le Saint-Esprit est la croix de l'Amour.

Philarète de Moscou.

Je demande à ADELINE, 6 ans, de me dire où elle voit Jésus parmi les trois Anges :
— Au milieu.
— Pourquoi au milieu ?
— Parce que dans le *signe de la croix, Jésus est au milieu.*

Que voyez-vous... Un pain et une coupe ? Votre regard est averti. Mais votre foi veut en savoir davantage : ce pain c'est le corps du Christ, cette coupe est le sang du Christ.

Augustin d'Hippone.

Me montrant l'Ange du milieu, TIMOTHÉE, 2 ans 1/2, s'écrie :
— C'est le Pain !

On demande à DÉBORAH, 2 ans 1/2, où est Jésus. Montrant la coupe :
— Il est là.

MARC, 10 ans : — Pourquoi le Père n'est pas représenté plus vieux que Jésus ?
Sylviane, 12 ans, du tac au tac :
— Mais Dieu, il est *toujours jeune*, tiens !

— Dieu a tant aimé le monde qu'il lui a donné son Fils unique.

1. Les prières et réflexions de ces pages ont été faites devant l'icône de la Trinité de Roublev. J'en ai repris certaines aux dernières pages de *L'Étreinte de Feu : Aux petits s'offre la Beauté,* pp. 259 ss. On y en trouvera bien d'autres. Par contre, j'en cite ici de nouvelles qui me sont parvenues après sa parution.

MARION, 6 ans : — Et s'il en avait eu deux, il les aurait donnés tous les deux !

— L'Esprit, c'est celui qui attend toujours.

JEAN-NOËL, 12 ans.

— La Sainte Trinité, pour moi, c'est le Père et le Fils et le Saint-Esprit qui se regardent en silence, comme *trois brebis au milieu d'un troupeau.*

MARIE, 12 ans.

Du soleil dans la robe de sang

D'un groupe d'enfants gitans, non scolarisés, ni catéchisés :

— Ce sont les mêmes personnages. Ils se regardent comme des amoureux. L'Ange de droite tient un bâton pour marcher avec les autres. Ils ont des habits de famille, de fête, comme une joie.

PARKELL, 10 ans.

— L'arbre suit des yeux l'ange du milieu. L'ange du milieu est d'accord. On dirait qu'ils sont invités, mais qu'ils m'invitent aussi.

JEAN-MARIE, 8 ans.

Ce même Jean-Marie :

— Il y a comme du soleil dans la robe de sang de Jésus... Ils s'aiment. Il y a une porte ouverte pour moi vers une maison de feu.

— Ils sont gais, dans une terre triste.

NADIA, 11 ans.

Les anges et les hommes sont devenus une seule Église, un chœur unique, par la manifestation du Christ, qui est à la fois du ciel et de la terre.
Nicolas Cabasilas.

— Les Anges sont à une messe d'amour, avec des habits de dimanche, de fête.

MARIA, 5 ans 1/2.

Pour mettre les pieds, nous !

— Les trois icônes ont de beaux visages. Elles sont un peu tristes, mais dans leur cœur elles sont les plus joyeuses. Ils laissent *la porte ouverte aux passants.*

CATHERINE, 11 ans.

— Ce qui me frappe c'est leur visage, car en les regardant on voit la tendresse de Dieu sur eux.

VÉRONIQUE, 11 ans.

— Ils ont comme *un cœur d'amour ouvert à tous.* Ils ont un regard attentif et doux.

SOPHIE, 11 ans.

Je leur demande pour qui est la place vide, devant :
SYLVAIN, 6 ans :
— C'est pour mettre les pieds, nous !

Je comprends : Il a trois noms !

Ils ont l'air pauvre et triste, mais ils sont beaux. Ils ont l'air souillé de voir les hommes aller vers le désastre, l'ignorance.

PASCAL, 13 ans.

Maintenant ce qui me frappe c'est que l'Esprit est tranformé en homme. Ce qui me frappe encore c'est que le Père qui, lui, est le plus important, c'est lui qui est habillé le plus pauvrement.

VÉRONIQUE, 11 ans.

Les trois personnages sont le Père, le Fils et le Saint-Esprit. *Leurs regards font un demi-cercle.* Les trois grands hommes ont du bleu sur leur tunique et le Père a la tunique la plus modeste. Devant la table se trouve une entrée. Celui qui veut peut entrer dans le royaume du Seigneur.

JEAN-MICHEL, 11 ans.

Je parlais de l'Esprit... FANNY, 6 ans, pas baptisée, d'un coup :

— Ah ! Je comprends maintenant, Dieu a trois noms !

— Dans cette éternelle trinité chacun a sa fonction, oui chaque personne nous aide à mieux comprendre ce mystère qui nous sera révélé à la fin des temps.

JEAN-BAPTISTE, 11 ans.

MARIE, 18 mois, qui ne sait dire que quelques mots : elle touche Jésus et dit : Jésus ! puis elle touche le Père et dit : papa ! elle touche le Saint-Esprit et dit : maman ! et elle embrasse Jésus.

Le Dieu remplacé par trois autres Dieux
Est un Dieu puissant
C'est en personne : Dieu
« Le tout-puissant »

Celui qui aime ses enfants est le père
Celui qui nous aime est le père

Le fils est celui qui aime son père et le croit
Nous sommes les fils, et Dieu est le Père
Que nous aimons et nous croyons
comme tous les chrétiens fils de père.

La lumière que nous avons dans notre cœur
Est ce que nous pouvons avoir comme idée
Ou ce que nous n'avions pas dans notre cœur
Mais dans celui de nos parents.
Et *le Saint-Esprit est cette lumière.*

SOPHIE, 9 ans.

C'est si beau... que j'ai trouvé !

L'évêque nous accorde l'autorisation d'avoir le *saint Sacrement* dans notre oratoire. Au pied du tabernacle, nous mettons l'icône de la *sainte Trinité,* que nous avions déjà depuis quelques mois. Nous avions partagé avec les enfants ce qu'elle « représentait ». De même, pour le saint Sacrement, les enfants reçoivent des « explications » dans la prière.

SAMUEL, 2 ans 1/2, s'avance alors devant l'icône et le tabernacle, montre Jésus sur l'icône et explique à tout le monde que Jésus est passé par la porte du Temple (sur l'icône) pour aller dans *le tabernacle.* Il donnera cette explication à tous ceux qui viendront par la suite.

Louange à toi, Feu dévorant que nos doigts ont porté, ô braise vivante sur laquelle nos lèvres se sont posées.
Liturgie maronite.

ÉDOUARD, un petit noir de 8 ans, a commencé :
— Ils sont en signe de croix.
— Qu'est-ce que ça veut dire pour toi ?
— C'est le Père, le Fils et le Saint-Esprit.
— Et le Père... tu penses qu'il est...
— Au milieu ; c'est le plus fort et il regarde à sa droite : Jésus.

Les autres écoutaient et fixaient Édouard. Je n'ai alors servi qu'à aider cet enfant à exprimer ce qu'il voyait. Je commençais les phrases, il les terminait.
— Ils sont pareils ?
— Pareils et pas pareils à la fois...

Il a alors repéré la forme des visages, l'expression, les couleurs, les auréoles... les ailes... puis :
— La main du Père est comme celle du Fils et... on

dirait qu'ils parlent et qu'ils se taisent en même temps...

— Tu vois : ce que tu dis est très important. Le peintre a voulu dire qu'en effet ils se parlent et qu'à la fois ils s'écoutent. Et pour montrer que c'est sans arrêt, regarde bien mon doigt.

J'ai à peine esquissé le début du cercle sur le pied de l'ange de droite.

Il m'a interrompu :

— Je peux continuer ?

Il est venu faire le cercle voulu par Roublev où s'inscrivent les Trois signes d'Amour qui se dit sans cesse entre eux.

Les autres suivaient l'enfant et entraient dans l'icône.

J'ai repris :

— Et pour toi, ce cercle, ça veut dire quoi ?

— C'est comme l'alliance de Papa et Maman... ou la vôtre.

J'étais saisie ; je me disais : il va y avoir une faille. Cela ne peut pas durer.

J'ai développé un peu pour les autres ce qu'Édouard venait de découvrir et j'ai repris le dialogue étonnant :

— Au centre du cercle : qu'y a-t-il ? Qu'est-ce que tu vois ?

— La coupe, c'est l'Eucharistie.

— Entre eux, ils se disent leur amour, sans arrêt, mais ce n'est pas seulement entre eux, regarde bien, devant il y a comme une place :

— Oui, c'est la place pour le monde, pour nous tous. Il nous dit à nous aussi : je t'aime.

— Il nous invite à communier, tous. Il nous attend.

L'essentiel était dit.

Édouard était entré dans l'icône et y avait conduit tous les autres enfants. Leur regard allait sans cesse de l'icône à l'enfant, de l'enfant à l'icône.

Finalement, j'ai demandé aux catéchistes s'il était en France depuis longtemps. Elles m'ont dit : Il vient d'arriver d'Afrique.

Alors j'ai posé la question à Édouard :

— Tu la connaissais cette image... ? Tu l'avais déjà vue ?

— Non, mais *c'est si beau... que j'ai trouvé* ![2]

Il ne faut pas oublier que dans la « Trinité » il y a aussi un charme inaccessible à la raison, inexprimable par des mots, qui est indépendant de nos connaissances, de nos documents, de nos observations, et il s'empare de nous chaque fois que nous nous tenons devant elle et... en accueillons en nous sa beauté... En vérité, elle existe tout d'abord pour qu'on *la contemple*. Et elle parle aux hommes de ce qu'elle représente et exprime.

Mikhaïl Alpatov

Elle emplit des splendeurs plus belles que la beauté, les intelligences qui savent fermer les yeux.

Denys.

2. Sœur Hélène Caumeil, Cénacle Marseille.

« Écris ça dans le livre des Miracles ! »

MIKAËL né aveugle, sans aucune communication avec l'entourage. Lorsqu'il a deux mois, la famille commence une instante prière à Thérèse de Lisieux. Le 1er octobre, le diagnostic des médecins est formel : c'est irréversible.

Le 2 octobre, fête des Saints Anges, la maman effondrée crie : « C'est trop ! » Le surlendemain en famille, on décide de jeûner. A 13 h 30, ce même jour, Mikaël ouvre les yeux, sourit, échange un long regard avec sa maman et la suit des yeux. BENJAMIN, le frère aîné, 10 ans : « On va écrire ça dans le livre des Miracles ! »

C'est le 4 octobre 1983, fête de François d'Assise devenu aveugle.

La maman s'appelle Cécile. De Londres, elle me téléphone immédiatement : « Dis cela au monde entier ! »

Je le fais.

POINT D'ORGUE

Nos enfants feront-ils sauter la planète ?

Des enfants meurent, et nous vivons. Des enfants sont torturés, et nous vivons. Des enfants sont vendus, et nous vivons.

Et ce sont pourtant eux, les enfants, qui détiennent les sources de la vie.

Ce n'est à personne d'autre que s'est adressé notre Jean-Paul II en quittant le Nigeria :

« L'enfant reflète dans ses yeux l'amour de Dieu et l'exprime par son sourire. C'est à lui que je laisse mon message de fraternité, d'amitié et d'amour.

Cher enfant du Nigeria, en agissant dans l'amour, tu as plus de pouvoir que toutes les centrales nucléaires du monde : tu as le pouvoir de porter la paix et le bonheur au monde ».

A quoi CLAUDINE, 13 ans, répond :

Enfant source de bonheur
Enfant malin
Enfant sauveur du monde
Enfant amour
Enfant fraîcheur du matin
Enfant rêveur
Enfant pétale de lumière.

Et maintenant, à un théologien au cœur d'enfant de nous poser une dernière question, celle de la fin :
« L'univers mourra-t-il d'une mort paisible, comme le juste de l'Ancien Testament, ou mourra-t-il d'un excès d'amour, comme Jésus sur la Croix, *à cause du trop grand amour de ses tout-petits* pour Jésus Époux et pour l'Esprit Saint ?
Leurs cœurs de feu ne peuvent-ils pas faire éclater la terre, et avec elle, *tout l'univers* »[1].

Abréviations des ouvrages cités plusieurs fois :
Fleurus : Enquête de presse Fleurus, sur les enfants de 8-13 ans et la foi chrétienne.
Jacquemont : Patrick Jacquemont, o.p. *Quand les enfants parlent de Dieu* (Fleurus 1978).
V.F. : Vives Flammes (éditions du Carmel) n° 112 : *Quand les enfants rencontrent Dieu.*

1. *Père Thomas Philippe*, de l'Arche.

ANNEXE I

Une petite chapelle vivante de la Trinité

Pierre et moi, nous vivons avec nos trois enfants plus neuf enfants abandonnés. Il y a trois ans, lorsqu'on nous a proposé d'accepter SALVATOR, nous avons demandé au Seigneur si cela était sa Volonté et il nous a semblé discerner que oui.

Le médecin qui avait fait un bilan de santé écrivait : « L'avenir de cet enfant n'est certainement pas brillant. Nous croyons sincèrement que la charge que va constituer cet enfant pour la famille d'accueil va être particulièrement lourde, et risque de détériorer le climat de solidarité et d'efforts consentis pour les autres membres du groupe familial. »

Pourtant, bien qu'humainement nous savions qu'il avait raison, nous sentions de tout notre cœur que Jésus le voulait ici. Et ce n'est que plus tard que nous avons compris son nom. *Salvator* = *Sauveur* = *Jésus.* C'était notre Jésus chez nous.

Il avait bien souffert, Salvator. Avant de naître, on avait désiré sa mort. Sa maman n'avait pas abandonné son métier d'entraîneuse malgré sa présence en elle, et lui aussi, avait vécu tout cela avec elle.

A sa naissance, elle lui a simplement donné le prénom de son concubin de l'époque — un italien — et son nom de famille et sa nationalité viennent d'Extrême-Orient.

Salvator est resté à l'hôpital avec une hémorragie méningée puis est allé en pouponnière avant de venir chez nous. Médicalement parlant il était hémiplégique, sourd et muet.

Quand on nous l'a amené, à l'âge de 18 mois, il était raide comme une planche. On ne pouvait pas le prendre sur les genoux. Il avait peur de tout, ne regardait que le plafond.

La chaleur d'accueil, la gentillesse et le naturel des enfants ont commencé à l'ouvrir au monde extérieur. C'est alors que, paradoxalement, il s'est mis à découvrir son angoisse. Certaines nuits il faisait des cauchemars qui duraient des heures. Je le tenais contre moi... il semblait voir derrière moi des choses monstrueuses et hurlait de peur. Que faire, sinon s'en remettre à Jésus et le supplier de venir aimer Salvator.

A cette époque, nous avons demandé le baptême pour lui. Salvator a commencé à nous regarder et à montrer qu'il n'était ni aveugle, ni sourd, ni hémiplégique. Et de nouveau, paradoxalement, ses angoisses devenaient de plus en plus fortes quand il n'était pas près de nous.

Il ne supportait pas d'être mis au lit. Quand nous partions, il s'arrachait les cheveux (au point qu'il était devenu chauve comme un vieux monsieur). Il se mordait les mains, il s'arrachait les oreilles... Nous le retrouvions souvent le visage et les mains pleins de sang.

Et là, de nouveau, nous nous retrouvions devant notre impuissance et je dirais pourtant que cela ne nous a jamais paru lourd à porter (une grâce !). Nous savions, je ne sais comment, que Jésus le voulait ici.

Dans mon incapacité face à la souffrance de l'enfant je m'en suis remise à nouveau à Jésus. J'avais senti, depuis un an ou deux, que Jésus m'appelait de plus en plus à Le recevoir dans la communion. Je crus alors comprendre que Jésus voulait l'aimer en moi de façon plus concrète. Le matin je communiais à 7 h 30 et, à 8 heures, je rentrais pour lever Salvator. Je le prenais *tout contre moi, là où était Jésus.* Je disais à Jésus : « Toi Seul peux l'aimer assez pour le guérir ! » Je disais à Salvator : « Jésus t'aime ! »

Cela se passait en septembre. A Noël c'était fini. Il a refait quelques cauchemars, mais de loin en loin et de plus en plus courts. Depuis un an, plus rien.

De son auto-agrissivité, il ne reste que certaines cicatrices. Il est devenu si beau, tout lumineux, tout souriant ! Il y a deux ans de tout cela. Le médecin à qui j'en parlais disait que c'est de la schizophrénie !

Salvator ne parle toujours pas, sinon à la chapelle (j'oubliais de préciser que depuis le 11 mars 1981 notre Évêque nous a permis d'y conserver Jésus-Hostie). Devant Jésus, Salvator dit : « papa, papa ! » et quand nous quittons, je lui dis : « Dis au revoir à Jésus et à Maman du ciel », il envoie des baisers. Jamais il ne m'en a donné pour me montrer qu'il m'aime. (Il me serre dans ses petits bras, très fort). Il garde ses baisers pour Jésus et Marie.

J'ai repensé au mot du médecin... Salvator, un poids ! Allons donc ! C'est celui qui nous rassemble. Quand un des enfants boude, je lui donne Salvator dans les bras et nous nous réconcilions. C'est une petite merveille.

Guérira-t-il plus profondément ? Je ne sais pas. Si cela est nécessaire pour notre foi, je sais que Jésus le fera. Mais que sa sainte Volonté soit faite, lui qui nous a fait comprendre qu'en Salvator Il était présent, qu'il était chez comme *une petite chapelle vivante de la Sainte Trinité.*

Il n'a, lui, encore jamais sali sa robe de baptême et ne la salira peut-être jamais. Après cela, allez dire que cet enfant n'est pas le plus aimé d'entre nous !

PIERRE ET LAURENCE.

ANNEXE II

« Ils aiment tellement... qu'ils ont des épines dans leur amour ! »

A la rentrée des classes de 1976, j'ai voulu célébrer l'Eucharistie avec les élèves du primaire : plus de quatre cents. Je les voyais entrer dans l'église. Quelques-uns faisaient une génuflexion ou quelque manière de contorsion qui devait en tenir lieu. Aucun n'a su me répondre pourquoi on la faisait. Les plus brillants sont allés me montrer le crucifix. Parmi ces petits baptisés, ou même confirmés, aucun n'était conscient de la vivante présence de Jésus au tabernacle. J'en fus saisi, bouleversé. Cette paroisse était en voie de déclin spirituel.

Après six ans, j'ai tenté, l'automne dernier, une expérience nouvelle avec les élèves du primaire. Je les ai réunis classe par classe à l'église et j'y ai passé une demi-journée d'école avec chaque classe. J'exposais le Saint-Sacrement. Je les invitais à garder les yeux rivés à l'Hostie dans l'ostensoir. Le Seigneur les a touchés de façon merveilleuse et s'est manifesté.

Beaucoup d'enfants, à la fin de ce temps d'adoration, même des tout-petits, m'ont décrit spontanément ce qu'ils ressentaient : leur cœur était devenu tout brûlant au-dedans d'eux. C'était un flot d'amour et de lumière. Certains m'ont dit qu'ils avaient vu Jésus. Pour les uns il était *très heureux et les regardait avec tendresse et joie.* Mais *pour d'autres, il était couronné d'épines.*

Vers le même temps, d'autres phénomènes du genre, indépendants les uns des autres et sans même que les familles ne se connaissent, avaient eu lieu. Par exemple : une petite fille de trois ans, atteinte de leucémie, de même un garçon de quatre ans, on dit avoir eu des visions. Deux cas m'ont touché spécialement : il s'agit d'une petite fille et d'un petit garçon de sept ans l'un et l'autre.

La petite fille, dont le père n'est pas du tout pratiquant et plutôt incroyant, avait du mal à exprimer sa vision qui l'avait effrayée et l'avait embrasée. Marie lui est apparue avec l'Enfant-Jésus qui se tenait debout sur une boule représentant sans doute notre planète. *Jésus devait avoir douze ans*. Une flamme jaillissait de son cœur où était plantée la croix...

Le petit bonhomme, que j'appellerai *Bastien*, m'a raconté ceci : « Je dormais et j'entendais une voix qui m'appelait : « Bastien ! Bastien ! » Alors je me suis réveillé, et voilà que maman Marie était là dans ma chambre au pied de mon lit. »

Cet enfant a eu plusieurs visions. La Vierge lui a dit : « Tout ce que tu verras, tout ce que tu entendras, je veux que tu le dises à ton curé. » Il m'a transmis ainsi plusieurs messages d'une grande beauté, simples, purs, nous conviant à l'abandon total à l'action de l'Esprit.

Bastien me parlait tantôt des anges, tantôt des séraphins, tantôt aussi de l'apôtre Philippe, qui étaient là dans ses visions. Intérieurement je me suis appuyé sur la grâce d'état qui m'est donnée comme curé et j'ai prié Dieu de me faire discerner si tout cela venait vraiment de lui, comme tout paraissait l'indiquer. J'ai donc posé des questions-pièges à Bastien.

Intérieurement je me suis dit : « Si cela vient de toi, Seigneur, cet enfant va me dire comment il distingue les anges des séraphins. Il faut qu'il ait vu le cœur de ces derniers et qu'il m'en parle en employant le mot *cœur.* » J'ai donc demandé : « Bastien, comment fais-tu pour voir la différence entre les anges et les séraphins ? » Il m'a répondu instantanément et comme en se jouant, en toute candeur : « Oh ! cela est facile ! Tu vois, les séraphins ont trois paires d'ailes, eux, et les anges n'en ont qu'une. Et leur cœur est plus gros et plus rouge que le cœur des anges. »

Puis, se tournant vers moi et me regardant, Bastien a plongé ses yeux dans mes yeux : regard intense, grave. Et parlant des séraphins, il m'a dit : « Eux, ils aiment tellement, que ça leur fait mal. Ils ont des épines dans leur amour: »

J'ai posé la même question à nombre d'adultes, religieuses, prêtres, laïcs : personne ne m'a donné la réponse sur cette différence entre anges et séraphins.

Pourquoi cet enfant avait-il vu l'apôtre Philippe, si peu connu comparativement à Pierre, Thomas, Jean ou même à Judas ? Je me suis souvenu de l'échange entre Philippe et Jésus dans l'Évangile : « Montre-nous le Père. Philippe : — Celui qui me voit, voit le Père. » J'ai donc dit au Seigneur : « Si ces visions viennent de toi, Seigneur, cet enfant nommera le Père en me parlant de Philippe. » Et je l'interrogeai : « Que faisait Philippe quand tu l'as vu ? » Aussitôt, Bastien de me répliquer : « Philippe était avec maman Marie. Et Jésus m'a dit : « Tu vois ma Mère Marie et tu vois mon apôtre Philippe : ils sont sœur et frère, parce qu'ils ont un même Père. Ma mère est votre Mère, mais avant d'être votre Mère elle est fille de Dieu. »

Les réponses de cet enfant ont dissipé toute ombre de doute que j'aurais pu encore avoir sur l'origine de ses visions.

PÈRE JOSEPH GUIHO

Toi qui as aimé ce livre,
si tu connais des mots d'enfants que tu penses
bien de partager, n'hésite pas. Envoie-les moi.
N'oublie pas de préciser le nom et l'âge de l'enfant.
Ils pourront faire naître un autre volume, pour
la joie d'un grand nombre.

TROAS B.P. 91 « ENFANTS »
06002 NICE CEDEX

TABLE DES MATIÈRES

Maquette : Marie-France Godon

Photocomposition : Nord-Compo
Imprimé sur les Presses de l'Imprimerie
Carlo Descamps à Condé-sur-l'Escaut
N° d'édition : 6905 - N° d'impression : 3479
Dépôt légal : août 1984
35.28.7118.03
ISBN 2.213.01341.1

35.7118.9